Mirante

Afonso Arinos, filho

Mirante

PREFÁCIO
Luiz Paulo Horta

TOPBOOKS

Copyright © 2006 Afonso Arinos, filho

Direitos de edição da obra em língua portuguesa no Brasil adquiridos pela TOPBOOKS EDITORA. Todos os direitos reservados. Nenhuma parte desta obra pode ser apropriada e estocada em sistema de banco de dados ou processo similar, em qualquer forma ou meio, seja eletrônico, de fotocópia, gravação etc., sem a permissão do detentor do copyright.

Editor
José Mario Pereira

Assistente-editorial
Christine Ajuz

Revisão
O autor

Capa
Miriam Lerner

Diagramação
Arte das Letras

TODOS OS DIREITOS RESERVADOS POR
Topbooks Editora e Distribuidora de Livros Ltda.
Rua Visconde de Inhaúma, 58 / gr. 203 – Centro
Rio de Janeiro – CEP: 20091-000
Telefax: (21) 2233-8718 e 2283-1039
E-mail: topbooks@topbooks.com.br

Visite o site da editora para mais informações
www.topbooks.com.br

"Viver é um ir-se embora
Da vida, hora após hora..."
Dante Milano | *Alento*

"De tempo somos.
Somos seus pés e suas bocas.
Os pés do tempo caminham em nossos pés.
Cedo ou tarde, já sabemos, os ventos do tempo apagarão as pegadas.
Travessia do nada, passos de ninguém? As bocas do tempo contam a viagem."
Eduardo Galeano | *Bocas do tempo*

O RUMOR DE UMA GRANDE ÉPOCA

Luiz Paulo Horta

Um diplomata aposentado faz o seu "diário do entardecer". A fórmula é atraente, se lembramos que um diplomata tem por destino correr mundo e encontrar todo tipo de gente, de situação. Mas nesse *Mirante*, de Afonso Arinos, filho, o tempero recebe um acréscimo: o autor, que não é estreante, pertence a uma dessas famílias brasileiras que possuem todas as conexões com a cultura e sobretudo com o poder (ele mesmo tendo sido um ativo deputado federal e estadual). Acresce a isso que é uma família mineira; e uma das características desse diário é a galeria imponente de figuras que Minas produziu há não muito tempo – Pedro Nava, Oto Lara Rezende, Murilo Mendes, Fernando Sabino, Guimarães Rosa.

Já são ingredientes bastantes para um suculento jantar. Mas ainda seria preciso acrescentar o ânimo filosófico do narrador – que, por este e outros motivos, lembra o Conselheiro Aires dos últimos livros de Machado de Assis.

Abrindo o livro em dezembro de 1998, ele escreve: "Na véspera do Natal, sinto uma disponibilidade interna e exterior que nunca experimentara antes, ao menos de forma consciente. À sensação de quem passou décadas se relacionando e convivendo por deveres diplomáticos ou conveniências políticas, sucede a liberdade para dipor do tempo que tenho e do espaço com que o ocupo".

É um bom começo, como se um músico afinasse o seu instrumento. De 1998, essas notas soltas vão até 2005, período em que o autor passou dos 68 aos 74 anos de idade. Intervalo favorável a uma espécie de "balanço geral", deixando a memória e o olhar oscilarem entre o presente o passado, de modo que um ilumine o outro, e não se perca de vista o fio de Ariadne com que vai sendo tecida uma vida. Nesse trabalho, há que ter persistência, fidelidade ao objetivo. Por esses e outros motivos, Kafka dizia que o único verdadeiro pecado é o da impaciência.

Logo de início, alguns temas se apresentam, sendo um deles o tema religioso. Aos seus amigos, o autor confessa que chegou àquela idade em que o Absoluto é um desafio incontornável — e como embaixador do Brasil no Vaticano, Afonso Arinos dispôs de um ponto de observação privilegiado para tratar do assunto. Dessa temática religiosa ele pode passar, num vôo rasante, para a análise da conjuntura política. Como nesse registro dos inícios de 1999 — final do primeiro mandato de FHC: "Fernando Henrique Cardoso é, sem dúvida, o presidente mais preparado intelectualmente que o Brasil já teve até hoje. Organiza e racionaliza a administração do Estado, procura conceituar com lógica os atos de governo. Mas sua ação se compromete por negócios nebulosos, como o processo das privatizações com que vem-se desfazendo de empresas públicas estratégicas para a nossa economia, e conduzindo à entrega de grandes ativos estatais aos consórcios privados, constituídos pela associação de grupos nacionais aos estrangeiros. Vende o patrimônio do estado brasileiro, com financiamento do próprio Estado, sob o pretexto de abater a dívida pública — que até hoje só fez multiplicar-se".

A reflexão — às vezes apaixonada — sobre a política interna brasileira é um dos pontos fortes do livro. Mas Arinos também desenvolve uma discussão sobre o contexto de agora: o do predomínio quase incontestado, no cenário internacional, de uma grande potência, e o que isso acarreta de *hybris* e de colossais possibilidades de erro (como acontece com todas as superpotências ao longo da História). Naqueles dias de 1999, o Iraque já era um problema, mas no primeiro plano estava a Sérvia: "Essa guerra dos Estados Unidos contra a Sérvia por causa do Kosovo evidencia, a meu ver, um dos problemas cruciais da vida internacional contemporânea, que é o da insuportável contraposição entre a justiça e o direito. A Carta das Nações Unidas veda expressamente que países ou entidades regionais se arroguem o direito de aplicar a força armada contra terceiros – salvo em legítima defesa, hipótese que não se aplica ao caso em tela – sem a anuência expressa do Conselho de Segurança. E isso é que os Estados Unidos vêm fazendo contra a Sérvia e o Iraque".

Dores particulares, em certos momentos, podem parecer mais importantes do que a ordem pública. Desses momentos também é feito este livro, como quando o autor volta ao passado para lembrar seu filho Virgílio, morto ainda menino. Ele transcreve um admirável poema feito na ocasião por Hélio Pellegrino. Aquele famoso quarteto mineiro, aliás (Hélio, Oto, Fernando, Paulo Mendes Campos), está muito presente nessas páginas. Que profusão de histórias, de episódios engraçados! Eles pareciam ter talento equivalente tanto para rir como para "puxar angústia", como diz o Fernando Sabino de *O Encontro Marcado*, e surgem muito vivos nessas memórias de um mineiro ligeiramente mais moço que com eles conviveu.

Como um organista que toca em dois teclados, Arinos viaja com muita naturalidade do presente para o passado, e vice-versa. Aos 74 anos, ele faz questão de conservar um olhar atento sobre essas loucuras a que assistimos todos os dias, tanto aqui como lá fora. Mas volta e meia é arrastado para o torvelinho de uma história que se passou há não muito tempo.

É um fascínio compreensível. Não se é filho impunemente de um Afonso Arinos que já seria o segundo a usar esse nome, e que foi personagem de destaque num dos períodos mais conturbados da História brasileira – o que culminou com o suicídio de Getúlio Vargas. Afonso Arinos pai era uma das figuras de proa da UDN, que batia de frente com o capítulo final do getulismo. Como se já não houvesse bastante explosivo no ar, a seu lado, na mesma trincheira, estava Carlos Lacerda, certamente um dos personagens mais vulcânicas da nossa história política. Agindo cada um no seu estilo, eles precipitaram a derrocada de um sistema de governo. Mas a história não terminava ali; e dez anos depois do crime da rua Tonelero, os vírus da crise de 1954 eclodiram no movimento militar de 64.

Era uma novela carregada de drama, reescrita todos os dias até que se fechassem as cortinas do ciclo que começou em 1945 e terminou em 1964. Estar no mesmo lado, no mesmo partido, não significava necessariamente estar de acordo; e as divergências de estilo e de opinião entre Arinos pai e Carlos Lacerda, de que o Arinos filho também participou, fornecem algumas das páginas mais interessantes desse grande painel da vida brasileira. Nem se diga que esses eram os únicos personagens importantes para o desenrolar dos acontecimentos. Sem ter chegado a ocupar a linha de frente daqueles fatos, Virgilio de Melo Franco, irmão do Arinos pai, aparece como uma dessas personalidades a que a História não fez justiça completa; na memória do autor, alguma coisa como o "chevalier sans peur et sans reproche" da crônica de Bayard; alguém que tinha o estofo de um herói, envolvido no mistério dos que não são simples coadjuvantes de um momento histórico. Virgilio foi ativíssimo no ciclo que desembocou no Estado Novo; mas logo desentendeu-se com aquele que, tendo vindo como renovador, transformou-se em ditador. Participaria, depois, da intensa mobilização que precedeu a queda do Estado Novo. Seu assassinato, em 1948, em sua casa no Jardim Botânico, ainda é um enigma até hoje. Mas o Arinos pai (e não só ele) tinha motivos para acreditar que naquele momento, grávido de expectativas e de futuras ameaças, o submundo getulista (não o próprio Getúlio), que ia matar o major Vaz, pode ter achado conveniente eliminar a figura inflexível que se transformara em encarniçado opositor. Esse retrato de Virgílio, que parte dos acontecimentos da época, também é iluminado, aqui, pela sua amizade com Georges Bernanos, o notável escritor francês que passou toda a Segunda Guerra no Brasil, e a quem os Melo Franco de um modo geral, e Virgílio de modo particular, ajudaram de maneira decisiva.

É esse rumor de uma grande época que percorre o livro. Época em que o país se contorcia, procurando caminhos, mas em que havia personagens maiores que o comum dos mortais. Eles invadem por todos os lados a memória do autor – que deve ter tido dificuldade em filtrar essas cobranças imperiosas do passado. Lá está, por exemplo, um San Tiago Dantas, quase de corpo inteiro, com a sua inteligência fulgurante. Lá estão Dom Hélder Câmara, Vinícius de Moraes, Carlos Drummond de Andrade, Jorge Amado, João Cabral de Melo Neto, Sérgio Buarque de Holanda, José Guilherme Merquior, Gladstone Chaves de Melo, Otávio Tarquínio de Souza, Lúcia Miguel Pereira, Raimundo Faoro, Celso Furtado, Carlos Chagas, Maria do Carmo Nabuco – a matriarca, figura inesquecível para quem a conheceu; e até políticos mais recentes como Mário Covas, que não envergonhavam a profissão.

Sobre toda essa galeria, sobre as agruras e alegrias do dia a dia, há uma linha de reflexão que conduz a um plano superior de serenidade. O Arinos filho – também nisso digno descendente do seu pai – apaixonou-se por Roma, onde viveu e trabalhou. Aprendeu a conhecer, ali, esse fiozinho que liga o agora ao eterno. Algumas das páginas mais emotivas do livro (onde ele é conduzido, à maneira de Dante, pela sua querida Beatriz) têm a ver com essa fulguração da Cidade Eterna. Como esse registro de 28 de setembro de 2000: "Hoje assistimos a cerimônia tocante, com missa celebrada pelo Papa (João Paulo II) em memória dos seus dois antecessores imediatos, Paulo VI e João Paulo I. Presenciá-la sentados no local reservado ao corpo diplomático levou-me a reviver aqueles momentos de profundo fervor religioso e enlevo estético que fizeram deste posto, para mim – sob o ponto de vista espiritual, embora não necessariamente profissional – o ponto culminante da carreira que abracei. Prelados que me honraram com sua amizade, quando eu representava perante eles a maior nação católica do mundo, passavam por nós enquanto nos postávamos diante da apoteose barroca da Cátedra do Bernini. Esta, circundada por quatro doutores da Igreja e encimada pela glória do Espírito Santo, ao centro do vitral imenso dourado pelos raios do sol refulgente, era envolvida pelos acordes do coro, enquanto minha memória recuperava, com profunda gratidão, lembranças exaltantes do passado de sonho que vivemos aqui".

No conjunto, este é um livro que se lê com gosto, tanto pela teia de reflexões que vêm do íntimo do autor como pela possibilidade que ele nos oferece de visitar períodos não tão distantes da vida brasileira, em que a idéia de coisa pública não parecia, como agora, uma remota utopia.

Rio de Janeiro, 20 de setembro de 2006

Rio, 24 de dezembro de 1998 | – Na véspera do Natal, sinto uma disponibilidade interna e exterior que nunca experimentara antes, ao menos de forma consciente. À sensação de quem passou décadas se relacionando e convivendo por deveres diplomáticos ou conveniências políticas, sucede a liberdade para dispor do tempo que tenho e do espaço com que o ocupo. É, para mim, uma independência insólita, a que me habituo aos poucos. Enquanto isso, livre de rotinas burocráticas e obrigações funcionais, sem ambições, trabalho ou emprego fixo, penso em lançar nestas notas soltas, ocasionais e destituídas de qualquer compromisso, lembranças, impressões e sentimentos que me ocorram na virada do século e do milênio. E utilizar assim, seja no intuito de transmitir a experiência de uma vida que já se prolonga, seja como catarse, o computador adquirido por instâncias de filhos e do neto primogênito, desdenhosos do pai e avô distante da modernidade tecnológica, quando a velha máquina de escrever suíça, que Fernando Sabino me recomendara na Itália, exalou o último suspiro, após quarenta anos de bons serviços.

Rio, 26 de dezembro de 1998 | – Assisti ontem à noite, pela televisão, à missa de Natal celebrada, na periferia de São Paulo, pelo padre mais conhecido do movimento de renovação carismática da Igreja Católica. O ofício teve lugar num enorme galpão, apetrechado com a parafernália própria para os concertos de música popular, e equipado a fim de que o espetáculo de grande audiência pudesse ser transmitido. O celebrante rezava, cantava, gritava, dançava e pulava no alto de um vasto palco, cercado por acólitos e músicos, como os astros e estrelas dos programas de auditório. Atraindo atenção, sobretudo, a si, mais do que para Jesus. As dezenas de milhares de pessoas que, apesar da chuva, extravasavam do recinto para o terreno fronteiro, sacudiam os braços e o acompanhavam como em transe. Algumas choravam.

Beatriz acha que está certo; para ela, levadas em conta as condições sócio-econômicas e as realidades culturais do povo brasileiro, esta seria a única maneira do catolicismo recuperar os fiéis perdidos para as seitas evangélicas e pentecostais, que levam os pastores à procura do povo, em vez de ficar à sua espera, e multiplicam promessas de milagres fáceis e do paraíso adquirido com desconto na liqüidação do fim do mundo. Primeiro, encher de peixes a rede do pescador, para, depois, melhorar a qualidade da pesca, é o seu ponto de vista. Pode ser que tenha razão.

Outro dia, discuti o tema, em debate televisionado, com um franciscano alemão. Ele distinguia entre Igreja petrina e paulina. A primeira, Igreja da estabilidade, sobre a qual as portas do inferno não prevalecerão, alicerçada na supremacia hierárquica de Pedro, o papa, a quem foi dado o poder imenso de traduzir a vontade divina quando ligasse ou desligasse algo sobre a Terra. Essa guardaria a tradição, fixaria os dogmas, dispensaria os sacramentos. A segunda, Igreja do movimento, herdeira de Paulo, o apóstolo disposto a anatematizar a si próprio se não evangelizasse. Igreja sempre pronta a mover-se ao sopro do Espírito. Os membros do Movimento de Renovação Carismática, essencialmente dedicado à devoção mariana, ao ativismo em favor da vida e à adoração eucarística, se filiariam a essa corrente.

E não só estes, penso eu, mas também as comunidades eclesiais de base, que formaram o substrato da teologia da libertação, tão influente na vida da Igreja brasileira e sul-americana nas últimas décadas. Elas prefiguravam a reestruturação da crença, destinada a favorecer maior presença e participação dos leigos e dos pobres na vida e no culto católicos. Buscavam formas concretas de atender à vontade do último Concílio Vaticano, de fazer da Igreja povo de Deus; de acentuar sua opção preferencial pelos pobres, endossada em Puebla, no México, por João Paulo II, durante a Terceira Conferência Geral do Episcopado Latino-Americano, em 1979, e reiterada posteriormente, pelo papa, na encíclica *Sollicitudo rei socialis*, em 1988. Havia, também aí, uma retomada da dimensão carismática da Igreja universal, contra a qual reagiu o espírito hierárquico e centralizador da Cúria Romana.

Eu era embaixador junto à Santa Sé desde 1986, e tive a oportunidade de ler duas instruções consecutivas da Congregação para a Doutrina da Fé, presidida pelo cardeal Joseph Ratzinger, versando a teologia da libertação. Intrigou-me a ênfase bastante diversa com que uma e outra tratavam o mesmo tema, então foco de polêmicas ardentes nos meios católicos sul-americanos em geral, e, particularmente, no Brasil. A primeira, negativa e severa, acentuando seus aspectos doutrinários que poderiam ser creditados à analise marxista. Ao passo que a posterior repousava, sobretudo, em uma visão mais positiva de comunhão, solidariedade e justiça. Soube mais tarde, de fonte eclesiástica, que, ao tomar conhecimento da segunda instrução (embora não houvesse firmado qualquer das duas), João Paulo II atenuara os excessos de intolerância nela encontrados, a fim de contrabalançar a dureza da primeira. Quem sabe o motivassem, ainda, lembranças da extensa viagem feita ao Brasil em 1980, culminando na visita à favela de São Conrado, no Rio de Janeiro, onde se comoveu com a miséria ali presenciada, a ponto de doar aos fiéis locais o anel de ouro do pescador, usado tradicionalmente pelo pontífice reinante?

Penso em Jesus, quando nos exortava a buscar o reino de Deus e a sua justiça, assegurando-nos que todo o resto nos seria dado por acréscimo. Aí talvez coubesse, ainda, outra distinção, entre a Igreja dedicada, sobretudo, à evangelização, à propagação da fé, e aquela mais preocupada em fazer justiça e verberar a iniqüidade, a corrupção, a violência, a exclusão. Ambas necessárias, uma não prescinde da outra. Comporiam as duas faces de uma mesma moeda, a fé e as obras. À medida que as obras sejam sinônimo de caridade, de amor, só elas, conforme São Paulo, permanecerão no fim, quando não houver mais necessidade de fé nem de esperança. Mas por enquanto, no Brasil de hoje, a Igreja do anúncio e a da denúncia são igualmente indispensáveis.

Rio, 29 de dezembro de 1998 | — Vou lendo o quinto volume dos *Cadernos de Lanzarote*, diário de José Saramago, que não provoca admiração pelo celebrado autor. É exemplar seu mau humor com a pequena multidão que se reunia à entrada do hotel, em Santa Cruz de Tenerife, para ver e aplaudir o famoso jogador brasileiro chegado com a equipe de futebol do Barcelona, em vez de ficar fascinada pela presença de Saramago. Confessa não lhe agradar a idéia de encontrar-se com o Ronaldo. Concede um autógrafo com "cara de quem pede desculpas pela insignificância", por não ser ele o Ronaldo. Alivia-se porque não caiu, por um triz, nos braços do Ronaldo. Porém reconhece "as habituais acusações dos guardiães da modéstia lusitana", de que é "um vaidoso, um egocêntrico, um orgulhoso, um presumido, um narcisista", e o confirma ao transcrever na íntegra, deleitando-se de gozo, os elogios que lhe fazem. Quando morre madre Teresa de Calcutá, só tem a dizer que a considera "uma das mais orgulhosas criaturas que o Deus dos católicos pôs no planeta". Desconfia que ela "não queria que os pobres se lhe acabassem", duvida "que o mais importante para ela fosse sarar as enfermidades do corpo dos infelizes que recolhia", porque sua preocupação suprema "consistia em salvar as almas aos pobrezinhos, e, quando a prioridade é essa, então quanto mais depressa elas se libertem do carnal e sofredor invólucro, melhor". Chega a acusá-la de hipócrita. Não, não simpatizo com Saramago.

Mal disfarça a própria decepção ao pretextar assombro com a chamada telefônica de Dario Fo, que se considerou um "ladrão" por haver-lhe "roubado" o prêmio Nobel de Literatura de 1997. Porém Saramago ganharia o de 1998, e, então, atitude descabida foi a do *Osservatore Romano*, que se opôs à concessão do prêmio, por ser ele comunista. Queixar-se do anticlericalismo raivoso e sectário do romancista português, justifica-se. E as opiniões em matérias de fé e de costumes do jornal oficioso da Santa Sé devem ser acolhidas pelos católicos com respeito e acatamento. Mas não, por princípio, suas credenciais de crítica literária. Assim, foram comunistas, sempre ou em certa fase de suas vidas, escritores como Gorki, Aragon, Romain Rolland, Gide, Malraux, Eluard, Alberti, Neruda, brasileiros como Drummond, Graciliano, Jorge Amado, Vinícius, João Cabral, os pintores Picasso, Rivera, Siqueiros, Portinari, Di Cavalcanti, os arquitetos Lúcio Costa e Niemeyer, para ficarmos em uns poucos exemplos. Não seriam eles merecedores dos prêmios que quisessem atribuir-lhes? Comunistas ou não, e daí? Isso afetou sua grande contribuição à cultura nacional e mundial?

Rio, 8 de janeiro de 1999 | — Como o faz habitualmente, José Aparecido de Oliveira convidou-me para o *réveillon*. Ele costuma promovê-lo no apartamento da praia de Copacabana, onde os incontáveis beneficiários da sua amizade podem desfrutar de hospitalidade generosa e de um dos mais belos espetáculos em todo o mundo, que, como o do desfile das escolas de samba no carnaval, só o Rio de Janeiro sabe proporcionar.

Este ano, porém, a festa foi em Belo Horizonte, onde seu amigo Itamar Franco se empossaria como governador. Aproveitei, então, para voltar à minha cidade natal, que não visitava há muito tempo, embora sinta ali, bem fundas, as raízes paternas, como as maternas na Guaratinguetá dos Rodrigues Alves.

A capital mineira está bem tratada, limpa, com pouca mendicância e sem maior violência nas ruas, pelo menos se comparada ao Rio. Fiquei triste ao ver que não existe mais a residência do meu bisavô, revivida pela prima Vera Melo Franco de Andrade nas suas deliciosas, e ainda inéditas, *Memórias da casa de vovô*. Ela ficava na praça que tomou o nome do escritor Afonso Arinos, seu filho primogênito, defronte aos dois velhos fícus e às palmeiras imperiais, remanescentes da arborização primitiva da capital mineira. Demoliram-na para a criação de um espaço cultural. A ampla morada que habitei pequenino, com a embutida torre na fachada, jardim e árvores frutíferas, na qual nasceu meu irmão, também foi posta abaixo. O casarão natal de meu pai já fora derrubado bem antes, e substituído por outro. Mas alegrou-me ver a casa onde nasci sendo restaurada para sediar uma instituição do Município, que a tombou.

Na residência de Aparecido como na missa solene, na posse perante a Assembléia Legislativa como na sacada do palácio da Liberdade, de onde o governador discursou para uma assistência rala, que fugia da chuva, pude observar, com nitidez, o clima pesado de inconformidade pela forma como Minas Gerais era tratada nos círculos decisórios de Brasília, dos quais se encontra afastada desde o governo Kubitschek (excetuado o breve interregno do próprio Itamar Franco, então vice-presidente, na chefia do Estado, após o processo de impedimento por corrupção e a renúncia do presidente Fernando Collor). Prenunciava-se, em curto prazo, a moratória temporária, que Itamar declarou agora.

Fernando Henrique Cardoso é, sem dúvida, o presidente mais preparado intelectualmente que o Brasil teve até hoje. Organiza e racionaliza a administração do Estado, procura conceituar com lógica os atos de governo. Mas sua ação se compromete por negócios nebulosos, como o processo das privatizações com que vem-se desfazendo de empresas públicas estratégicas para a nossa economia, e conduzindo à entrega de grandes ativos estatais aos consórcios privados, constituídos pela associação de grupos nacionais aos estrangeiros. Vende o patrimônio do Estado brasileiro, com financiamento do próprio Estado, sob o pretexto de abater a dívida pública – que, até hoje, só fez multiplicar-se –, dando, assim, prosseguimento ao desmonte deliberado do patrimônio da nação, iniciado por Collor, o que o tornou alvo de graves suspeitas, sob acusações de favorecimentos ilícitos e irregularidades.

Isto, aliás, não ocorre apenas no Brasil. As medidas de liberalização comercial e financeira aceleram a tomada de controle do mercado interno dos países latino-americanos pelas empresas multinacionais dos Estados Unidos e da Europa. E acentuam a dependência das economias regionais frente ao exterior.

Por outro lado, apesar da possibilidade de reeleição para a chefia do Executivo ser perfeitamente legítima, não há motivação ética que justifique promovê-la em causa própria, ao arrepio de toda a nossa tradição republicana. Para tal fim, valeu tudo, inclusive a compra de votos no Congresso. Por isso, deputados perderam o mandato, mas quem os corrompeu?

Um ministro de Estado, correligionário e amigo íntimo do presidente da República, foi publicamente acusado de ter sido o responsável. Que investigação sofreu, que punição recebeu? A quem beneficiou o crime?

Esse procedimento delituoso deturpará, ademais, os pleitos executivos em todo o país, nos níveis federal, estadual e municipal, tornando o primeiro mandato conquistado instrumento para a obtenção de recursos, por meios mais ou menos lícitos, a fim de permitir a reeleição de presidentes, governadores e prefeitos. Uma fonte de corrupção facilmente previsível, em suma.

Lançou, ainda, o presidente da República numa rota de colisão inevitável contra o governador de Minas, que o fizera seu ministro do Exterior, da Fazenda, e candidato à Presidência. Itamar mostra-se tão indeciso no varejo quanto audacioso no atacado. Ao torpedear-lhe a escolha, com o tumulto da convenção partidária que o faria candidato à sucessão, Fernando Henrique já o tornara um desafeto inarredável. Não se deve fazer política com ressentimento. Contudo, o presidente propiciou ao governador, de mão beijada, a oportunidade de assumir, na prática, a liderança da oposição nacional ao projeto econômico-financeiro do governo federal, tão contestado, sobretudo numa fase de vacas magras como a que estamos vivendo. Um político astuto como Itamar não iria desperdiçá-la.

Quanto a Minas Gerais, os precedentes recomendam cuidado no lançamento da derrama. A província foi derrotada ao reagir, em 1789, na Inconfidência Mineira, e, em 1842, na Revolução Liberal (trago, no dedo, o anel do meu parente Manuel de Melo Franco, preso em Ouro Preto quando o duque de Caxias derrotou os seguidores de Teófilo Otoni na batalha de Santa Luzia). Mas, nas revoluções de 1930 e 1964, quem não se deu bem foi a capital federal.

Rio, 3 de fevereiro de 1999 | —Tanta coisa se atropelando nos últimos dias... O fim da estabilidade cambial, as mudanças sucessivas no comando do Banco Central, o governo à deriva, sem plano nem projetos, embora chefiado por um intelectual, decisões soberanas, que afetam o povo, entregues ao bom (ou mau) alvitre de entidades internacionais manipuladas pelos Estados Unidos. Junto com a farsa do real fantasiado de moeda forte, caiu o presidente do Banco Central. Seu sucessor, pouco antes, assegurara, pela manhã, a estabilidade da taxa dos juros, que praticamente dobraria à tarde. E, não satisfeito, afirmou a intocabilidade da política cambial, sendo desmentido logo depois. Então, o presidente da República, que atribuíra a crise aos especuladores, o demitiu, e pôs no seu lugar um empregado do maior especulador do mundo. Poderíamos parafrasear a frase de Oto Lara Resende, em 1964, ao aludir a Lincoln Gordon, então embaixador dos Estados Unidos, que conspirou muito, como Vernon Walters, seu adido militar, com os autores do golpe de Estado: "— Chega de intermediários! Para presidente, Stanley Fisher!", diretor-gerente norte-americano do FMI.

Enquanto isso, morria a velhinha bondosa que há um quarto de século morava conosco, criando nossos filhos, cuidando da casa. Suavemente, como viveu. Discreta, sem incomodar, mal ocupava espaço. Fora uma das mulheres mais belas da sua geração, e disso nunca se aproveitou. Sempre desambiciosa e desinteressada, vivia, modesta, para a filha, para os netos e bisnetos. Não reivindicava nem se queixava. Exemplo e modelo de generosidade solidária neste meio social e político avaro, ávido, egoísta, insensível, corrupto, vulgar, brutal. Só agora, quando é tarde para demonstrá-lo, percebo o quanto amava Sílvia Moscoso, minha sogra.

Rio, 13 de abril de 1999 | — Mais de dois meses sem abrir este caderno. Venho atravessando tantas experiências inesperadas que o próprio sabor das novidades supera o interesse em registrá-las.

Primeiro, a descoberta do palco, o sucesso surpreendente do *Chuveiro Iluminado*, que Augusto Boal assim batizou para significar a emergência dos tenores de banheiro para as luzes da ribalta.

Desde os anos cinqüenta, eu me habituara a falar em comícios, rádios e televisões, nas assembléias políticas, nas reuniões diplomáticas. Mas, cantar em público... Também o fizera quando jovem, tocando violão pelas ruas, em Ouro Preto, no Recife, em casas de parentes e companheiros. Agora, porém, a coisa muda de figura. No ano passado, durante as comemorações de um aniversário e para atender a instâncias, fi-lo, pela primeira vez, ao microfone, com acompanhamento instrumental. Daí, o que começara como uma brincadeira entre amigos tomou forma, quando Boal, o grande diretor de *Opinião* e *Arena conta Zumbi*, criador do *Teatro do Oprimido*, concordou em escrever um roteiro e dirigir-nos.

Para encurtar razões: estamos apresentando desde o princípio de março, na Casa de Cultura Laura Alvim, um musical composto por canções, sambas, marchas, tangos e boleros que fizeram sucesso em nossa mocidade. E, até agora, não houve um só lugar vazio nos espetáculos, que se realizam nos fins de semana, de sexta-feira a domingo. Também, a sala é pequena, e a montagem muito original: sete mulheres e homens cantando juntos, num diálogo constante, em contato direto com os músicos e a platéia. Atribuo, sinceramente, o êxito inegável do grupo de amadores à competência criativa deste grande homem do teatro que é Boal.

14 de abril de 1999 | — A 7 de março, dois dias após a estréia do *Chuveiro Iluminado*, morreu Antônio Houaiss. Éramos

amigos há uns quarenta e cinco anos, desde que ele retornou do exterior ao Itamarati para defender-se, com quatro outros colegas (entre os quais João Cabral de Melo Neto, de quem eu me aproximara na época), em processo de opinião desencadeado por delação torpe de um companheiro. Vivíamos, então, em pleno macartismo norte-americano, quando mais de um diplomata brasileiro tentou fazer carreira à custa de denúncias ideológicas.

Reintegrados na carreira os cinco diplomatas pelo Supremo Tribunal Federal, dez anos depois, novamente, a injustiça e o arbítrio se abateriam sobre Houaiss. Em 1961 e 1962, ele viera a ser, na Assembléia Geral das Nações Unidas, conforme testemunho de Afonso Arinos, então chefe da Delegação do Brasil (após haver-se demitido do cargo de ministro das Relações Exteriores, com a renúncia do presidente Jânio Quadros), o colaborador mais competente e de maior espírito público que aquele jamais tivera. Antônio Houaiss representava a Delegação na Comissão de Territórios Não-Autônomos, e, ali, coube-lhe exprimir a posição oficial do governo brasileiro, contrária, pela primeira vez, à política colonial portuguesa, do ditador Salazar. Mas, então, Antônio, pouco propenso a expansões sentimentais, proferiu, talvez, o único discurso emocional da sua vida, ao declarar-se orgulhoso por votar contra o colonialismo lusitano.

Ora, voto não é adjetivo, é substantivo. A posição que se toma ao proferi-lo mostra como se pensa. Ao adjetivá-la, porém, Houaiss incorreu tanto no rancor profundo da comunidade lusa do Brasil, em sua maioria salazarista, como na ira da direita brasileira. Assim, após a insurreição militar de 1964, foi demitido pelo delito de cumprir instruções recebidas dos seus chefes no Itamarati. Então, o embaixador de Portugal pediu-lhe a cabeça aos comandantes golpistas, que a concederam.

Anos depois, Arinos, com paradoxo apenas aparente, me escreveria comentando que Houaiss, ao ser forçado a abandonar as injunções burocráticas do funcionalismo, se tornara um homem público em toda a plenitude, o que as limitações anteriores lhe vedavam.

De fato, além de Rodrigo Melo Franco de Andrade — o maior responsável pelo desenvolvimento da mentalidade preservadora entre nós, durante os trinta anos em que organizou e dirigiu o Serviço do Patrimônio Histórico e Artístico Nacional –, não me recordo de haver conhecido servidor tão dedicado a encarar e defender os interesses da coletividade como próprios quanto Antônio Houaiss. Mais que isso: o amigo incomparável, a instruir, como professor eminente, discípulos com os quais se iria medir, em concurso, horas depois; o companheiro prestativo, sempre pronto a ajudar e estimular o próximo; o funcionário exemplar, que consolidaria as instruções de serviço do Itamarati em manual indispensável a gerações sucessivas; o diplomata inexcedível no exercício das suas missões; o tradutor exímio do intraduzível *Ulisses*; o grande dicionarista e enciclopedista do *Appleton*, da *Delta Larousse*, da *Barsa* e da *Mirador Internacional* (disse-me, certa vez, ter lido, revisto e corrigido todos os verbetes da *Mirador*, cuja feitura coordenara); o principal impulsionador dos esforços internacionais para a unificação da língua portuguesa; o ilustre presidente da Academia Brasileira de Letras; o excelente ministro da Cultura.

No fim da vida, ele já viúvo da sua querida Ruth, almoçávamos, às vezes, no restaurante Albamar, sempre sentados em uma das pequeninas mesas da torre remanescente do Mercado Municipal, voltadas para a vista maravilhosa da baía de Guanabara. O meu amigo *gourmet* (inclusive em Paris, onde, *connaisseur* experiente, percorreu conosco a rua Marboeuf, plena de bistrôs deleitáveis), cauteloso com a própria dieta, pedia, invariavelmente, cherne grelhado com palmito, acompanhados de um vinho branco muito leve, oriundo das margens do São Francisco (para minha surpresa ao saber, por ele, que a Bahia era também vinicultora).

Até então, não me lembra tê-lo visto preocupado com o Transcendente. Um dia, porém, me disse que passava por fase pós-agnóstica e pré-cristã, completando: "— Acho que estou ficando místico." "— Por que, Antônio?" Indicou a cadeira desocupada em nossa mesa: "— Ruth está ali." Inadvertidamente, começava a roçar a fímbria do mistério da comunhão dos santos.

Agora, ele se foi. Era suave, sensível, delicado. Deixa muita saudade entre os seus inúmeros amigos e admiradores. E, quem sabe, um remorso profundo nos judas que tanto mal lhe fizeram, e contra os quais nunca o ouvi proferir uma só palavra de queixa ou ressentimento.

Anos atrás, Austregésilo de Ataíde me telefonou, para dizer que iria almoçar em casa dos meus tios Nabuco, e pedir-me que o encontrasse lá, pois desejava conversar. O tema — inesperado — do colóquio foi seu desejo de ver-me, um dia, candidato à Academia Brasileira de Letras. Mas a intenção generosa não tocou qualquer corda sensível nos meus projetos eventuais. De fato, vivendo sempre no exterior, nunca pensara nisso. Até que um dia, já de regresso definitivo ao Brasil, após trinta e dois anos passados em postos diplomáticos, Alberto Venâncio Filho, sucessor de Afonso Arinos na Academia, chamou-me para almoçarmos juntos, na companhia do historiador e diplomata Evaldo Cabral de Melo (meu amigo desde a mocidade, quando, a convite do grande poeta João Cabral, seu irmão e meu companheiro no Itamarati, passei uns dias hospedado em casa dos pais de ambos, no Recife). Venâncio costuma organizar almoços com amigos, geralmente embaixadores aposentados, residentes no Rio. Assim, foi sem desconfiar de nada que me juntei a eles, e só então soube qual o motivo do encontro: concitar-me a uma candidatura acadêmica.

Pouco depois, Houaiss entrava em lenta e penosa agonia, sem esperanças de recuperação. Seu médico, desolado como nós, reconheceu que "nosso amigo está indo embora". E só então encarei a possibilidade de concorrer para ocupar-lhe a cadeira, poder falar sobre ele, exaltando a memória do colega querido, do diplomata impecável, do lingüista exímio, do cidadão eminente a quem tanto devia o Brasil. Como, aliás, já o fizera por duas vezes no Pen Club: ao substituí-lo como sócio titular, quando foi elevado à categoria de grande benemérito, e por ocasião dos seus oitenta anos, levando-o, nesta última oportunidade, a chorar copiosamente com o meu discurso. Em verdade, não fui candidato à Academia, porém à vaga de Antônio Houaiss. Pois não creio que, em outro ensejo, me houvessem ocorrido a idéia ou o desejo de disputar a eleição.

Várias circunstâncias nos aproximavam. Éramos, ambos, diplomatas de carreira; ele assessorou Afonso Arinos na ONU, e este, a seu convite, recepcionou-o na Academia. Antes, quando Jânio Quadros convidou Afonso a publicarem a alentada *História do povo brasileiro*, editada pelo ex-presidente em São Paulo, Arinos pediu a colaboração de Houaiss e Francisco de Assis Barbosa para escreverem juntos, no Rio, a fase pós-independência. O grande dicionário que Houaiss sonhou, planejou, organizou e preparava, mas não teve tempo de concluir, está sendo ultimado, no Instituto Antônio Houaiss – dirigido pelo seu sobrinho afim, Mauro Vilar, e por meu irmão Francisco –, em casas geminadas que nos pertencem, a Beatriz e a mim; uma delas herdada da tia e madrinha de Beatriz, Marina Moscoso. Na residência desta em Genebra, onde Marina era cônsul, minha mulher conheceu Houaiss há meio século. E, na casa que foi de Marina, no canto predileto da antiga colega e amiga diplomata, abrindo-se para o jardim dos fundos, Antônio instalou seu computador. Ali trabalhava até ser internado no hospital de onde não sairia vivo.

Escrevera-me, antes, para a Holanda: "Neste fim de vida saudável relativamente, espanto-me comigo mesmo: perdi Ruth — sem par — e — quase que em condições iguais — perdi também minha irmã, exatamente há um mês. Foi-me companheira perfeita, nos três anos que conviveu comigo — ambas me nutrem de saudade boa, e amparo-me no meu trabalho (algo patológico, pois varo horas e horas por dia debruçado nos meus verbetes e alguns estudos paralelos."

Tão logo declarada aberta a vaga na Academia, me inscrevi. Se eleito, só espero poder inspirar-me nas grandes sombras do meu predecessor e dos dois Afonso Arinos que foram acadêmicos antes de mim, meu pai e meu tio-avô.

Rio, 15 de abril de 1999 | — Hoje, faz trinta e sete anos que Virgílio, nosso filho primogênito, nos deixou, após os menos de seis durante os quais fomos abençoados pela sua presença. Com essa lembrança, pretendo, apenas, reafirmar minha confiança profunda em sua eleição pela graça, e a crença no seu sacrifício pela vontade divina, como um cordeirinho pascoal, para a salvação de todos os seus, em prol de quem ele será, sempre, poderoso intercessor. E meditar a palavra do padre Manuel Bernardes, quando disse: "A quem Deus não açoita é sinal que não perfilha."

Não desejo estender-me, pessoalmente, sobre este assunto. Mas a morte de uma criança inocente, tão bem dotada, sensível e caridosa como aquela, na opinião de todos os que a conheceram, toca a muitos. Toca, sobretudo, a alma dos poetas. E estes se manifestaram. Passo-lhes a palavra, em memória do menino que perdemos.

No dia seguinte ao do sepultamento, Hélio Pellegrino (que, com Oto Lara Resende e Fernando Sabino, permanecera conosco toda a noite do velório) mandou, "para Bia e Afonso, esta palavra fraterna":

"PARA VIRGÍLIO, FILHO DE AFONSO

Germina dentro de mim, menino morto,
Faze-te porto e raiz dentro de mim,
Dá-me o dom de tua morte para que eu possa
Ouvir, dentro da noite, o crescimento das ervas,
E o pulsar do coração dos pássaros,
E tudo o que é voz além da voz, e canto
Além do canto, e maduro esplendor sem palavra.
Germina dentro de mim, menino morto,
Planta nesta fronteira humana o vigor de teu silêncio persuasivo,
Empresta-me para sempre a tua reta hombridade,
A coragem do teu sorriso onde adormeces
Saciado na paz, anterior a mim e a todos,
Pequenino e eterno na imensa perenidade
Da colcha de linho azul, em que te esqueces."

Na mesma data, escrevia-me Carlos Drummond, "muito afetuosamente": "Recebi consternado a notícia da duríssima provação que se abateu sobre o seu lar. Não é preciso (ou não sei) dizer-lhe, com palavras, quanto em meu coração estou solidário com você e sua mulher. Meu desejo mais humilde e mais sincero é que vocês tenham forças para vencer esta hora amarga, repousando o pensamento na doçura que é a contemplação e o convívio dos demais filhos (*ele perdera o único varão, recém-nascido*)."

Também em abril, recebi de Augusto Frederico Schmidt e Murilo Mendes palavras consoladoras, umas de dúvida, amargura e desencanto, outras de fé e confiança, mas ambas amigas e afetuosas.

Assim, Schmidt: "Sei que não há qualquer espécie de consolo para o que se passou com V., mas não posso deixar de dizer-lhe que o acompanhei solidário na sua surpresa e no seu atroz sofrimento. Desde que tardiamente chegou ao meu conhecimento o acontecimento que o feriu, não só deplorei mas vivi esse mistério que é o do encontro da inocência com a morte. Uma única coisa lhe poderá ser dita sem que repercuta em você como um conforto convencional é que seu filho partiu deste mundo sem conhecer o que há de mau e de triste no homem. 'Viver envilece' é uma terrível verdade. A minha maturidade cada vez mais lucidamente reconhece o que há de certo nessa afirmação. Seu filho partiu sem saber que à medida que avançamos no tempo avançamos também na renúncia ao que há de melhor e de mais puro em nós mesmos. Sua dor deve ter-lhe ensinado muitas coisas, desvendado muitos enigmas e aumentado seu poder de valorizar os atos humanos. Lembro-me da conversa que tivemos os dois na T.V. Rio certa noite recente quando você me falou, com emoção, que sua família se ia estendendo e, que os filhos já numerosos (*era cinco na ocasião*) operavam um rápido amadurecimento em você. A paternidade é uma terrível e perigosa aventura (*Schmidt não teve filhos*). Peço-lhe se houver um ensejo, que você transmita a sua esposa (mais profundamente dilacerada do que ninguém nesta tragédia) que eu reuni o pouco de fé em Deus que me sobra e rezei por vocês dois. O menino desaparecido não precisa de orações. Está em situação, na outra vida – se outra vida houver – de proteger-nos a todos. Ele pertence à poderosa legião dos santos inocentes. É em momentos semelhantes ao que você atravessa que podemos verificar o quanto as divergências sobre temas políticos e os desencontros são efêmeros e irrelevantes (*discordáramos por causa de suas críticas à política externa posta em prática por Afonso Arinos no Itamarati*). Estou com vocês neste momento e peço que Deus tenha pena de sua família e de todos nós."

De Roma, com "fortes abraços e a certeza da solidariedade de Saudade e do sempre vosso Murilo", recebemos missiva aludindo à "triste notícia, que nos causou profunda emoção. Nesta hora terrível para você e Bia, pais amantíssimos, todas as palavras humanas são vãs. O que eu mais desejo e espero é que lhes venham do Alto todas as consolações, e que, sendo crentes, se agarrem fortemente à promessa de imortalidade dAquele que declarou: 'Eu sou a Ressurreição e a Vida.' Num mundo mais perfeito, fora do mal, encontrarão um dia o vosso Virgilinho e terão a plenitude da alegria."

Em outubro, Murilo Mendes acrescentaria: "Só neste mês, regressando nas férias universitárias, recebemos o *In memoriam* Virgilinho. Agradecemos-lhes a delicada lembrança que guardaremos com carinho. Os textos foram admiravelmente escolhidos. Soubemos, através de Afonso e Anah, e também do Alceu, que vocês superaram de maneira elevadíssima a grande crise, e isto é consolador. Realmente diante dum forte drama como o vosso, só mesmo a religião pode trazer um apoio e uma esperança. Não sei como se agüentam, diante de fatos símiles, os ateus e os incréus."

Informado, em maio, sobre o que ocorrera, Ribeiro Couto telegrafou de Belgrado, onde era embaixador do Brasil: "INCONSOLÁVEL ACABRUNHADO ABRAÇO RUI"

Manuel Bandeira fora ligado tanto a meu avô paterno, Afrânio de Melo Franco, quanto ao avô materno de Beatriz, Tobias Moscoso, como nos recordara, em carta, quando do nascimento, em Viena, do nosso "terceiro homem", Afrânio: "Ele há de sustentar os timbres de inteligência, honra e simpatia das altas linhagens em que se entronca: penso especialmente nos insignes avós Afrânio e Tobias (no caso, bisavós), que tive a fortuna de conhecer de perto." Manuel, no último encontro com Tobias Moscoso, sentira estranha intuição do desaparecimento próximo do amigo, o que ocorreria logo, no acidente aéreo em que companheiros de Santos Dumont tentaram sobrevoar o navio no qual este chegava ao Rio; a impressão então formada, descreveu-a o poeta sob o título "Os que marcam *rendez-vous* com a morte", incluído nas *Crônicas da província do Brasil*.

Em mensagem de pêsames pela perda do nosso filho, datada de julho, com o "meu afetuoso abraço (...) e as minhas saudades" para mim e para Beatriz, ele dizia: "Li, comovido, o *In memoriam* de Virgílio, e olhando aquele rostinho adorável, pensei em vocês, com grande pesar pela perda que sofreram. Confortou-me, porém, ver que na religião, nas palavras dos Evangelhos vocês encontraram força para se conformar com a separação. Tenho, assim, a impressão que o Virgilinho 'ainda que tenha morrido, vive'."

RIO, 17 DE ABRIL DE 1999 | — E seguiam as lutas pelo poder, prestígio e dinheiro, por ambições, interesses, egoísmos, invejas, vaidades e intrigas neste mundo e nesta vida, apesar de estar sempre "a morte a pôr umidade nas paredes e cabelos brancos nos homens, com o destino a conduzir a carroça de tudo pela estrada de nada", como lembrou o grande poeta português.

Essa guerra dos Estados Unidos (travestidos de OTAN, Organização do Tratado do Atlântico Norte) contra a Sérvia (com o pseudônimo de Iugoslávia) por causa do Kosovo evidencia, a meu ver, um dos problemas cruciais da vida internacional contemporânea, que é o da insuportável contraposição entre a justiça e o direito.

De fato, a Carta das Nações Unidas veda, expressamente, que países ou entidades regionais se arroguem o direito de aplicar a força armada contra terceiros — salvo em legítima defesa, hipótese que não se aplica ao caso em tela —, sem a anuência expressa do Conselho de Segurança. E isso é o que os Estados Unidos vêm fazendo contra a Sérvia e o Iraque – onde, por sua vez, as zonas de exclusão aérea impostas aos aviões iraquianos, impedidos de sobrevoar seu próprio território, não encontram qualquer guarida no Direito Internacional vigente.

Quanto ao velho ditador Augusto Pinochet, que não hesitou diante do homicídio do ex-chanceler e seu opositor Orlando Letelier em pleno coração do império americano (lembro-me dele ali, quando eu servia na Embaixada do Brasil em Washington), pode ser preso na Inglaterra e julgado na Espanha por crimes cometidos no Chile contra cidadãos chilenos?

Nada do que ficou dito acima implica em qualquer afinidade, simpatia ou solidariedade com Saddam Hussein, Slobodan Milosevic ou Pinochet. Esses malfeitores encontram-se entre o que de pior a nossa época tem produzido em matéria de genocídio e violação de direitos humanos. São dignos sucessores dos Hitler e Stalin que aterrorizaram e ensangüentaram a primeira metade deste século trágico.

Quando Milosevic reivindica o direito de exercer a soberania plena — que lhe assiste juridicamente — sobre a província sérvia do Kosovo, quer fazê-lo para oprimir, eliminar ou expulsar, utilizando os processos mais bárbaros e cruéis, os habitantes de origem albanesa e religião muçulmana, que constituem noventa por cento da população. E os pilotos de Saddam, enquanto puderam voar livremente sobre as populações curdas do norte ou as xiitas do sul, trataram de dizimá-las sem contemplação, até mesmo com o uso de gases venenosos.

Por outro lado, impressiona a improvisação e a falta de sutileza com que a diplomacia dos Estados Unidos vem-se conduzindo em todo o episódio. Será possível que, trinta anos depois, eles não hajam aprendido nada com a experiência da guerra no Vietnã? Eu era, na época, chefe da Seção Política da nossa Embaixada, e vi como os americanos não têm mais estômago para o combate corpo a corpo, ou para assistirem, pela televisão, à chegada dos caixões com militares mortos. Mas, se os seus soldados não entrarem no Kosovo, quem vai retirar os sérvios de lá, e repor em suas casas os pobres albaneses maltratados, pilhados e escorraçados?

Para nós, brasileiros, todo cuidado será pouco ao assumirmos ou endossarmos posições, em matéria de política externa, que abordem questões jurídicas de tal jaez. Devemos sempre lembrar-nos da nossa enorme extensão territorial, tomada, em parte e de fato, pelos colonizadores portugueses aos espanhóis, cujo direito fora garantido pelo Tratado de Tordesilhas. Ocupação reconhecida no século XVIII, ainda em pleno período colonial, através da doutrina do *uti possidetis juris*, por obra do santista Alexandre de Gusmão — o verdadeiro pai da política externa brasileira —, e fixada nos instrumentos internacionais ora vigentes pelo barão do Rio Branco, nume tutelar da nossa diplomacia. À medida que apoiarmos posições de força desprovidas de embasamento legal, estaremos fornecendo precedente perigosíssimo, que se pode voltar contra nós, no sentido, por exemplo, de que sejamos objeto de intervenções externas para assegurar a reserva de enormes extensões de terras em benefício de tribos indígenas, ou preservar a incolumidade da floresta amazônica.

A utilização da força militar, para considerar-se moral, deveria ser, também, geral. É monstruosa a atitude dos sérvios ortodoxos para com os muçulmanos do Kosovo. Não o é menos a de Saddam Hussein contra os xiitas do Iraque, em favor dos quais os americanos ainda intervêm. Mas estes já não o fazem para defender os curdos, massacrados pelos turcos, nem os budistas tibetanos, cruelmente reprimidos pelos chineses. Tampouco acatam as resoluções da Organização das Nações Unidas que requerem de Israel a retirada dos territórios árabes ocupados. E, por detrás de todas essas barbaridades, o anacronismo das guerras religiosas, apesar de nos encontrarmos no fim do século vinte, e do segundo milênio depois de Cristo.

Em todos os casos, que ora ensangüentam o mundo, de uso ilegal (mas nem sempre ilegítimo) da força militar, a adequação do direito à justiça passaria por uma revisão da Carta da ONU no sentido de democratizá-la, limitando e restringindo o poder de veto das grandes potências sobre as resoluções tomadas por maioria no Conselho de Segurança, e ampliando a competência da Assembléia Geral. Além da criação de uma corte penal internacional, com jurisdição sobre todos os estados-membros das Nações Unidas.

RIO, 1 DE MAIO DE 1999 | — A eleição em que concorro à Academia Brasileira de Letras constitui oportunidade única para, seguindo o exemplo de Machado de Assis, seu nume tutelar, observar os refolhos das almas. Afonso Arinos chegara a escrever a um amigo acadêmico, Ribeiro Couto, dizendo achar graça nas manobras "venezianas ou vaticanescas" que se travam quando dos pleitos ali disputados.

Sem dúvida, é um privilégio ingressar na Academia. Porém, escritores como Mário de Andrade, Gilberto Freire, Carlos Drummond, Murilo Mendes, Érico Veríssimo, Sérgio Buarque, Pedro Nava, e, dentre os vivos, Antonio Candido — todos amigos próximos de Afonso Arinos —, não tiveram a relatividade da sua glória humana afetada pelo fato de a ela não pertencerem.

Nem Joaquim Nabuco, Rio Branco e Rui Barbosa se imortalizaram, entre nós, por serem acadêmicos. Em última instância, "só uma coisa importa", uma imortalidade apenas interessa. E ela não se encontra em nenhum cenáculo deste mundo.

RIO, 4 DE JUNHO DE 1999 | — Transcorri os dois últimos fins de semana longe do Rio, o primeiro no Recife, o segundo em São Paulo, fazendo visitas protocolares e buscando votos para a eleição na Academia.

Há muito eu não visitava a capital pernambucana. Hospedei-me em um hotel moderno e confortável na praia da Boa Viagem, tentando reviver as férias ali passadas, em 1938, no casarão de pedra dos meus tios Regina e Manuel Leão, este, na época, diretor da *Great Western Railway*. Não me lembro de haver sido mais feliz, em toda a minha vida, do que naquela ocasião, quando lá cumpri meus oito anos.

Já a viagem no navio italiano *Conte Grandi* me encantara, desde Salvador, onde fizéramos escala. Uma vez chegados ao Recife, eu dava longas caminhadas pela praia, com mergulhos no mar, que a fieira de arrecifes transformava numa piscina de água salgada. À noite, da varanda, via os pescadores, com um balaio pendurado no braço, uma tocha acesa na mão esquerda e, na direita, o porrete com o qual matavam as lagostas que emergiam atraídas pela luz, jogando-as dentro da cesta. As jangadas se enfileiravam na areia, e, quando entravam pelo mar adentro, iam-se afastando até desaparecerem completamente da vista. Muitos anos depois, eu ainda sonhava com a Boa Viagem. As dezenas de cajueiros e coqueiros no grande quintal, a quadra de tênis, o mocambo de brinquedo da minha prima, o grande caixote cheio de caranguejos goiamuns se entredevorando, os passeios às praias da Piedade, Gaibu, e à represa de Gurjaú, tudo era motivo de espanto e encantamento, orquestrados pela vara de condão da tia Regina.

Querida tia! Arrebatada e boêmia, companheira divertida e bondosa, com que carinho hospitaleiro recebeu os sobrinhos, pela vida afora, nas suas deliciosas casas de praia no Recife, no Rio, em Cabo Frio, ou na bela fazenda histórica de Piraí. Com que bravura lutou, durante dezessete anos, contra o câncer que lhe infligia sofrimentos atrozes, a desfigurá-la progressivamente, e acabando por roubar-lhe a voz. Muito devota de Santa Teresa do Menino Jesus, pensou, asfixiada por uma hemorragia na laringe, na mocinha tuberculosa que as hemoptises sufocavam, e o sangue cessou subitamente de escorrer.

Foi encontrada morta debruçada sobre a cama, tendo entre as mãos uma imagem daquela que quisera passar o céu a fazer o bem na terra, a esparzir rosas de graças pelo mundo. Minha mãe, angustiada com o destino da irmã, e igualmente devotada a Santa Teresa, pediu, então, à carmelita de Lisieux um sinal que a tranqüilizasse. Pouco depois, encontrava-se na fila do caixa bancário, quando uma mulher desconhecida passou por ela, lhe entregou uma rosa, e desapareceu.

As tentativas de recuperar o mundo mágico da infância sempre decepcionam. Da janela do meu quarto, bem no alto do hotel da Boa Viagem, ainda era muito bela a vista sobre o mar, cortado, na maré baixa, pela estria dos abrolhos. Mas a avenida, outrora cheia de casas e pomares, enchera-se de altos edifícios. O tráfego intenso de automóveis, quando se interrompeu, foi para dar lugar ao desfile barulhento de uma seita evangélica. Permanecem umas poucas jangadas, bem arrumadas sobre a areia, para os turistas admirarem. A casa de pedra dos meus tios foi preservada pelo Patrimônio, a varanda continua cercada por madeira pintada de vermelho, mas as árvores plantadas no terreno enorme desapareceram. Atrás, erguem-se, agora, dois arranha-céus.

As mansões de antigamente só permanecem nos bairros afastados, como o da Casa Forte, onde procurei o grande

Ariano Suassuna. A residência, bem fornida de móveis pernambucanos antigos, e toda decorada com belas pinturas, cerâmicas e terracotas modernas, feitas por aquela família de artistas, se assemelha ao dono, na forte impressão nacionalista causada ao visitante. Fiquei pasmo com sua memória: "— Conheci-o aqui no Recife — disse-me ele —, em 1954, com João Cabral, tocando violão na casa de Aloísio Magalhães. Quando saí, você cantava *Último desejo*, de Noel Rosa".

Grata surpresa foi a população da cidade, com sua alegria de viver, extravasada nas vogais cantadas da fala alta, nos hinos religiosos durante a missa. O Rio era assim, antes da violência que nos encerra, prudentes, nas fortalezas domésticas.

Já São Paulo, enorme e feia durante o dia, tem esta aparência mitigada pela iluminação noturna das avenidas largas e dos ricos apartamentos residenciais modernos. Sente-se ali, nitidamente, o motor que nos impulsiona como nação em desenvolvimento. Sensibilizou-me, defronte ao altar-mor do Convento da Luz, o túmulo de frei Galvão, o primeiro beato brasileiro, natural de Guaratinguetá, berço da avó materna que me criou. Desta Guaratinguetá que também nos deu o presidente Rodrigues Alves, meu bisavô, e onde surgiu boiando no rio Paraíba, no século XVIII, a imagem que seria a de Nossa Senhora Aparecida, padroeira do Brasil.

RIO, 25 DE JULHO DE 1999 | — Fui eleito para a Academia Brasileira de Letras por 23 votos contra 15 dados a Ivan Junqueira, bom poeta, bom crítico, bom tradutor, bom amigo — e, *last but not least*, muito mais literato do que eu. Haviam-me chegado, antecipadamente, vinte sufrágios por carta, que alcançavam o *quorum* necessário e suficiente para ser eleito. Por isso, a vitória não me surpreendeu nem emocionou, mas deixou-me feliz. Nem tenho palavras para expressar meu reconhecimento aos companheiros acadêmicos que tanto me encorajaram e apoiaram. Dentre estes, Alberto Venâncio, meu tio Carlos Chagas, Cândido Mendes e Ledo Ivo indagavam, há anos, por que eu não era candidato. Honra-me, ainda, a perspectiva da companhia dos escritores e homens públicos eminentes que, embora votando no caro adversário, não me hostilizaram. Pois é uma grande distinção ser membro da Academia Brasileira. E penso, com amor agradecido por tudo o que lhe devo, no grande acadêmico que foi Afonso Arinos de Melo Franco.

Em 1985, a Academia o homenageou, quando completava oitenta anos. Assisti à sessão. Todos os presentes saudaram o aniversariante. Na resposta improvisada, em singular exibição de memória e controle da palavra, ele se referiu ao discurso de cada orador que o precedera, traçando o perfil psicológico do companheiro, e fazendo-lhe o elogio. Afrânio Coutinho interveio em seguida, para dizer que, em toda a sua vida acadêmica, aquela fora a mais bela reunião por ele assistida.

Para receber-me, convidei José Sarney, de quem me aproximara, quando ele era deputado federal recém-eleito pelo Maranhão (seríamos, mais tarde, companheiros na Câmara), por intermédio do nosso comum e querido amigo Odilo Costa, filho, também este futuro acadêmico. Em 1986, já presidente da República, Sarney me concedeu a maior honraria a que um diplomata católico pode aspirar, a de representar seu país junto à Santa Sé. Fê-lo espontaneamente, quando eu sequer sabia que o posto vagara, por haver seu titular renunciado ao cargo e à carreira, regressando ao Brasil. Treze anos depois, surge, agora, a oportunidade concreta de manifestar-lhe minha gratidão.

Rio, 31 de agosto de 1999 | — Como dizia Pier Paolo Pasolini, a vida é um filme que só se monta quando a gente morre. O falecimento de dom Hélder Câmara evidenciou toda a sua importância para o Brasil e para o mundo.

Teatral ele era. Teatral e publicitário. Mas, sem a divulgação com que alardeava suas iniciativas, estas não teriam repercutido de forma a concretizar os objetivos visados.

Conheci-o em 1955, quando, na condição de oficial de gabinete da presidência da República, acompanhei o presidente Café Filho à enorme celebração com que se encerrou, no aterro do Flamengo, o Congresso Eucarístico do Rio de Janeiro, concomitante com a realização da Primeira Conferência Geral do Episcopado Latino-Americano. Como bispo auxiliar, foi dom Hélder o principal responsável pela organização e o êxito do grande encontro religioso. Na mesma época, ele conseguia fundar a Conferência Nacional dos Bispos do Brasil. Pioneira do gênero no mundo, a CNBB mostraria, anos depois, a dimensão da sua força e influência, com a defesa intransigente dos direitos humanos, políticos e sociais, conspurcados pela ditadura militar. Essa postura lhe confere desde então, sem dúvida, a distinção de ser a entidade que desfruta de maior autoridade moral em nosso país. Dom Hélder Câmara inspiraria ainda, naquele ano, a criação do Conselho Episcopal Latino-Americano (CELAM).

A Cruzada São Sebastião, iniciativa de dom Hélder visando a transferência de favelados para apartamentos populares, teve êxito relativo. Causou, contudo, forte impressão a presença, entre seus pares, daquele bispo miúdo, franzino, com fome e sede de justiça, durante o Concílio Ecumênico Vaticano Segundo. Ele apontou o caminho da opção preferencial da Igreja Católica pelos pobres, que a Conferência dos bispos latino-americanos oficializaria, e o papa João Paulo II iria ratificar.

Progressista e sempre próximo dos excluídos, dom Hélder, no entanto, não se contava entre os teóricos da teologia da libertação. A ação pastoral e social que empreendeu marcou-se por aquela compaixão concreta pela sorte do povo, preconizada um dia, na política, por Virgílio de Melo Franco. Porém a Igreja, brasileira e universal, não será mais a mesma, depois do seu exemplo e da sua atuação.

Rio, 10 de outubro de 1999 | – João Cabral de Melo Neto foi enterrado hoje. Com sua morte, desaparece aquele que era, até ontem, o maior poeta vivo do Brasil. Eu ousaria dizer, talvez, do mundo. Ou, pelo menos, da civilização ocidental. Desde que Borges partiu, quem lhe chega à altura, nas Américas do Sul, do Norte ou, mesmo, na Europa? Quanto à poesia brasileira, poderá dividir-se, para sempre, em antes e depois de João Cabral, tais sua originalidade, força e influência.

Estive com João no Rio, no Recife, em Sevilha, Berna, Genebra, Barcelona, em Belém. Conhecera-o no Itamarati, na primeira metade dos anos cinqüenta, e sua perda restitui-me, aos borbotões, lembranças distantes. Nossa diferença de idade era de quase onze anos. Como sempre privilegiei a companhia dos mais velhos, foi-se, agora, o último remanescente de queridos amigos da mocidade que, mais tarde, viriam a ser acadêmicos – penso, ainda, em Odilo Costa, filho, Carlos Castelo Branco e Oto Lara Resende.

Tão logo ingressei na carreira diplomática, fui designado pelo Itamarati para servir na Comissão de Organismos Internacionais, onde me sentava ao lado de Vinícius de Morais. Eu, solteiro, e Vinícius "sempre em lua de mel", como dizia Afonso Arinos, saíamos diariamente da repartição e começávamos longa peregrinação pelos bares de Copacabana. Um dia, na hora do trabalho, me ressenti da rotina boêmia: "– Estou com dor de cabeça. Você tem um analgésico?", indaguei do poeta. "– Não, mas vamos até à Divisão Cultural. Ali trabalha um colega que é também um grande amigo. Ele sofre de enxaqueca o tempo todo, sua gaveta está cheia de aspirinas." Era João Cabral.

Rio, 11 de outubro de 1999 | – João passava, na ocasião, pelas aflições funcionais e financeiras decorrentes da denúncia de colega que interceptara carta sua, dirigida a outro diplomata, fazendo com que fosse desviada para os ministérios das Relações Exteriores, da Guerra, e para o jornalista Carlos Lacerda, diretor da *Tribuna da Imprensa*, que passou a empreender, então, violenta campanha contra "o comunismo no Itamarati". Na missiva, Cabral recomendava ao companheiro divulgar a figura do "nosso Luís Carlos". Li-a na ocasião, percebendo que, decerto, o autor tencionava referir-se a Luís Carlos Prestes. Anos depois, o poeta reconheceria, em conversa com Afonso Arinos, que fora tolo ao escrevê-la. Naquela época, Vinícius poetava exortando-o a seguir "adiante, camarada diamante!"

Eram tempos em que uma verdadeira paranóia anticomunista (não apenas a oposição legítima a uma doutrina totalitária) vicejava nos Estados Unidos, e, por tabela, no Brasil. A acusação de atividades subversivas também envolveria, entre outros, Antônio Houaiss, dando lugar a um inquérito administrativo efetuado no nosso Ministério sem que se ouvissem os acusados, ou se lhes facultasse direito de defesa. Foram postos em disponibilidade não-remunerada, punição inexistente no sistema penal brasileiro, como inexistente era o suposto delito de opinião que a justificaria. Pois a liberdade de pensamento, garantida constitucionalmente, não é subversão. Ao passo que a violação de correspondência que originara o processo, esta sim, não se permitia legalmente. Os acusados recorreram à justiça através de mandado de segurança, e ganharam, por unanimidade, no Supremo Tribunal, sendo, então, reintegrados ao serviço diplomático.

Mas o período que passou sem receber qualquer remuneração do Itamarati deixara João Cabral em situação financeira muito delicada. Eu trabalhava, naquela época, com o presidente Café Filho, no palácio do Catete. Recordo-me de haver, então, apresentado João a Odilo Costa, assessor de imprensa da Presidência, que se tornaria seu grande amigo. Na ocasião, freqüentava também o palácio do Catete o governador de Pernambuco, Etelvino Lins, que acabara de eleger o sucessor, general Osvaldo Cordeiro de Farias. Etelvino presenteou-me com duas passagens aéreas para assistir, no Recife, às cerimônias de transmissão do cargo. Ofereci a segunda a João Cabral, que, sem outros recursos para viajar, poderia, assim, rever os pais já idosos. Ele aceitou-a, sob condição de hospedar-me na residência paterna.

A casa ficava no largo Amorim, onde nadara num laguinho o peixe-boi da minha lembrança infantil, quando passei férias com tios maternos na praia da Boa Viagem. Foram dias de encantamento. Os cafés da manhã com beiju e tapioca, a deliciosa cavala-perna-de-moça no almoço, os passeios a Olinda, a Guararapes, ao engenho Massangana, onde Nabuco vivera a infância imortalizada na *Minha formação*. Excursionamos a João Pessoa, na Paraíba, a fim de entregar ao governador José Américo de Almeida — amigo de meu pai, que o poeta ainda não conhecia — o livro-poema *O rio*. José Américo recebeu-nos na sua casa de praia em Tambaú, com a bisnetinha ao colo. Na viagem, passáramos por Goiana, cuja praça estupenda, com duas igrejas coloniais lado a lado, só se compara à de Mariana, em Minas Gerais. João levou-me, ainda, ao sítio austero do pai, em Carpina, entre o agreste e o sertão.

Preparava, na ocasião, *Morte e vida severina*, cujo original me mostrou. Nossos companheiros de sempre eram Evaldo, seu irmão caçula, o poeta Carlos Pena Filho, que recitou para nós, do alto de uma pedra na praia de Gaibu, a sua "Ode ao Recife", e Aluísio Magalhães. Certa noite, Aluísio e eu, finda uma festa no Iate Clube, voltamos pela rua a cantar, tocando violão. Quando partimos de volta ao Rio, João detalhava-me a vista do Recife, estendendo-se progressivamente à medida que o nosso vôo ganhava altitude. Compôs, então, a poesia "De um avião", e dedicou-a a mim.

Forçado, por sentença judicial, a readmiti-los, o Ministério das Relações Exteriores não estava, no entanto, obrigado a remover João Cabral para um posto diplomático ou consular. Com os magros cruzeiros hauridos na Secretaria de Estado, ele não teria como recompor o orçamento doméstico, combalido pela inatividade forçada e ilegal. Tentava uma transferência para o Consulado-Geral em Barcelona, onde ficaria lotado teoricamente, embora fosse, de fato, designado para fazer pesquisas no Arquivo das Índias, em Sevilha. Ele já havia servido, antes, naquele Consulado. Neurastênico, consultara um médico, que lhe receitou trabalhos manuais como terapia ocupacional. "— Mas eu só sei escrever..." "— Muito bem; faça letras." E foi assim que João, adquirindo uma prensa, imprimiu, primorosamente, poemas seus e de amigos, em edições fora do comércio.

Porém a direção do Itamarati temia as objurgatórias que poderiam jorrar da *Tribuna da Imprensa*, dirigida por Carlos Lacerda, que tivera papel preponderante na campanha contra os cinco diplomatas acusados. O Ministério receava a reação da Espanha franquista contra a designação, para servir ali, de um cônsul brasileiro acusado de comunista. E a remoção não saía.

Carlos Lacerda era, na ocasião, muito próximo de Afonso Arinos (então líder da União Democrática Nacional na Câmara dos Deputados), como o fora, antes, do seu irmão Virgílio. Próximo, inclusive, pela vizinhança em Copacabana, bairro onde residíamos, e ele, morador na rua Tonelero, freqüentava com assiduidade nossa casa da rua Anita Garibaldi. Então, propus a João: "– O que posso fazer é levá-lo ao Carlos, e aí vocês se explicam. Topa?" Era um sapo duro de engolir, mas não havia alternativa. João Cabral topou.

A entrevista começou muito tensa, no escritório de Lacerda. Sentamo-nos os três, e João, como sempre quando estava nervoso, não dizia uma frase sem acrescentar-lhe a indagação "compreende?" Mas, então, irrompeu Cristina, a pequena filha caçula do jornalista. A garotinha pulou no colo do pai, brincou comigo, com João e, com o seu condão de fada-menina, distendeu o ambiente. Carlos Lacerda disse a João Cabral que, como ex-comunista ele próprio, compreendia perfeitamente a diferença entre alguém impressionado pela miséria, desejoso de justiça social, e um militante partidário. Que o cônsul seguisse tranqüilo. Cabral pôde viajar, e a *Tribuna* sequer noticiou sua partida para o exterior.

O poeta nunca mais se meteria em política. Retraído e inseguro, evitava as bolas divididas, como diz o jargão futebolístico. Contudo, a coragem de desnudar a injustiça, a miséria, a feiura e a morte, mostrou-a até o fim em sua poesia áspera e liberta de qualquer excesso, pungente, irretocável. Seria, para sempre, "o inconformado conformista".

Da Andaluzia, João me escreveu em junho de 1956: "Estou gostando de Sevilha. É uma cidade 'pequena porém decente'. Amável e graciosa. Meu trabalho vai indo muito bem. E o único desejo meu é que o Itamarati me esqueça aqui. (Creio, aliás, que estou esquecido já. Melhor!)" Fez, ainda, esta decisiva autocrítica e profissão de fé literária: "Descobri que o que me interessa é mesmo escrever poesia. Tenho trabalhado em novas coisas, com bastante entusiasmo. Creio que de *O Rio* para cá é que comecei a escrever poesia."

Quando fui removido para servir na Itália, meu primeiro posto diplomático, convidei-o a vir passar uns dias conosco, mas ele declinou, alegando achar Roma "gorda e planturosa". Para sentir-se à vontade, só pedra e faca, areia e lama, Espanha e Pernambuco (embora a forma construtivista da sua poesia mal oculte a emoção barroca da substância). Fui então, a caminho da quinta de primas nossas em Portugal, onde passaríamos férias, visitá-lo em Sevilha. João chegou a mostrar-me o magnífico bairro Santa Cruz, mas tive de deixar o resto do passeio para outra oportunidade. Ficamos em sua casa, tomando uísque e conversando por horas a fio, como ele gostava.

João Cabral se transfigurava na Espanha. A sua admirável Estela, às vésperas da morte, após longo sofrimento, enfrentado com alegria e coragem inabaláveis, chegaria a recomendar-lhe que voltasse a residir em Sevilha, onde o vira tão feliz.

Lá, o encabulado João de outrora, se transmudara no "Don Juan" freqüentador de cabarés, fascinado por touradas, pelo *cante hondo* e pela dança *flamenca* dos ciganos. Ao acompanhar ao baile uma nossa amiga, vendo-a maravilhada com a performance de um dançarino, o poeta, vaidoso, lhe pôs água na fervura: "— Esse aí ainda é o Ledo Ivo. Espere só até entrar o João Cabral." E, seduzido pela bela Trini, lembraria a bailarina andaluza, muitos anos depois, na poesia "Por um momento no Pumarejo":

> "Nesse popular nasceste
> Trini Espanha (e de Sevilha)
> a dois pés do Pumarejo,
> de sua cal branca poluída,
> onde o turista não vai
> nem gosta de ir a polícia,
> porém vai quem se sabe
> pernambucano em Sevilha.
> Na praça do Pumarejo
> entre cariadas caliças,

monumento Trini Espanha
se deve toda Sevilha."

Na vida de ciganos característica da carreira diplomática, nossos encontros foram esporádicos, no espaço e no tempo. Depois do Rio e do Recife, em sua casa de Berna (onde vivera, exilado, o estadista venezuelano Romulo Betancourt), em Genebra, onde eu era cônsul. Ali, rumo ao novo posto na Espanha, ele se deteria, com toda a família, no chalé onde morávamos, enquanto eu resolvia problemas com o passaporte do filho temporão. Mais tarde, chegou nossa vez de tomarmos férias espanholas. A caminho da casa de praia que alugáramos, João nos recebeu em 1967, com toda a família, em seu apartamento de Barcelona.

Da metrópole catalã, me escrevia, em julho de 1968, informando-me das visitas protocolares que se aprestava a fazer, em campanha para suceder Assis Chateaubriand na Academia Brasileira de Letras: "Só devo ir para o Rio a 31. Vou direto, pois José Américo já se considera visitado, Jorge Amado não está em Salvador, e Luís Viana não me respondeu à carta: imagino que não faça questão de visita. Isso me permitirá deixar o Recife para a volta do Rio, depois da eleição. Obrigado por ter escrito ao Gilberto Amado. Ele me mandou outro recado, prometendo o voto (...). Vai para o Rio a 18 de julho. Assim, terei de ir visitá-lo, quando lá chegar." Em setembro, já eleito, comunicava que "minha posse será em maio: me receberá nosso amigo José Américo e acho que V está moralmente obrigado a assistir à minha medalhização."

E acrescentava: "Agora, pasme: recebi hoje, reenviado do Rio, o seguinte telegrama que me fora para lá dirigido: PARABÉNS ACADEMIA E MIL PERDÕES." Era o seu delator no Itamarati, que, sabendo-o vitorioso, se penitenciava. "Que tal? Está claro que não vou responder. Não guardo ódio de ninguém, mas não posso perdoar a esse cidadão porque a irresponsabilidade dele atingiu quatro outros (e re-atingiu, com efeito de retardamento, dois dos cinco). Ora, não posso perdoar por ninguém. Vou simplesmente ficar calado e guardar o telegrama para quando ele tenha outro acesso de loucura ou mau caráter – não sei qual é o diagnóstico que cabe."

Quando embaixador comissionado em Dacar (onde logo conquistou o respeito e a amizade do presidente da República, Léopold Sédar Senghor, também poeta), descreveu-me suas expectativas profissionais em carta de março de 1974, endereçada a Washington: "Não é minha aspiração ir por enquanto para o Brasil. Não creio que me promovam nunca a embaixador de verdade e assim prefiro ficar no exterior (*onde se manteve, ininterruptamente, até o fim da carreira*) o tempo que me falta. Como nasci em janeiro de 1920, em janeiro de 1980, se vivo for estarei me aposentando."

Mas João seria promovido a "embaixador de verdade" (ministro de primeira classe), sua aposentadoria adiada, e, assim, ainda participamos juntos, em 1980, como delegados do Brasil, da Primeira Reunião de Ministros das Relações Exteriores do Tratado de Cooperação Amazônica, em Belém do Pará. Eu era embaixador na Bolívia, ele no Equador, e acompanhava Alfonso Barradas, chanceler equatoriano e escritor, seu amigo. Deixei-o no bar do hotel, enquanto ia receber no aeroporto o ministro do Exterior boliviano, e, quando regressei, João já havia bebido bastante. Noutra ocasião, ele fizera a minha mulher esta confidência extraordinária: "– Bia, você é a responsável pelo meu alcoolismo." Beatriz ficou perplexa, não sabendo o que responder, e o poeta prosseguiu: "– Um dia, você me contou que sua tia também sofria dos meus problemas de vago-simpático, e se curara tomando um *cointreau* todas as noites. Segui o conselho, do *cointreau* passei ao uísque."

Findas as respectivas carreiras no exterior, voltamos ambos ao Rio. Com sua vista a deteriorar-se e a depressão se agravando, eu ia visitá-lo quando a dedicada, desvelada Marly me chamava, ou informava-me de que o estado do ânimo de João o permitiria. Ele me fazia sentar lateralmente, acendia um abajur no meio, para poder enxergar-me com a visão periférica que ainda lhe restava. Chegou a sufragar meu nome para a Academia, e telefonou a Ariano Suassuna, pedindo-lhe que votasse em mim. A angústia existencial, o temor da morte, o assaltaram pela vida inteira. Mas no fim, contou-me Marly, rezava com ela o Pai Nosso quando nosso Pai o chamou.

RIO, 15 DE OUTUBRO DE 1999 | — Passei vinte dias de setembro último entre a França — por conta do *Chuveiro Iluminado*, que lá se exibiu — e a Itália, onde moram minha filha e um casal de netinhos romanos, o menor dos quais, já com onze meses, eu ainda não conhecia.

Augusto Boal, que viveu na capital francesa por longos anos, exilado pela ditadura militar, pôs sua casa de espetáculos em Paris, o *Théatre de l'Opprimé*, à disposição do nosso grupo. Se alguma idéia nunca me viera à cabeça, foi a de cantar num palco parisiense. Mas, como quem participa de uma estrepolia inocente, concordei, com a intenção de viajar para Roma tão logo findassem as exibições. A imprevidência fez com que, chegados à França, verificássemos que o teatro de Boal não poderia ser utilizado, por falta de alvará da prefeitura autorizando algumas obras nele executadas. Mas a emenda foi melhor que o soneto, pois, graças às relações do nosso diretor com o meio teatral parisiense, acabamos por apresentar-nos no belo *Théatre de l'Epée de Bois*, todo revestido de madeira, e localizado na *cartoucherie* de Vincennes, antiga fábrica de munições para a guarnição do velho castelo. Hoje, ali se confeccionam cenários, vestimentas e o que for necessário para a montagem de espetáculos. Parafraseando as sagradas escrituras, transformam-se espadas em equipamentos teatrais. Casa lotada, para minha surpresa (sobretudo por compatriotas entusiastas, e amavelmente convidados pela Embaixada do Brasil).

Fui ver, com Beatriz, uma bela exposição de Chardin, no Grand Palais. Os seis anos em que servi na Holanda, primeiro como secretário de Embaixada, e, mais tarde, embaixador, desviaram-me nitidamente a preferência estética, da pintura italiana para a holandesa. Gostei da mostra pelas afinidades que encontro entre Chardin e os mestres batavos, como, pelo mesmo motivo, Caravaggio é o pintor que mais me atrai na Itália. Perdi, sobretudo, a paciência com as poses maneiristas, os trajes e mantos azuis e vermelhos, a santimônia untuosa à maneira de Guido Reni.

Roma parece um canteiro de obras, preparando-se para o grande jubileu do ano 2000. A netinha de três anos, precisa e imperiosa, leva-me a passear, à noite, pelo parque da sua casa, impondo-me silêncio, para não acordar o galo, que assustaria galinhas e passarinhos. Pergunto-lhe como se denomina, em italiano, aquela espécie de besouro que passeia pelo chão. Ela pensa um instante, e o batiza: "– Ludovico." Pede-me para fechar uma porteira; enquanto a atendo, bebe da taça de champanha que eu deixara sobre o mourão.

Quando me encontrava na Itália, Giulio Andreotti, tantas vezes ministro e presidente do Conselho desde o fim da segunda guerra mundial, foi absolvido, por falta de provas, no processo a que respondia, acusado de mandante do assassinato de um jornalista que teria a intenção de divulgar informações comprometedoras a seu respeito. As relações de Andreotti com a máfia, através de um correligionário político, que acabou morto pelos bandidos sicilianos, eram conhecidas. Ele ainda responde, na Sicília, a processo por associação mafiosa. Foi um dos dirigentes mais poderosos da Democracia Cristã, que dominou, por quatro décadas, a política italiana, e corrompeu-se, com o Partido Socialista, em conseqüência de tantos anos no poder. Há suspeitas de que a intransigência demonstrada por Andreotti (então chefe do governo), ao recusar qualquer entendimento com os terroristas das Brigadas Vermelhas seqüestradores de Aldo Moro, afinal assassinado, não ocultariam a intenção de afastar de vez seu rival na disputa pela liderança do maior partido italiano. O cinismo legendário do personagem, retratado como belzebu nas caricaturas, bastaria, em todo caso, para aconselhar mais prudência ao Vaticano, cujo órgão oficioso, *L'Osservatore Romano*, saudou a sentença absolutória como glorificação de um mártir injustiçado.

Rio, 31 de outubro de 1999 | – Por sugestão de meu filho Caio, eficiente e dedicado gerente-geral do Centro Internacional de Negócios da Federação das Indústrias do Estado do Rio de Janeiro, incorporei-me à delegação da FIRJAN que viajou para Cuba há uma semana. Os empresários fluminenses haviam sido convidados por Fidel Castro, quando o dirigente cubano veio ao Rio a fim de participar, este ano, da reunião cimeira dos países da América Latina e das Caraíbas com a União Européia.

Passeamos pela praia banhada por um mar cor de safira em Cancún, no México, durante troca de aviões mais prolongada, e seguimos para Havana. A doçura do clima e a cordialidade da gente, tão parecida com a carioca, não conseguem ocultar a decadência física da capital, verdadeira cinderela urbana, linda e andrajosa. A encantadora cidade velha, declarada patrimônio da humanidade pela Organização das Nações Unidas para a Educação, Ciência e Cultura, a UNESCO, cai aos pedaços.

Adentrei a impressionante catedral de pedra, com bela fachada barroca a ocupar um dos lados da harmoniosa praça colonial, e aproximei-me de uma das vastas bacias de água benta, com a intenção de persignar-me. "— Está vazia", alertou — ou provocou — uma magricela de óculos que se postava ao lado. "O governo não quer que se encha, diz que água estagnada atrai mosquitos."

Para os turistas estrangeiros (e deles Cuba não pode prescindir), o ponto de referência é Hemingway. As residências que habitou, os quartos de hotel onde dormiu, o bar preferido para tomar *daiquiris*, o botequim onde bebia *mojitos*. Já a longa fieira das casas do Malecón, quase todas sobre colunas, fachada de Havana sobre o mar, está sendo restaurada com ajuda da Espanha. Senti a altivez do povo, cônscio da própria independência, após séculos de colonização espanhola, décadas de submissão político-econômica aos Estados Unidos, e, depois, à União Soviética.

Sem sombra de discriminação racial e social, aquela sociedade igualitária vive, entretanto, uma contradição permanente, insuportável a longo prazo. Cobertos por sistemas previdenciário, de saúde e educação sem paralelos na América Latina, em que pese a penúria provocada pela guerra econômica, arrogante e injusta, que os Estados Unidos lhes declararam há quase quatro décadas, os cubanos só conseguem sobreviver graças aos aportes trazidos pelo dólar, de uso corrente e legalizado desde 1993, e com valor paralelo ao do peso no câmbio oficial, mas, hoje, correspondente a vinte pesos por dólar no mercado livre. O que cria duas categorias de pessoas: as que têm acesso ao dólar e, em conseqüência, a bens e lazeres inatingíveis pelo cidadão comum; e o povo em geral.

Testemunhei um exemplo simples. Visitou-me diplomata aposentado que servira no Brasil. Possui casa própria, saúde bem protegida sem qualquer custo, seus filhos perfeitamente educados pelo Estado. Contudo, pelo fato de haver passado poucos anos no serviço externo, e por não se tratar de pessoa idosa, percebe duzentos pesos por mês como pensão (equivalentes a duzentos dólares no câmbio oficial, mas a dez no mercado livre). A *libreta* de racionamento mensal lhe cobre apenas em parte as necessidades alimentares. Estava vestido modestamente, com calça e camisa *jeans*. A camisa, apontou-me, custara-lhe dezesseis dólares. Assim, ele não pode prescindir do aporte suplementar que recebe ao alugar, para turistas, quartos da sua casa, pagos em dólares trocados no mercado livre. É a tensão psicológica entre o orgulho nacional e a dependência da moeda do inimigo para sobreviver. Mesmo assim, encontra-se bem melhor do que já esteve, pois afirma que, nos anos consecutivos à desagregação da União Soviética, e, em conseqüência, ao fim da exportação do açúcar e da importação do petróleo a preços subsidiados, o povo passou fome. A média nacional *per capita* de emagrecimento dos adultos teria chegado a quinze quilos. Ele mesmo perdera doze.

RIO, I DE NOVEMBRO DE 1999 | – Um fim de tarde, eu regressava, apressado, de excursão à cidade velha, a fim de me preparar para uma ceia na Embaixada do Brasil, quando Caio, avistando-me no vestíbulo do hotel, me previne: "– Pai, você hoje vai jantar é com o Fidel, no Palácio da Revolução." Da imprevisibilidade do Comandante, já sabíamos. E a delegação esperava alguma oportunidade de encontrá-lo, mas não esse convite. Convite ao qual talvez não tenha sido alheio o perfeito entendimento havido entre o belo Caio e a graciosa jovem morena que organizava os eventos em nome do governo cubano.

Fidel Castro entrou na sala em que nos enfileirávamos para aguardá-lo, e, ao cumprimentar-nos um a um, logo dissolveu a formalidade, fazendo comentários bem humorados. Comigo, no centro de um pequeno grupo, conversou por uns quinze minutos, tocando-me com dois dedos no peito cada vez que queria reforçar um argumento. Sabia das pressões que o governo Jânio Quadros sofrera (sendo Afonso Arinos seu chanceler) por defender uma política de respeito à autodeterminação cubana, e de não-intervenção em Cuba. Depois, sentamo-nos à mesa, onde ele dialogou com o grupo — mas, sobretudo, monologou, como de hábito — das nove da noite às duas da madrugada.

Acabava de sair de uma reunião do governo na qual, durante dez horas, se avaliou, tentando remediá-lo, o estado em que ficara Havana, varrida por um furacão na semana anterior. Explicou-nos minuciosamente o sistema eleitoral de Cuba, com votações sucessivas e ascendentes a partir dos delegados de vizinhança, e criticou os dois partidos políticos americanos, divididos apenas por interesses pessoais, mas não pela doutrina. Aparentemente, não atentava na contradição entre esta crítica que fazia aos Estados Unidos e a realidade cubana, restrita a um só partido, e a ideologia única. Ao se despedir, fez-se fotografar, em separado, com cada membro do grupo, dando-nos, a todos, uma caixa dos melhores charutos locais, que autografou com paciência.

Quarenta anos antes, na sua primeira viagem ao Brasil, o grande revolucionário vitorioso fora recepcionado com brilhante *garden-party* por um casal de tios meus, e se enamorara de uma das minhas primas bonitas. Assim, atendeu, com largo sorriso, a pedido por mim feito, no sentido de deixar-se fotografar com a família (ali estávamos sete parentes, entre consangüíneos e afins) daquela por ele qualificada, na recente viagem ao Rio para a reunião cimeira, como o seu "grande amor platônico". Essa declaração, acolhida pela crônica mundana, foi, naturalmente, responsável por alguma tensão conjugal, que, não resistindo, descrevi a Fidel. Ele ria, divertido, apertando os olhos miúdos, e fez-me portador do convite àquela que fora objeto das suas atenções: "— *Pero que venga, con marido e todo!*"

Eu não me encontrava no Brasil na ocasião, porém o episódio passou a fazer parte do folclore familiar. No dia seguinte ao da festa, os cubanos pediram para conhecer a vida noturna carioca. "— *Maria, vamos a la noche!*", instava o ministro da Marinha, rapaz alto, de cabelos pretos e olhos azuis. Mas a linda jovem impôs: "— Só se Nininha e Fidel nos acompanharem." E foi assim que, possivelmente pela primeira e última vez em sua vida, Fidel Castro perfumou a barba e prestou-se ao papel de *chaperon*. Ao trazerem as moças de volta, a família já se recolhera, deixando a fiel Xandoca encarregada das chaves. A preta velha, porém, que criara as mães das duas primas, não costumava dormir antes de dessedentar-se com abundantes talagadas de cachaça, e, imersa em sono cataléptico, não escutou a campainha que tocava. "— *Xandueca! Xandueca!*", impacientava-se Fidel, esmurrando a porta. E as formosas notívagas ainda tiveram de ouvir recriminações da boa serviçal, estranhando o horário tardio e os acompanhantes suspeitos, que nem falavam língua de gente, mal ajambrados e com barba por fazer.

Em Fidel Castro, além da energia física quase sobre-humana (está com 73 anos, fino e erecto como uma palmeira), da memória capaz de absorver quantidades inacreditáveis de informações e estatísticas, e da curiosidade intelectual insaciável, impressionou-me, sobretudo, o interesse permanente, exclusivo, absorvente, pelo destino de Cuba e pelo bem-estar do seu povo. Se, conforme a doutrina social cristã, a mais alta vocação, depois da religiosa, é a política, compreendida como ação voltada para o bem comum, eu, que nasci e vivi em contato permanente com o meio político, não sei de exemplo mais puro daquela dedicação integral que o de Fidel.

Enquanto estivemos em Cuba, ele cobrou de cada companheiro responsável por um determinado setor, nas decisões tomadas coletivamente, mas onde a palavra final é sempre sua, a atuação que tivera no sentido do pronto atendimento aos sinistrados pelo furacão recente. Reclamou dos três hospitais (dentre os muitos da ilha) em que os geradores próprios não funcionaram, das árvores e postes derrubados sobre a rede elétrica, quando duas pessoas haviam sido eletrocutadas, da coleta deficiente do lixo, dos destroços e detritos acumulados, etc. Era, simultaneamente, presidente, governador, prefeito, secretário de obras e serviços, diretor de educação e saúde.

Reconheça-se, todavia, ser mais fácil agir assim em Cuba que num país com as dimensões do Brasil. Se Fidel fosse natural da América do Sul, teria revolucionado o continente, qual novo Bolívar. Hélio Jaguaribe qualificou-o, com razão, de gigante ibérico. Mas, entre nós, o centralismo que implantou seria impensável. Nem temos disciplina social para isso. Embora seja verdade que, antes da revolução, tampouco os cubanos a possuíam.

No Sermão da Montanha, Jesus recomendou-nos buscar sempre o Reino de Deus e sua justiça, pois todo o resto nos seria dado por acréscimo. Quanto ao Reino de Deus, desde a visita do papa a Cuba, ali há maior liberdade de culto, em contraste com os primórdios revolucionários, quando o cidadão devia optar entre a prática religiosa e o serviço ao Estado e ao Partido (com todas as conseqüências daí decorrentes sobre as prerrogativas da cidadania, ou a falta delas). Já no tocante à justiça, Cuba tem muito mais lições a dar que a receber do resto do mundo. Refiro-me à justiça social, em seu sentido mais amplo. Não foi à-toa que Fidel, ao conversar francamente conosco sobre a modéstia dos pais, a dura infância que tivera, e falando-nos da própria idade e da morte, disse-nos esperá-la com a tranqüilidade do dever cumprido.

Rio, 27 de novembro de 1999 | (aniversário de Afonso Arinos) – Tomei posse, ontem, na Academia Brasileira de Letras. Abriria mão, com alívio, da espada sem sentido e do ridículo chapéu emplumado (esquecido em casa, mas Sarney emprestou-me o seu), que acompanham o fardão. Em compensação, dispensei o traje a rigor, habitualmente exigido aos convidados.

No discurso, tratei, sobretudo, do diplomata Antônio Houaiss e do lado humano do meu antecessor, faces da sua personalidade para mim mais familiares que as do lingüista e lexicógrafo. Quis desagravá-lo do tratamento arbitrário e ilegal com que o governo brasileiro recompensou os préstimos inestimáveis oferecidos por um dos seus maiores servidores, punindo-o, injusta, severa e ilegalmente, em duas oportunidades.

Sarney acolheu-me com grande generosidade e calor. Falou da trinca de acadêmicos portadores do meu nome, demorando-se mais, como era justo e natural, no segundo, que fora seu líder na Câmara dos Deputados e dera o impulso inicial, ao fazê-lo vice-líder, em sua ascensão política, que só se deteria na presidência da República. Disse que, se tivessem de ser mencionados os três maiores intelectuais brasileiros deste século que termina, quanto a dois poderia haver divergência de opiniões, mas não sobre o terceiro, Afonso Arinos. E invocou a presença espiritual de meu pai para receber-me, a seu lado, na tribuna. Foi um momento alto da festa, de resto despretensiosa, simpática e familiar.

Rio, 27 de dezembro de 1999 | – Assisti, pela televisão, à suntuosa cerimônia de abertura do Ano Santo de 2000, efetuada na basílica de São Pedro, no Vaticano. Por todo o tempo em que tive a graça e o privilégio de ser embaixador do Brasil junto à Santa Sé, de 1986 a 1990, presenciei, dezenas de vezes, espetáculos semelhantes. Embora prolongados – duram, geralmente, cerca de duas horas e meia –, eles nunca me fatigaram. O esplendor interno e externo do templo é uma festa permanente para os olhos. A cerimônia efetua-se dentro ou fora da igreja, no último caso com a fachada imponente como pano de fundo, realçada, à noite, por iluminação que ressalta a poderosa arquitetura clássica do Maderno. E a música, entoada por coros harmoniosos, encanta os ouvidos. Cada vez que recordo essas maravilhosas experiências vividas, acode-me o pensamento consolador de que elas se integram para sempre ao espírito, fazem parte da nossa substância vital, e ninguém conseguirá apagá-las. Positiva ou negativamente, pode-se influenciar o futuro, mas não subtrair o passado.

RIO, 28 DE DEZEMBRO DE 1999 | – A primeira ocasião que tive de estar, em São Pedro, numa solenidade com a presença do pontífice, ocorreu nos anos cinqüenta, quando era secretário na Embaixada do Brasil em Roma. Postei-me junto ao corredor central da basílica, com meu filho primogênito sobre os ombros, a fim de que, na passagem da sede gestatória, Virgílio pudesse ver o papa, e ser por ele visto. O que, de fato, aconteceu. Pio XII, ao defrontar-se conosco, teve um gesto de surpresa amorável quando divisou o pequenino, e fez menção de parar a sede para tocá-lo, mas não foi atendido pelos que a transportavam. Então, conformado, traçou sobre ele o sinal da cruz.

Hoje, sabemos que Pio XII, durante a segunda guerra mundial, optou pela prudência política, sem correr os riscos da profecia, nem os do sacrifício. Martirizados pelos nazistas foram judeus, ciganos, eslavos, comunistas, democratas, religiosos. O papa não denunciou, de público, esses crimes hediondos, nem condenou os algozes. É bem verdade, por outro lado, que se achava no coração da Itália fascista, no centro de uma Europa ocupada pelos exércitos alemães, e havia precedentes, como o do bispo de Utrecht, na Holanda, cuja carta-denúncia contra o massacre de judeus desencadeou uma repressão brutal por parte dos invasores. O pastor terá pensado, decerto, nos perigos mortais que correriam suas ovelhas em conseqüência de qualquer pronunciamento imprudente por ele proferido. Ademais, quando o governo pós-fascista do marechal Badoglio firmou o armistício com os aliados que invadiam a Itália, forças nazistas ocuparam Roma. E nada impediria que entrassem no Vaticano diante de alguma atitude que Hitler pudesse considerar como provocação.

Na morte de Pio XII, em 1958, a Rádio Vaticana noticiou-lhe a agonia como quem transmite a partida final de um campeonato de futebol. O clínico que o assistia tirou fotografias do pontífice agonizante, a boca entreaberta, a barba por fazer, e vendeu-as à imprensa mundial. Foi expulso da Ordem dos Médicos. Estive no velório, dentro da basílica. O charlatão tentara embalsamá-lo com métodos que dizia herdados de antiga tradição egípcia, mas sem êxito. O grande corpo morto inchava sobre um enorme catafalco negro, cercado pela Guarda Nobre. Da sua boca escorria um soro pardacento. O povo, querendo vê-lo, atropelava-se para entrar, aos trancos e impropérios.

Semanas depois, na grande praça envolta pela colunata do Bernini, vi a fumaça branca sair da chaminé da Capela Sistina, e aparecer na sacada de São Pedro, para alegre surpresa da multidão, o papa recém-eleito. Era o até então cardeal patriarca de Veneza, Angelo Giuseppe Roncalli, um velhinho bonachão, que adotaria o nome de João XXIII, e, em menos de cinco anos de pontificado, reformaria a Igreja Católica, ao convocar o Concílio Ecumênico Vaticano II e publicar as encíclicas *Mater et magistra* e *Pacem in terris*.

Durante audiência que me concedeu, ao despedir-me do primeiro posto diplomático, disse-lhe que gostaria de voltar a servir na Itália, porém junto ao Vaticano. O *papa buono* aprovou a pretensão, que se tornaria realidade quase ao fim da minha carreira, já como chefe de missão.

Agora, na cerimônia de abertura da Porta Santa, não havia mais abanadores do trono, que eu vira a ventilar Pio XII. Em compensação, dois negros altos, com penas espetadas em um fez vermelho sobre a cabeça, sopravam enormes trompas de marfim, para anunciar o início do Grande Jubileu do ano 2000. A pompa e o fausto não cessaram, afinal.

João Paulo II, antes de receber ordens sacras, não fora um empresário, porém um operário polonês. O grande papa, idoso e enfermo, condena sempre o hedonismo, o consumismo, o primado do capital sobre o trabalho, o do ter acima do ser, a teologia do mercado, em suma. Quando assistíamos às celebrações litúrgicas no Vaticano, Beatriz atentava nos seus mocassins velhos e gastos. Fico, porém, imaginando, no lugar dele, o Filho do Homem, que não tinha um teto para abrigá-lo, ou um travesseiro onde repousar a cabeça. Estaria à vontade, no meio de tanto esplendor, aquele que sempre viveu entre os pobres, se fosse o foco central da cerimônia suntuosa com que o Santo Padre lhe comemorava os dois mil anos do nascimento?

Entre tantos convidados ricamente vestidos, um *barbone*, mendigo romano, mais representava a exceção bizarra e solitária do que um símbolo da imensa multidão dos excluídos. É verdade ter Jesus afirmado que sempre haveria pobres entre nós. Mas, por outro lado, a Igreja deve lembrar-se dos *Atos dos Apóstolos*, ao narrar as origens do cristianismo, assinalando que "todos os crentes, juntos, punham tudo em comum; eles vendiam suas propriedades e seus bens, partilhando-lhes o preço entre todos conforme as necessidades de cada um". Como se sentiria Jesus, coberto pelo manto iridescente colocado sobre os ombros do seu vigário na Terra — quando este, cansado e sofrido, se ajoelhava no umbral da Porta Santa —, em lugar da túnica com que o envolveram para escarnecê-lo?

A face divina da Igreja é eterna. Foi-nos prometido que as portas do inferno não prevalecerão sobre ela. Mas haverá, decerto, mudanças profundas em seu lado humano, neste século que nos bate à porta.

RIO, 23 DE JANEIRO DE 2000 | — Helmut Kohl, gigante físico e político, chefe democrata-cristão incontrastado, a quem a Alemanha ficou devendo sua reunificação, após mais de quatro décadas de partilha causada pela guerra fria, cai do pedestal, num escândalo comparável aos dos processos chamados das mãos limpas, que deu por terra com a Democracia-Cristã, o Partido Socialista e outros componentes da oligarquia dominante na vida pública italiana desde o após-guerra. E pelos mesmos motivos: corrupção, favorecimento de grandes interesses econômicos, financiamento ilegal dos partidos.

Isso recorda-me episódio que me narrou Carlos Lacerda, na segunda metade dos anos cinqüenta, em Roma, onde eu era secretário da Embaixada do Brasil. Ele sentia-se, então, decepcionado com o seu partido, a União Democrática Nacional, e aspirava constituir, em lugar dela, uma grande democracia cristã, nos moldes das congêneres italiana e alemã. Como os democratas cristãos italianos eram fortemente apoiados pelo Vaticano, julgou de bom alvitre buscar conselho e apoio junto a monsenhor Domenico Tardini, então subsecretário de Estado da Santa Sé, e futuro secretário de Estado de João XXIII. Mas voltou da entrevista presa de profunda decepção, pois Tardini o desencorajara com veemência. O prelado ilustre argumentou que as negociações, transigências e concessões eram inevitáveis na política partidária. E, nesse caso, não deveriam envolver o nome *cristão*. No Brasil, então, onde os católicos predominavam em todas as agremiações partidárias, por que segregá-los numa só? Trinta anos depois, já embaixador no Vaticano, recebi para almoço monsenhor Achille Silvestrini, hoje cardeal, que exercia, na ocasião, funções correspondentes às de ministro do Exterior da Santa Sé. Silvestrini fora muito próximo de Tardini, e, quando lhe narrei o episódio, mostrou-se particularmente interessado, decerto porque a Democracia Cristã italiana, em fase de desgaste crescente, já lhe desse a impressão de que não iria muito longe (de fato, os escândalos denunciados pelos processos das *mani pulite* estavam próximos). Bem informado sobre política brasileira, perguntou-me se tal fato ocorrera durante o governo Kubitschek.

Eu mesmo viria a constatar a veracidade do que afirmara Tardini, quando fui deputado estadual e federal pelo Partido Democrata Cristão. Isso apesar dos grandes nomes nacionais, de integridade irreprochável, que lhe integravam a modesta bancada na Câmara, como Juarez Távora e Franco Montoro. Cumprindo a sina de todos os partidos brasileiros que pretendem representar uma doutrina política (como também o Socialista), aquela bancada era pouco numerosa. Hoje, não passa de uma legenda sem influência.

Os cristãos podem, e devem, participar da vida pública dos seus países, buscando instilar-lhe os valores permanentes que professam. A doutrina social da Igreja, herança do magistério de grandes papas, ensina a todos os católicos como fazê-lo. Mas dando a César o que é de César, e a Deus o que é de Deus. E sem usar o seu santo nome em vão.

Rio, 11 de fevereiro de 2000 | – Fernando Gasparian telefonou-me de São Paulo, pedindo que eu escrevesse uma introdução para o livro *Tempos de Capanema*, que a sua Paz e Terra publicou em 1984, e ele pretende, agora, reeditar, em homenagem ao centenário do grande estadista mineiro, a cumprir-se em 10 de agosto próximo. Isso me levou a uma revisão e, devo admiti-lo, a uma reavaliação do papel do Estado Novo e de Getúlio Vargas no Brasil que gostaríamos de legar aos nossos descendentes.

O meu amigo Vilas-Boas Correia contou-me, certa vez, que, quando jovem repórter, fora ao Rio Grande do Sul, com outros jornalistas, entrevistar Getúlio. Este, entre a deposição de 1945 e a eleição de 1950, incapaz de conviver, em pé de igualdade, com os demais atores do drama político, preparava, na solidão e no silêncio da sua fazenda, a retomada do poder. A lembrança marcante que Vilas-Boas guardou da entrevista foi de absoluto despojamento do ambiente onde Vargas os recebeu. Mobiliário modesto, canecas e copos desparelhados, ausência de objetos de adorno. O velho caudilho, que dominara totalmente o país por quinze anos, não tinha luxos, nem aparentava riqueza. A integridade pessoal de políticos como Getúlio ou Capanema, que exerceram no Brasil, por tantos anos, poder originário ou reflexo, nunca foi posta em dúvida, sequer suspeitada. Eram puros homens de Estado, para o bem ou para o mal.

Quando o presidente Fernando Henrique Cardoso anunciou, há pouco, o fim da era Vargas, indicava uma melhoria muito acentuada na vida pública brasileira quanto ao respeito aos direitos políticos, à democracia representativa, às liberdades civis de opinião e expressão. Mas, durante a autocracia do Estado Novo, dava-se mais atenção ao bem comum do que ao individualismo exacerbado; o progresso global da sociedade não seguia os dogmas do mercado pregados pelos seus sacerdotes, adoradores de bezerros de ouro, nem a nação se subordinava às empresas multinacionais. Todo o empenho e o esforço de Capanema, durante os onze anos em que foi ministro da Educação, visava à formação do homem político no sentido mais alto da palavra, dedicado à *polis*, devotado ao progresso geral da coletividade, e não do puro ser econômico, voltado para o ganho, o lucro, a competição insensível e predatória. Estadistas como ele sonharam dar ao Brasil uma dimensão humana compatível com a sua imensidão geográfica. Julgavam o patrimônio estatal, formado com a poupança popular, indispensável ao pleno exercício da soberania nacional (patrimônio cuja dilapidação e alienação, hoje praticadas, dificultam a instauração de uma sociedade livre, justa e independente). Modernizaram a gestão do Estado, com o controle rigoroso das entradas e saídas de capitais; o Departamento Administrativo do Serviço Público instituiu o sistema do mérito, com a obrigatoriedade dos concursos para admissão a cargos públicos, estimulando, dessa forma, a preparação de quadros qualificados para a administração.

Os melhores representantes do Estado Novo também quiseram um Brasil altivo, seguro na defesa dos seus interesses diante da comunidade internacional. Tendo sido aposentado Afonso Arinos, meu pai, e o tio Virgílio de Melo Franco preso por obra e graça do regime ditatorial de Getúlio Vargas, espero não ser mal interpretado se a este reconheço, agora, os aspetos positivos.

O país, até hoje, não se firmou, apesar das potencialidades imensas. Mas, pelo menos, houve quem tentasse, antes, durante e depois do Estado Novo. Quem sabe, um dia, ele se afirmará, quando seus dirigentes trabalharem convictos de ser a ética mais importante que a técnica, o trabalho passar à frente do capital, não houver desenvolvimento sem solidariedade. Impregnados, em suma, dessas premissas morais elementares da doutrina social cristã, sintetizadas na lição de Jesus, tão esquecida em nossos dias, de que não se pode servir, ao mesmo tempo, a Deus e ao dinheiro.

RIO, 16 DE MARÇO DE 2000 | —Hoje, a Academia Brasileira de Letras retomou suas sessões ordinárias, após o recesso anual. E a primeira sessão foi dedicada à memória de Carlos Chagas Filho, acadêmico falecido há um mês, casado com a irmã caçula de meu pai, Ana Leopoldina, a tia Anah.

Na ocasião, proferi as seguintes palavras: "Não é fácil, para mim, ser objetivo, isento e impessoal ao falar de Carlos Chagas Filho. Nem o tentarei. Afinal, quando nossa família veio de Belo Horizonte, no princípio dos anos trinta, para fixar-se definitivamente no Rio de Janeiro, algumas das minhas primeiras lembranças datam do imóvel alugado por Afonso Arinos no Flamengo, na mesma rua da casa paterna de Carlos Chagas, onde este, por vezes, se distraía com o pequeno sobrinho afim. Mais tarde, lá me abriria o arquivo do pai, para que eu pudesse preparar trabalho, de que fora incumbido no colégio, sobre o grande cientista brasileiro. Na infância, todos os netos éramos severamente advertidos para que não brincássemos com a água do laguinho no grande jardim da casa de Afrânio de Melo Franco, pois, em caso de desobediência, receberíamos choques temíveis dos ferozes peixes elétricos do jovem médico, seu genro, ali preservados à espera das suas experiências científicas. Numa vida inteira de proximidade familiar ininterrupta, convivi com Carlos Chagas nas circunstâncias mais variadas, no Brasil e no exterior. Em Barbacena, na fazenda de Virgílio de Melo Franco, seu cunhado, meu tio e padrinho, e nosso herói comum; em Petrópolis, nas férias de verão; em Genebra, onde eu era cônsul e ele vice-presidente da Agência Internacional de Educação; em Paris, quando meu tio representava o Brasil na UNESCO, com a segurança, o brilho e a proficiência habituais.

Em Roma, mantivemos contato estreito, ele no longo e fecundo exercício da presidência da Pontifícia Academia de Ciências, eu como embaixador no Vaticano. Essas recordações serão, necessariamente, breves, despretensiosas e impressionistas. Não caberia alongar-me, aqui, sobre uma existência tão rica, um currículo tão extenso. A obra que deixou falará pelo autor ilustre, a começar pelo menino dos seus olhos, único irmão das minhas primas encantadoras, o Instituto de Biofísica, que lhe traz, hoje, o nome. Dentre as pérolas espalhadas, no Brasil e no mundo, pelo semeador incansável de iniciativas, pelo generoso descobridor de talentos, pelo patrocinador de tantas carreiras médicas e científicas, recolho duas ou três, dadas a atualidade e a oportunidade que apresentam, diante dos males do nosso país injusto. Pois Carlos Chagas, homem cosmopolita, habituado à vida das maiores metrópoles e ao estudo das grandes civilizações, não se desinteressava um só momento, no exercício das suas múltiplas atividades, do que pudesse ser útil aos interesses nacionais. Assim, falando em Estocolmo, o pesquisador atento preveniu os ricos deste mundo sobre o abismo cavado entre a sorte deles e a exclusão dos humilhados e ofendidos: 'A necessidade de estimular a pesquisa em países em desenvolvimento não pode ser subestimada, mesmo quando considerarmos as dificuldades financeiras a serem vencidas. É a pesquisa a alavanca principal do desenvolvimento social e econômico dos países subdesenvolvidos. A idéia superada de que a pesquisa básica deve ser um privilégio dos países desenvolvidos traz como resultado o aprofundamento cada vez maior do fosso que separa os países desenvolvidos dos países subdesenvolvidos.' Ao receber o título de professor emérito da Universidade Federal do Rio de Janeiro, apontou carências institucionais e vícios sociais de atualidade inquietante: 'Penso (...) que todos os que podem influir pelo poder, pela ação, pela palavra ou pelo pensamento, têm a obrigação – eu direi, o compromisso – de procurar renovar as instituições, reformulando conceitos e criando, através da evolução, novas estruturas, resguardados, a cada instante, os valores fundamentais que asseguram a dignidade humana. Só assim pode a humanidade fazer face às crescentes dificuldades do novo mundo, (...) no qual a grande aventura social e técnica que vivemos estabelece uma sociedade que, dilacerada pelo radicalismo monolítico de muitos que recusam o pluralismo, vive em um equilíbrio metastático, que só não sofrerá ruptura catastrófica se soubermos, a tempo – a curto prazo, eu diria –, vencer os abusos do consumismo, da depredação ecológica, da estadocracia e do aprisionamento tecnocrático anti-humano.' Tempos depois, Carlos Chagas resumiria, em Copenhague, esses parâmetros que nortearam a sua atividade profícua: 'Nós vivemos em um planeta frágil. Nós não sabemos o que vai acontecer nos próximos dez anos, com todos os câmbios econômicos, políticos e demográficos que virão. Entretanto, é nossa obrigação lutar para que os valores morais assumam o comando desse processo.' Valores por ele assentados, para sempre, naquela fé ao mesmo tempo aberta e profunda, definida como 'a fé espiritual ancorada no meu coração, que, resistindo às agressões do racionalismo científico, há de me conduzir à noite da grande esperança.' Ao estimular, propagar e proteger o esplendor desse clarão que vem de se extinguir entre nós para brilhar, sem fim, na vida eterna, uma claridade de igual amplitude deixou-se velar. Pois Anah sempre foi dona de luz própria, de personalidade forte e generosa, atraente e sedutora. Como a outra Anah, cunhada e amiga, minha mãe, ela nunca precisou do reflexo de alguém para luzir com brilho intenso, pessoal, familiar e social. Mas, ainda como a outra, optou pela dedicação total ao companheiro da sua vida, sempre presente e solidária nas alegrias e tristezas, na solicitude admirável, no ambiente acolhedor formado em torno dele, na devoção diuturna ao sofrimento constante que o afligiu nos últimos anos. E nenhum dos dois acadêmicos teria alcançado as cumeadas onde chegaram sem a irradiação resplandecente com que aquelas estrelas polares lhes aplainaram os caminhos e iluminaram os destinos."

Rio, 19 de março de 2000 | — Beatriz e eu passamos o fim de semana em Petrópolis, para fugir do clima de cidade sitiada que se criou no Rio de Janeiro. Com a baía de Guanabara inundada pelo derrame do petróleo de uma refinaria vizinha e pelos dejetos dos municípios contíguos, com as praias impróprias para banhos, cheias de excrementos humanos despejados pelas ondas, com as lagoas recolhendo esgotos que dizimam os peixes e cujo odor empesta os arredores, com a violência campeando solta e indiscriminada, dia e noite, pelos bairros prósperos e populares, pelas favelas e subúrbios, não dá gosto ficar por aqui durante os feriados. Regressamos hoje à tarde, e fomos alvo de mais uma tentativa de assalto na Praia do Flamengo. Ao deter o carro num semáforo, dois pivetes, impedindo-me de fechar o vidro da janela, exigiram o dinheiro que tivesse na carteira, ou me dariam um tiro na cara. Minha mulher, em surpreendente acesso de bravura, gritou-lhes que então atirassem, se fossem capazes. É verdade que o tiro eventual seria destinado a mim, e não a ela. Porém as mãos abaixadas do malfeitor mais próximo não davam a sensação de portar um revólver, eu me demorava sem responder, o sinal luminoso estava por abrir-se, e eles julgaram mais prudente bater em retirada.

É a quarta vez que enfrento situação análoga nesta cidade, graças a Deus sem maiores conseqüências. Acho tudo natural, pois tanto os homens de bem quanto os marginais sabem que o Brasil não é um país sério, como o general de Gaulle disse, certa vez, ao nosso embaixador em Paris. Nesse mesmo fim de semana, o coordenador de Segurança, Justiça e Cidadania do Rio de Janeiro denunciou a existência de uma "banda podre" na polícia civil do Estado, e foi demitido pelo governador, enquanto a banda podre exultava e comemorava.

Compreende-se que isso aconteça, em nível estadual ou municipal, como no caso do escândalo da máfia infiltrada na Prefeitura e na Câmara dos vereadores de São Paulo, pois, quando escutas clandestinas apontaram favorecimentos, por membros da cúpula do governo central, na privatização das companhias telefônicas públicas (negócios de bilhões), o Executivo só se interessou em apurar a ilegalidade da forma por que se obtiveram as informações, mas não as irregularidades por elas reveladas. Anteriormente, outras gravações análogas haviam indicado intervenção de importantes autoridades de Brasília na escolha da empresa multinacional vencedora de concorrência para estabelecer sistema de sensoreamento remoto da Amazônia. Mais um negócio de bilhões, em que ficou tudo por isso mesmo.

Quando Jânio Quadros se elegeu presidente da República, com promessas de varrer a corrupção e prender ladrões (tendo uma vassoura por símbolo de campanha, ele fazia comícios exibindo um rato engaiolado), os desonestos tremeram. Mas, com sua renúncia, traindo a confiança e a esperança de todo um povo, o insensato lançou o país no caos. Tivemos, em conseqüência, golpe e ditadura militares, sob o pretexto de combater a subversão e a corrupção. Foi-se, afinal, o governo autoritário, passadas mais de duas décadas de opressão. Entretanto, os ratos continuam soltos, as cavalariças de Áugias por varrer, o contubérnio entre venalidade e violência torna-se cada vez mais íntimo, a insegurança é o pão de cada dia da população das grandes cidades brasileiras, entidades internacionais situam a eqüidade da distribuição de renda no Brasil entre as piores do mundo. O exemplo para corrigir tudo isso deveria vir de cima, porém o presidente da República, que se distinguira, enquanto sociólogo, por honrosa pregação em favor da justiça social, limita-se a dizer que não pode ser responsabilizado por cinco séculos de mazelas pátrias. Mas é possível culpá-lo pela situação nacional dos últimos cinco anos, quando ele teve todas as condições para influir no sentido de torná-la menos injusta.

Nem digo isso movido por má-vontade contra Fernando Henrique, companheiro de Afonso Arinos na fundação do Partido da Social Democracia Brasileira, e seu último líder no Senado. Pelo contrário. Faço-o, antes, movido pelo sentimento da decepção de quem dele esperava muito mais do que ver o Brasil loteado entre grandes oligopólios financeiros, industriais, partidários, e deputados corrompidos para favorecer-lhe a reeleição. Ou ser informado sobre escutas telefônicas comprometedoras dos donos dos negócios (públicos e privados), acerca dos editais preparados em causa própria para favorecimento de serviços pré-determinados, dos consórcios e contratos suspeitos, e, em lugar da prometida atração de recursos externos, saber das aquisições de companhias nacionais por firmas estrangeiras financiadas pelos nossos próprios recursos, subtraídos dos fundos de pensão de empresas estatais ou do Banco Nacional de Desenvolvimento Econômico e Social.

Agora, a tarefa primordial da vida pública brasileira poderia resumir-se em desprivatizar o Estado, restituindo-o à função para que o criou o contrato social, que é a de promover o bem comum. E em reimplantar o princípio básico de que a economia se subordina à política, e não o seu contrário, aqui vigente nos dias atuais.

Por outro lado, meu neto mais velho acaba de chegar da Alemanha, onde participara, por dois meses, de um programa de intercâmbio estudantil. Impressionou-o a reconstrução monumental de Berlim, outra vez capital da nação, reintegrada na unidade. Lembro-lhe, para mitigar os nossos defeitos, que o principal fautor, o herói indiscutível da reunificação alemã, Helmut Kohl, com todos os títulos à gratidão popular, acaba de cair em desgraça por ter cometido e aceito irregularidades no financiamento do seu partido.

Entretanto, para o meu neto, caminhamos na boa direção, através da onda de denúncias que varre o Brasil. E é verdade que já há parlamentares e prefeitos cassados e presos, banqueiros condenados, altos funcionários demitidos. Sua fé juvenil reavivou-me a esperança em um futuro melhor. No fundo, basta que cada um de nós cumpra o seu dever de cidadania, sem desânimo nem descrença.

Hoje é dia de São José, o "homem justo" do Evangelho, objeto da minha devoção maior, padroeiro das famílias. Já ouvi opiniões sobre qual teria sido o maior santo. Isto, só Deus sabe, mas elas, em geral, optavam por Francisco de Assis. Segundo o próprio Jesus, nenhum dentre os homens, até então, fora maior que João Batista, santo pelo anúncio em vida, e pela denúncia na morte. Qual testemunho de santidade supera, entretanto, o dado pelo Pai quando escolheu aquele a quem, pelo seu espírito de bondade, confiança, humildade e justiça, confiou a guarda do Filho e da Mãe de Deus?

RIO, 25 DE ABRIL DE 2000 | — Não passou de um fiasco a celebração do quinto centenário do descobrimento do Brasil. Nem se sentiu alegria popular fazendo coro aos festejos oficiais. O lado cômico ficou por conta da Marinha, a qual, quinhentos anos depois dos portugueses construírem caravelas que desvendaram para a civilização ocidental a maior parte do globo terrestre, dela ainda desconhecida, não conseguiu pôr a navegar uma réplica da nau capitânia de Cabral, destinada a desbravar "mares nunca dantes navegados" entre Salvador e Porto Seguro. Esqueceram o lastro que daria estabilidade à embarcação, partiu-se o mastro, os motores enguiçaram (pois a heróica caravela era motorizada), os marinheiros enjoaram. Os lisboetas jamais conseguiriam inventar melhor anedota de brasileiro para contar, às gargalhadas, nos cafés da Baixa.

Na área onde os lusos desembarcaram, pela primeira vez, no litoral sul da Bahia, houve dura repressão da polícia, buscando manter os presidentes do Brasil e de Portugal afastados dos índios e dos sem-terra, que aproveitavam a exposição aos meios de comunicação para exprimir toda sorte de insatisfações. Manifestavam-se contra a exclusão social, a vergonhosa concentração da renda (uma das mais iníquas entre todas as nações, conforme as estatísticas da ONU), o desemprego, a violência, o arrocho salarial, a corrupção. E, ao fazê-lo, refletiam fielmente o que foram esses quinhentos anos da nossa vida, desde a chegada dos europeus por estas bandas.

A princípio, os novos ocupantes viam nos naturais da terra seres inferiores, destinados a servi-los. Em seguida, passou-se à superioridade com que os reinóis tratavam os nascidos na colônia. Depois da independência, nobres e dignitários da Corte dedicaram ao povo o mesmo paternalismo condescendente e sobranceiro. Abolida a escravatura, não foram dadas aos libertos as mínimas condições materiais necessárias para que aquela liberdade de direito se transformasse em fato. Com a proclamação da República, os donos do poder continuaram, praticamente, os mesmos, tratando a *res publica* como seu patrimônio particular. A cidadania não se apresenta como *status* fácil de ser percebido nas relações entre a população e o Estado brasileiro, apesar da Constituição vigente ter sido apelidada de "cidadã".

Dever patriótico dos mais urgentes é dedicar ao bem comum o governo do Brasil, apanágio de poucos privilegiados durante a colônia, o Reinado, o Império e a República.

O que ocorreu nos arredores de Porto Seguro foi emblemático dos erros que se repetem nos nossos cinco séculos de história. Pois, ao invés de reprimir, a reação das autoridades governamentais deveria ter-se orientado, então como sempre, no sentido de dar mais confiança à sociedade, secundando-a nos seus esforços de crescimento e participação, desenvolvendo-lhe o senso de responsabilidade civil e comunitária. A independência de Portugal, que deu autonomia à União, aos estados e municípios atuais, implica em estarem eles sempre a serviço de todos os cidadãos, e não serem utilizados como objeto de loteamento partidário.

O sociólogo Fernando Henrique Cardoso atribuiu as violências ocorridas "aos ecos do passado escravagista, oligárquico e patriarcal, que até hoje pesa sobre a sociedade brasileira, e faz dela uma das sociedades mais injustas do mundo". Como se ele, titular da chefia do Estado, que exerce, fagueiro, há cinco anos, apoiado pela oligarquia de sempre, não tivesse nada a ver com isso.

Rio, 20 de maio de 2000 | — Constituiu um anticlímax a revelação pública, no Vaticano, do segredo da terceira profecia de Nossa Senhora em Fátima, que envolveria o atentado cometido contra a vida de João Paulo II no dia do aniversário da primeira aparição. Compreende-se que o papa, nas condições de saúde precárias e irreversíveis em que se encontra, não desejasse postergar por mais tempo sua divulgação. Ele alcançara heroicamente, arrostando toda sorte de dificuldades e sofrimentos físicos, o ano do grande jubileu, que sempre considerou a culminação simbólica do seu pontificado. Até quando o mal de Parkinson, ao dificultar progressivamente a comunicação oral do pastor com o seu rebanho, lhe permitirá continuar exercendo o múnus da missão que lhe coube — a mais alta conferida a um filho de Deus, e de Adão? O pontífice a sucedê-lo se julgaria com autoridade para desvendar um mistério que seu predecessor acreditava tê-lo envolvido pessoalmente, e não fora anunciado por este?

A responsabilidade pela expectativa catastrófica acerca do segredo de Fátima, no entanto, cabe à própria Igreja, que, por longas décadas, permitiu fosse propalada. Pois tanto as previsões trágicas sobre as guerras mundiais e a ascensão do comunismo, quanto a antevisão de uma Rússia recristianizada, já eram de domínio público. Mais devastadores que isso, só o final dos tempos e o fim do mundo. E, para tanto, não seriam necessárias as aparições — bastam as leituras dos anúncios escatológicos feitos por Jesus nos Evangelhos, e a do Apocalipse de São João.

Em Portugal mesmo, havia quem buscasse desdramatizar a questão. Andei por lá durante a ditadura longeva de Salazar — apelidado, popularmente, de "tio" —, e ouvi, à boca pequena, uma versão que desvendava o segredo de Fátima como o anúncio de que o "tio" era imortal.

Para João Paulo II, as profecias já se cumpriram. A "mão invisível" que orienta os destinos da humanidade não é a do mercado, conforme os seguidores pressurosos e interessados do profeta Adam Smith. É a da Providência.

RIO, 22 DE JUNHO DE 2000 | — Almoço com Ricardo Cravo Albin, interessado em meu depoimento sobre o convívio estreito que mantive com Vinícius de Morais no Itamarati, quando ingressei na carreira diplomática. Ricardo, especialista dos melhores em música popular brasileira, foi convidado pelo embaixador Alberto da Costa e Silva, meu colega no Ministério – e, em breve, na Academia, onde concorre a uma vaga sem ter, praticamente, adversários –, para escrever um dos dois capítulos sobre Vinícius no livro que Alberto está coordenando. Essa interessante iniciativa, patrocinada pelo Instituto Rio Branco, consiste numa coletânea de ensaios sobre personalidades que, ligadas profissionalmente à diplomacia, também se destacaram na literatura. A mim coube uma monografia sobre Rui Ribeiro Couto, o grande poeta, contista e romancista, companheiro fraterno de Afonso Arinos.

Eu já havia escrito um livro sobre Couto, em memória do seu centenário, por haver encontrado, entre os papéis de Arinos, quando este faleceu, umas oitenta cartas do poeta-diplomata, bem como poesias inéditas, que ele incumbira a esposa de entregar a Afonso. Este, porém, assoberbado de trabalhos, estudos e incumbências, chegara a escrever-me imaginando a forma como divulgaria os últimos poemas do amigo, talvez acompanhados por ensaios de escritores que melhor o houvessem conhecido. Mas não encontrou tempo para lograr o intento.

Vinícius foi o único privilegiado, na coletânea, com dois ensaios de autores distintos, em virtude de haver sido, ao mesmo tempo, um dos melhores poetas do século no Brasil, e dos maiores letristas da música popular brasileira em todos os tempos.

Ao entrar no Itamarati, fui designado para servir na Comissão de Organismos Internacionais, subordinada à Divisão de Atos Internacionais. Ali chegado, apontaram-me uma mesa vazia, que seria a minha. Na mesa pegada, aboletava-se o diplomata Vinícius de Morais. Desde então, ficamos praticamente inseparáveis por todo o tempo em que servimos juntos na Secretaria de Estado – durante o dia no Ministério, à noite em romaria incessante pelos bares de Copacabana. O horário manso do trabalho permitia a vida boêmia colateral.

Findo o expediente, nos dirigíamos à sede do jornal *Última Hora*, distante apenas uns quarteirões, onde Vinícius devia entregar sua crônica diária, com que suplementava os modestos vencimentos funcionais. Eu desconhecia, a princípio, que a colaboração do poeta com a imprensa ia além daquela coluna. Uma tarde, estávamos em nossa sala no Itamarati, quando entrou o contínuo trazendo a correspondência para o cronista, que aproveitava as folgas do serviço para respondê-la. Só que, naquele dia, a grande quantidade de cartas me surpreendeu. Intrigado, indaguei-lhe se eram todas de leitores da sua crônica. Meio sem jeito, ele perguntou se eu lia mesmo a *Última Hora*, ao que confirmei lê-la diariamente. Seu embaraço aumentava: "— *Flan*, semanário da *Última Hora*, tem um consultório sentimental." "— Eu sei, assinado por Helenice."

Helle Nice fora uma corredora de automóveis francesa, conhecida no Rio de Janeiro ao disputar o Circuito da Gávea em seus tempos heróicos, antes da segunda guerra mundial. Fazia sensação, ao posar, fumando, na praia de Copacabana, com maiô de duas peças. O próprio ditador Getúlio Vargas, adepto do gênero *vedette*, deixou-se fotografar a cumprimentá-la, embevecido.

Veio, em seguida, a confissão encabulada de Vinícius: "— Helenice sou eu. Esse monte de cartas se deve ao fato dela ter anunciado uma receita infalível contra a queda dos cabelos." Conhecendo o poeta, não duvido de que seus conselhos possam ter desfeito vários lares de leitoras incautas. E ainda ganhei uma receita de próprio punho, dedicada por Helenice, que começava mais ou menos assim: "Comprar uma escova de pelo de arame. Esfregar com força o couro cabeludo. Vai cair cabelo à beça. Não dar bola."

Na redação da *Última Hora*, formavam uma rodinha, conversando e comentando os fatos do dia, os queridos Oto Lara

Resende e Hélio Pellegrino, além de outros amigos. Oto cobrava de Vinícius, o grande lírico de *Poemas, sonetos e baladas*, a continuidade da obra literária, mas o poeta se defendia, lembrando que suas letras para a música popular estavam no coração e na boca do povo, ao passo que a leitura dos versos ficaria restrita a uma elite. Eu achava que os dois tinham razão, mas a verdade é que, no caso, a música, sempre bonita, matou a poesia, cujas últimas tentativas foram bem medíocres. Beatriz de Morais, a Tati, fazia crônica de cinema. Recém-separada de Vinícius, era constrangedor para ela juntar-se ao grupo. No entanto, caminhando de um lado para o outro, passava por nós com freqüência, e daí nasceu o primeiro samba-canção de Vinícius de Morais, "Quando tu passas por mim".

Vinícius separou-se de Tati, pela primeira vez, por causa de Regina Pederneiras, arquivista do Itamarati, inspiradora da sua "Balada das arquivistas". Arranjou, lá pela região serrana, um padre que o casou com a nova amada, na ausência conspícua da mãe e das irmãs. Passados uns dias, reapareceu em casa e cobrou: "— Vocês não apareceram no meu casamento." Elas ficaram esperando a reprimenda, mas a reação veio sob forma carinhosa: "— Pois perderam. Estava muito bonitinho."

O resto da história me foi contado por Pedro Nava, companheiro fraterno de Vinícius. Tempos depois, aquele dormia, por volta das quatro da manhã, quando Regina telefonou acordando-o, alarmada: "— Nava, Vinícius está desmaiado. Não sei o que fazer. Me ajude!" Nava vestiu-se, arrumou a maleta de instrumentos e remédios, e rumou para a casa do amigo, bem distante. Deu-lhe uma injeção, reanimou-o e foi-se embora. Mais tarde, de novo: "— Nava, Vinícius voltou a desmaiar." Lá estava o poeta, desacordado. Desta vez, o médico pediu: "— Regina, traz-me um café forte, por favor." Quando ela desapareceu na cozinha, Nava sacudiu severamente o corpo inerte do amigo:

"— O que é que há?" E Vinícius, entreabrindo um olho súplice: "— Pedrinho, eu não agüento mais..."

O poeta não seria réu primário neste truque. Um dia, com o lar já sob outra gerência, a musa de turno recorreu a Oto Lara Resende, pois o companheiro sentia-se mal. Oto se fez acompanhar por Hélio Pellegrino, que tinha formação médica. Mas, ao adentrar o quarto onde jazia Vinícius, lobrigou, sobre a cabeceira, a intimação de uma promissória vencida. Tirou, então, da carteira uma nota de dois cruzeiros, cuja cor alaranjada era semelhante à de mil, ilustrada por um retrato de Pedro Álvares Cabral. Dobrou-a com cuidado e, ao despedir-se de Vinícius, passou-a sorrateiramente ao pseudo-enfermo, que, na sua expressão, a capturou "com mão de garçom recebendo gorjeta". Os dois amigos pretextaram sair, mas ficaram esperando atrás da porta, até ouvirem uma risada. O poeta confessou: "— Eu pensava que fosse um Cabralzinho..." E, já reconfortado, seguiram juntos para a cidade.

Voltemos, porém, à *Última Hora*. Do jornal, saíamos para o bar Maxim's, na Avenida Atlântica. Lá era também diária a presença de escritores e jornalistas talentosos, e boêmios contumazes, como Rubem Braga, Fernando Sabino, Paulo Mendes Campos, Sérgio Porto, Lúcio Rangel e Antônio Maria, então inseparável de Vinícius. E começava a paixão de Vinícius por Lila Boscoli, que gerou a "Balada dos olhos da amada".

Naquele tempo, eu freqüentava o Grêmio Recreativo Escola de Samba União de Vaz Lobo, do qual era sócio, com carteirinha e tudo. Tínhamos ensaios todas as sextas-feiras. E, às vezes, o grande compositor da escola, Zé Kéti, vinha fazer uma roda de samba em casa de parentes ou amigos nossos. Uma noite, a reunião ocorreu em casa do senador Hamilton Nogueira, cujo filho Luís Paulo era prócer importante do Grêmio Recreativo. Convidei Vinícius e Lila para irmos juntos. Lá chegados, encontramos Zé Kéti na sua animação habitual, acompanhado por um amigo silencioso. Este começou a dedilhar seu violão, cantarolando: "Se alguém diz que eu sou um covarde, errou / Só porque abandonei aquela mulher / Quem condena é certamente porque nunca amou." Lila ficou no auge da excitação: "— Vinícius, o samba da minha vida! Por favor, de quem é ele?", exultava. "— Meu, minha senhora", respondeu discreto, o senhor moreno e grisalho. "— Mas, então, o senhor..." "— Sou Nelson Cavaquinho, para servi-la, minha senhora."

Certa vez, Vinícius e Antônio Maria, acompanhados das respectivas amadas de ocasião, passaram em minha casa, já tarde, para levar-me com eles a São Paulo, onde chegamos ao amanhecer. O pernambucano gordo dirigia o automóvel, e, de repente, pôs-se a reproduzir, em voz alta, a discussão que imaginava estar-se travando entre o casal que viajava no carro ao lado, com o qual ele apostava corrida para ultrapassá-lo: "Cuidado, Azevedo, vá mais devagar... Azevedo, você está andando depressa demais... Não corra, Azevedo, por favor... Azevedo, aquilo é um negro, Azevedo!"

Às vezes, íamos ao Michel, que ficava atrás, no "beco das garrafas", para ouvir Dolores Duran. De uma feita, Vinícius e eu percorremos vários pontos de encontro dos notívagos em Copacabana, até amanhecermos em um bar da praia, comemorando o nascimento, naquele dia, da sua filha Georgiana. Afonso Arinos, ao saber disso, insinuou que o poeta, esquerdista festivo, dera o nome à filha para homenagear Stalin, nascido na Geórgia. (Um dia, Oto, Marco Aurélio Matos e eu resolvemos visitar Vinícius, que estava doente. Encontramos Tom Jobim sentado à cabeceira do poeta. A conversa descambou para os crimes de Stalin. Os amigos mineiros pressionavam Vinícius, que acabou concordando: "Foi uma grande figura, mas era um monstro moral.")

A Embaixada em Paris lhe foi destinada como posto diplomático. Então nos afastamos, mas ele precisou de dinheiro no Rio, e arranjei-lhe empréstimo com parente meu que geria uma agência bancária. Por carta de março de 1955, Vinícius me informava da França que "figura de Pedro Nava esteve excelente aqui. Grandes bate-papos. Ele te contará aí. Consta que meu livro esgotou rápido, e eu estou brilhando muito por aí. Se for verdade, escreve contando, pois sempre dá prazer saber que a gente ainda não foi esquecido." O poeta-diplomata pedia ainda: "Manda me avisar da data do vencimento." Eu já estava noivo; ao aproximar-se a ocasião do matrimônio, verifiquei que teria necessidade das parcas economias imobilizadas pela fiança. Então, escrevi-lhe recordando que a promissória por mim avalizada estava por vencer; e me lembro de cor, até hoje, da sua resposta telegráfica, redigida em latim macarrônico: "NON AFOBARE FILI MIHI. PAPAGAIUS PAGATUS EST. VINICIUS".

Ao felicitar-me pelo casamento, em agosto, contou que, apesar da grande agitação social, mesmo em Château d'Eu, "este sarcófago onde me enterrei por quinze dias para poder trabalhar um pouco em coisas minhas – o que é impossível em Paris", ia "tocando assim mesmo o cenário de um filme e uma peça de teatro noite adentro". Eram o *Orfeu Negro* e o *Orfeu da Conceição*, a propósito dos quais ele me pedia, em setembro, para ajudá-lo a apressar uma resposta favorável ao pedido, que fizera, para passar dois meses de férias no Brasil. "O tempo está correndo, e eu não posso perder essa minha viagem, que é importantíssima, do ponto de vista 'cinematográfico' da carreira. Você, por essa altura, já deve ter lido aí sobre o meu filme com o Gourdine, etc. Não posso perder essa chance, do contrário acabarei mesmo embaixador, que é uma das perspectivas mais sinistras que há na minha frente. (...) Breve nos veremos aí, para trançar um violão. Estou cheio de sambinhas novos."

Casei-me, e fui removido para a Embaixada em Roma. Passamos em férias por Paris, revimos Vinícius e Lila, e revivemos por uma noite, saindo em bando, a boêmia do Rio de Janeiro. Mas, naquela mesma noite, o casal se desfazia; enquanto eu me sentava no meio-fio, consolando Lila, acontecia ali mesmo, bem por detrás nós, um novo amor para Vinícius, a namorar ostensivamente Lúcia Proença.

Devoto dos encantos femininos, o poeta não era discreto sobre suas detentoras que lhe retribuíam as atenções. De um desses amores, flama alta e brilhante, muito exótica, mas de curta duração, confidenciou-me, certa vez, não saber se a considerava "uma beleza ou um bofe".

Mas tinha o coração bondoso. Um dia, desafiou o brutamontes que, no bar Recreio, ousara falar mal de Alceu Amoroso Lima. De outra feita, já havia bebido bastante, no Maxim's, quando disse de repente: "Eu sinto uma pena das pessoas...". E pôs-se a chorar.

Voltamos a estar juntos no Rio, bem mais tarde, e por pouco tempo. Vinicius se apresentava, então, num vasto auditório, com Tom Jobim, Toquinho e minha prima Miúcha. Terminado o espetáculo, esticávamos a noite numa churrascaria, o poeta na cabeceira da mesa comprida, o dinheiro da bilheteria a estufar os bolsos da camisa, pagando tudo para todos.

Nosso encontro final ocorreu quando ele vivia com a argentina Nelita. Duas amigas da nova mulher passavam uma temporada em sua casa no Rio, enquanto a companheira permanecia em Buenos Aires. Fomos jantar os quatro num restaurante em Ipanema. Vinícius bebia muito, e ora se inclinava sobre uma das moças, ora caía por cima da outra, que lhe endireitava a roupa. Levei-os para casa, na Gávea, à qual dava acesso, a partir da rua, uma vasta escadaria. Dali o vi pela última vez, como que subindo aos céus, amparado por um par de anjos portenhos.

Em uma das fases mais sombrias da nossa história recente, Vinícius foi excluído da carreira diplomática por ato arbitrário do regime militar. Os catões de plantão, capachos da ditadura, julgavam sua vida artística e boêmia incompatível com a alegada pureza revolucionária. Mas poucos diplomatas contribuíram como ele para divulgar o Brasil no exterior. Seu nome deveria seria dado a algum órgão do Itamarati encarregado de promoção cultural, pelo tanto que a cultura brasileira deve a Vinícius de Morais.

RIO, 27 DE JUNHO DE 2000 | — Os jornais divulgam hoje, simultaneamente, a conclusão do primeiro esboço do código genético humano e a íntegra da terceira revelação recebida pelos três pastorinhos durante as aparições, em 1917, da Virgem em Fátima. Eis a profecia, conforme redigida, textualmente, pela única sobrevivente, Lúcia, que, nonagenária, ainda vive em Coimbra, enclausurada num convento de carmelitas. "J(*esus*).M(*aria*).J(*osé*). A terceira parte do segredo revelado a 13 de julho de 1917 na Cova da Iria — Fátima. Escrevo em ato de obediência a Vós Deus meu, que mo mandais por meio de Sua Excelência Reverendíssima o Senhor Bispo de Leiria e da Vossa e minha Santíssima Mãe. Depois das duas partes que já expus, vimos ao lado esquerdo de Nossa Senhora um pouco mais alto um Anjo com uma espada de fogo em a mão esquerda; ao cintilar, despedia chamas que parecia iam incendiar o mundo; mas apagavam-se com o contato do brilho que da mão direita expedia Nossa Senhora ao seu encontro: o Anjo apontando com a mão direita para a terra, com voz forte disse: 'Penitência, Penitência, Penitência!' E vimos numa luz imensa que é Deus: 'algo semelhante a como se vêem as pessoas num espelho quando lhe passam por diante' um Bispo vestido de Branco 'tivemos o pressentimento de que era o Santo Padre'. Vários outros Bispos, Sacerdotes, religiosos e religiosas subir uma escabrosa montanha, no cimo da qual estava uma grande Cruz de troncos toscos como se fora de sobreiro com a casca; o Santo Padre, antes de chegar aí, atravessou uma grande cidade meio em ruínas e meio trêmulo com andar vacilante, acabrunhado de dor e pena, ia orando pelas almas dos cadáveres que encontrava pelo caminho; chegado ao cimo do monte, prostrado de joelhos aos pés da grande Cruz foi morto por um grupo de soldados que lhe dispararam vários tiros e setas, e assim mesmo foram morrendo uns trás outros os Bispos, Sacerdotes, religiosos e religiosas e várias pessoas seculares, cavalheiros e senhoras de várias classes e posições. Sob os dois braços da Cruz estavam dois Anjos cada um com um regador de cristal em a mão, neles recolhiam o sangue dos Mártires e com ele regavam as almas que se aproximavam de Deus. Tuy-3-1-1944."

É puro Apocalipse. E a poesia da revelação profética aparece ao mesmo tempo em que o racionalismo da ciência e a técnica, no seu progresso incessante, pretende desvendar o mistério da criação, decifrando o genoma. A propósito dos avanços da genética, o presidente dos Estados Unidos chegou a afirmar estarmos "aprendendo a linguagem com que Deus criou a vida". Hipérbole que Deus preferiu não comentar.

Na visão de Fátima, o sofrimento humano, exacerbado a níveis sem precedentes no século que finda, clama pela conversão dos corações, através da penitência. Mas o cardeal presidente da Congregação para a Doutrina da Fé, Joseph Ratzinger, foi modesto e discreto ao comentá-la, dizendo que "a imagem, vista pelos meninos, não é um filme antecipado do futuro, do qual nada mais poderia ser mudado. (...) Seu sentido é exatamente oposto, o de mobilizar as forças de mudança para o bem."

Pessoalmente, não vejo como a visão possa ser interpretada como alusiva ao atentado sofrido por João Paulo II na praça de

São Pedro, conforme chegou a ser insinuado, pois ele não foi morto, nem se perpetrou chacina alguma na ocasião.

Já o rascunho de mapa dos genes, ao esboçar a essência do ser humano, escruta o infinitamente pequeno. Traz consigo, sempre presente, o risco da tentação do homem de brincar de divindade. Mas tampouco se deve superdimensionar as conseqüências metafísicas de tais avanços. Louve-se, a propósito, a prudência de um cientista brasileiro: "Isso significa que definimos o tamanho do palheiro. Falta achar a agulha."

A busca obstinada das raízes biológicas da humanidade, da formação da matéria, inanimada ou animada, tanto quanto a do infinitamente grande no esforço de compreensão do cosmo, também visa o infinito, ao qual aspira nosso espírito.

Rio, 7 de julho de 2000 | — A Academia Brasileira de Letras inaugurou, ontem, exposição sobre Carlos Castelo Branco, no contexto das comemorações pelos oitenta anos que o grande jornalista teria completado dias antes. Sua memória recebeu homenagens, também, no Piauí natal e em Brasília, onde o Senado e a Câmara lhe dedicaram sessões especiais. A pedido da viúva, minha amiga Élvia, fui incumbido de redigir um pequeno texto para a evocação acadêmica.

Conheci o moço repórter em nossa casa, há cerca de meio século, quando as luzes da ribalta parlamentar focalizavam, cada vez mais, o deputado Afonso Arinos. Lembro-me de uma noite na qual Castelo, com seus colegas Odilo Costa e Vilas-Boas Correia, aguardou, com paciência evangélica, o fim de um rompante do líder oposicionista, a deblaterar contra a imprensa em geral, inconformado com insinuações de que um discurso, feito por ele em resposta a apelo do presidente Vargas a todas as correntes partidárias para apoiarem seu projeto de reforma administrativa, teria propósitos adesistas. Terminado o destampatório, os três amigos recolheram do deputado, já sereno, declarações que contornaram a crise esboçada na oposição.

Eu me encontrava com Castelo e sua jovem esposa na casa de Odilo — centro de carinho e da mais generosa hospitalidade, onde se reunia, em Santa Teresa, a nata da intelectualidade do Rio —, e ainda nos bares e boates que animavam as noites cariocas. Mas foi quando me casei e passamos a morar quase defronte aos amigos fraternos Oto e Helena Lara Resende, também freqüentados assiduamente por Castelo e Élvia, que nossa amizade se tornou mais íntima.

Em 1956, o Itamarati removeu-me para a Embaixada do Brasil em Roma, e, pouco depois, ali hospedei Castelo, que seguia para uma conferência da UNESCO (Organização das Nações Unidas para a Educação, Ciência e Cultura) em Nova Delhi. À noite, ele aguardava, afundado numa poltrona a tomar o seu uísque, a hora de seguir para o aeroporto de onde embarcaria, quando adormeceu, e uma brasa do cigarro aceso caiu-lhe sobre a camisa de náilon, incendiou-a, e lhe chamuscou o peito. Despertou assustado, a balbuciar que estava parecendo um boneco de celulóide. Da Índia, me trouxe uma biografia de Nehru, com dedicatória do "seu amigo nada orientalista".

Eu fora, nesse ínterim, designado para representar a Embaixada na tocante cerimônia do dia de Finados, em Pistóia, no cemitério que abrigava os restos de mais de quatrocentos militares brasileiros mortos na segunda guerra mundial, e convidei-o a viajar conosco. Resolvemos esticar a excursão até Florença, que, até então, apenas Beatriz conhecia.

Naqueles dias, forças russas cercavam Budapeste, prestes a esmagar a tentativa de libertação com que a Hungria buscara desvencilhar-se da condição de estado-satélite soviético. Íamos visitar a galeria dos Ofícios, mostra incomparável de arte italiana da Renascença. Saímos do hotel e, após a escala habitual no bar da esquina, para, por sugestão de Castelo, nos dessedentarmos com um copo do vinho branco de Orvieto, adentramos a praça da Senhoria. Do outro lado, aglomeravam-se pessoas em torno a uma banca de jornal, buscando notícias frescas do drama húngaro. Julgando-o tão interessado quanto eu, alvitrei ao repórter político: "— Vamos ver o que é aquilo?" Mas quem respondeu foi o humanista: "— Aquilo é o efêmero." E caminhou, sem hesitar, para o museu.

Nas duas vezes em que servi na Itália, tive o prazer de hospedar Castelo. Durante a primeira, convivemos amiúde com Di Cavalcanti, que, a instâncias da companheira Beryl, desejava estreitar a união entre ambos pelos laços do matrimônio religioso. "— Mulher tem mania de segurança — explicava o Di —, e inglesa leva as coisas muito a sério." Tentei ajudá-lo através de colegas lotados na Embaixada junto à Santa Sé, mas existiam impedimentos canônicos, e o casamento não se pôde concretizar.

Di Cavalcanti se dizia comunista católico, sem parecer uma coisa nem outra. Convidou-me a assistir com ele à sessão do Congresso do Partido Comunista Italiano que se efetuava em Roma, pois um prócer político, seu amigo, obteria ingressos para nós. Mas a opinião pública, revoltada com o recente massacre da insurreição libertária na Hungria pelas forças armadas soviéticas, ameaçava a segurança dos congressistas. Di telefonou-me, preocupado com possíveis arruaças que criassem riscos, não só para mim, "um diplomata brasileiro", mas para "um artista de responsabilidade" como ele. Ponderava que seria melhor desistirmos, e concordei, recordando-lhe que a idéia de irmos ao Congresso fora sua. Contudo, sempre teríamos um bom programa, ajuntou. Estávamos no dia 8 de dezembro, festa da Imaculada Conceição, quando o papa vai à praça de Espanha venerar o monumento nela alçado em honra da Virgem Maria. Poderíamos presenciá-la, e depois tomar uns tragos no tradicional café Greco, ali ao lado, na via Condotti. Contei a história ao Castelo, que a transcreveu no "Diário de um repórter", coluna por ele então firmada no *Diário Carioca*. Ao saber disso, Di Cavalcanti sobressaltou-se: "— Vocês vão-me deixar mal com a Igreja e o Partido."

Castelo voltou a Roma com Jânio Quadros. O candidato à Presidência da República regressava de uma viagem ao oriente. Recebi-os e os acompanhei por vários dias, prestando-lhes apoio. Uma vez eleito, Quadros convidaria o jornalista para chefiar sua Secretaria de Imprensa.

Poucos anos depois, habitávamos a mesma quadra, em Brasília (eu era, então, deputado federal), e Castelo passou-me, para ler e opinar, os originais do depoimento que escrevera sobre *A renúncia de Jânio*, advertindo-me não tencionar publicá-lo, pois temia suscetibilizar amigos. E, de fato, o livro só foi editado após sua morte. Do exterior, escrevi então a Élvia, encarecendo a divulgação do testemunho. Sobre sua importância, basta lembrar que o presidente Fernando Henrique Cardoso já o mencionou de público, por mais de uma feita, como exemplo do mal que as intrigas de bastidores podem ocasionar à gestão de um chefe de governo.

RIO, 8 DE JULHO DE 2000 | — A partir da publicação diária da "Coluna do Castelo" no *Jornal do Brasil*, pouco antes do início da ditadura militar, o grande jornalista tornou-se barômetro obrigatório a medir a pressão da vida política brasileira. Com isenção inflexível, integridade inatacável, linguagem simples, avessa a hipérboles, parca em adjetivos e advérbios, irônica e penetrante, ele foi, ao longo dos anos, transformando a própria opinião em opinião pública. E da notícia fez História.

Ocorrem-me, porém, exceções à sua imparcialidade proverbial. Castelo estudara Direito em Belo Horizonte, e me contou que, por essa época, passava pela casa dos Lara Resende a caminho da Faculdade. Vendo Oto à janela, parava para trocar dois dedos de prosa, sem que o amigo o convidasse a entrar. Muito tempo depois, durante o regime autoritário, o piauiense Francelino Pereira foi escolhido para governar Minas Gerais, onde fizera política. Naquele dia, a "Coluna do Castelo" analisou o fato com simpatia, mas frio, lúcido e objetivo como sempre. Porém concluiu, de forma surpreendente, com um "Viva o Piauí!" Estranhei o rompante incomum, e ele desabafou: "– Eu me lembrei do Oto."

Castelo pouco se enganava nas suas análises prudentes e objetivas. Mas houve uma vez em que seu otimismo, embora moderado, não se justificou.

Ao sentir que o Congresso, enfraquecido, neutralizado e castrado (cassado) pelo golpe de Estado de 1964, ainda servia de caixa de ressonância das opiniões, porém deixara de pesar nas decisões políticas, e perdia, cada vez mais, o resto da grande influência que tivera na vida pública brasileira, eu resolvera reintegrar-me na minha carreira diplomática. Nela poderia servir, não um sistema autoritário, que desejava e esperava fosse passageiro, mas os interesses permanentes do país. Antes, porém, de renunciar ao mandato de deputado federal pelo Movimento Democrático Brasileiro – partido que congregava os parlamentares opostos à ditadura, do qual fui um dos fundadores em nível nacional – para não ser deputado constituinte, em 1967, por mais um dos atos arbitrários do governo, eu pusera (ou impusera), na chapa do partido, o candidato Márcio Moreira Alves, jornalista brilhante, meu primo. E Márcio, que fora eleito, ao protestar no ano seguinte, em discurso brincalhão, sem maior profundidade, contra a intervenção armada na Universidade de Brasília, propiciou ao regime o pretexto ansiosamente aguardado para, através do Ato Institucional n° 5, excluir o Brasil da relação dos chamados estados de direito.

A propósito, Castelo me escreveria, para Genebra, a 11 de novembro, data do meu aniversário, compartilhado com o do seu primogênito: "A situação aqui está como você sabe certamente. O que acontece ao seu sucessor poderia acontecer a você mesmo, se tivesse insistido, embora sua atitude tenha sido sempre mais prudente. Ele, como você sabe, é um pouco leviano e não tem a mesma densidade política que você. Mas não é propriamente por isso que ele está pagando. Há muita movimentação à procura de fórmulas que impeçam o choque de poderes. A esta altura, tudo parece mais difícil. No entanto, algo me diz que o desfecho pode não ser para pior."

Desta feita, infelizmente, o analista político não acertara. E mergulhamos nos anos sombrios de um regime autoritário militar que duraria de 1964 a 1985, a ditadura mais prolongada a oprimir o Brasil desde a Independência.

Certa vez, Castelo me confidenciou que se auto-analisava o tempo todo. Sofreu muito, física e moralmente. Mas, sempre tranquilo, nunca o vi exasperar-se, levantar a voz, se agitar. O primogênito morreu em acidente de automóvel (Rodrigo era o mais ponderado dos seus filhos, até apoderar-se de um volante, quando se metamorfoseava em piloto de provas). Acorri, então, a Brasília para aguardá-lo, e a Élvia, que viajavam pela Europa, a fim de levar-lhes o inútil consolo da companhia e solidariedade de quem já passara pelo mesmo transe.

Aparentemente desenganado pelo primeiro tumor maligno que o acometeu, reuni os mais próximos em nossa casa, para despedi-lo antes do seu embarque para Houston, onde se fariam as últimas tentativas de salvá-lo. Estavam Anah e Afonso Arinos, Helena e Oto. João Cabral não pôde vir, pois, naqueles dias, a sua corajosa, Estela se apagava, também vencida pelo câncer. Afonso entregou a Castelo o terço de ouro que trazia sempre na algibeira, com a recomendação de que nunca o abandonasse. Eu dei-lhe uma imagem setecentista de Santa Rita de Cássia, ou dos Impossíveis, tão cultuada em Minas Gerais, que ganhara de meus pais após casar-me e viajar para o exterior. Beatriz ofertou-lhe a sua venerada Nossa Senhora de Fátima.

Dessa feita, nosso amigo se recuperou, e Élvia me contaria da sua inquietação ao esquecer o terço em algum lugar, ou por não ver as imagens sobre a mesa de cabeceira. Dizia-se agnóstico, porém ela o observou, mais de uma vez, sentado na beira da cama, quieto, com a mão no bolso, onde pusera o terço. Talvez orasse.

Enquanto Castelo e Oto viveram (Odilo também, só que se foi mais cedo), sempre lhes pedi a opinião antes de publicar qualquer trabalho de maior fôlego. Castelo posfaciou meu primeiro livro, Oto prefaciou o segundo.

Em fevereiro de 1990, Castelo me escreveu para a Holanda, a propósito dos originais de *Tempestade no altiplano*, que lhe enviara, espécie de diário das convulsões político-militares incessantes por mim vividas na Bolívia, enquanto lá estive como embaixador, de 1980 a 1982. Foi, sem dúvida, a mais difícil e, por isso mesmo, a mais fecunda das minhas experiências profissionais na diplomacia. Eu tinha minutos a fim de decidir sobre a liberdade, a integridade física, ou mesmo a vida de pessoas ameaçadas que a mim recorriam pedindo asilo, e capacidade para influenciar o destino de muitas outras. Sei que pude contribuir para a redemocratização do país, quando, ao conceder asilo diplomático a sua esposa e filha, dei condições a Hernan Siles Zuazo, presidente eleito mas impedido de empossar-se por mais um golpe militar, de se evadir e encabeçar a resistência no Peru. E por haver desatendido a todas as pressões para apoiar ou demonstrar qualquer simpatia ou solidariedade aos golpistas e narcotraficantes. A solidariedade do Brasil, que eu representava, seria vital para eles, mas nunca a obtiveram.

A carta de Castelo resumia, com calor e veemência surpreendentes naquele amigo que me habituara à precisão tranqüila e exata das suas observações, o que ele havia considerado o meu "fascinante depoimento, através do qual você faz um corte em momento vital da eterna crise que tem sido a história desse *pueblo em la cruz*', como o definiu um dos historiadores das suas revoluções, tantas quantos os anos da nação independente, ou mais. Você surpreendeu a Bolívia numa hora emblemática do seu longo calvário. Generais ambiciosos e corruptos interrompiam mais uma vez a tentativa de normalização democrática na renovada eleição de Siles Zuazo para um novo mandato presidencial, bloqueada seguidamente por três vezes. (...) Era a conspiração permanente contra o poder civil e a aliança da violência e da corrupção ('o vício de braços dados com o crime' – Talleyrand e Fouché) a inviabilizar instituições democráticas na Bolívia. Foram a partir de então dois anos terríveis, dos quais seu diário dá um depoimento que ficará na história daquele país como um sinal do seu martírio, do longo martírio de uma nação. Terá sido esse um dos períodos mais tristes da vida boliviana. Seu depoimento é o retrato vivo desse drama, pequeno se medido na escala do grande drama da Bolívia e de seu povo, um dos povos mais sacrificados deste continente. A postura do embaixador até certo ponto o inibe do registro mais candente da realidade subjacente de que você tinha notícia. Sobrou-lhe o recurso ao relato objetivo dos fatos (...) numa exposição minudente da mais penosa e prolífica retórica do embuste a que recorrem as elites corrompidas e insinceras que têm sido tantas vezes o quinhão mais saliente da vida dos povos latinos da América do Sul. O diário não fica, porém, apenas na reportagem documentada do drama histórico na sua parte visível. O embaixador não hesita, em rápidas análises, em desnudar a trama secreta em que se envolviam seus personagens. Não hesita sequer em deixar límpido o jogo de nações, como a Argentina, então dominada também por uma *gang* de generais torturadores, interessadas em estimular na Bolívia uma parceria sinistra. Até mesmo as ambigüidades da política continental norte-americana são anotadas, sempre que isso se impôs. Esse 'diário de um embaixador' (*que viria a ser o subtítulo da obra*) é documento que ao mesmo tempo testemunha em favor da ação diplomática do Itamarati como honra a competência dos agentes da política externa brasileira e a independência de que não abrem mão no exercício das diversas missões. Inatacável probidade sem sacrifício da liberdade de avaliação e de comportamento. Não sei se você vai poder publicar agora esse depoimento. Quando o puder, no entanto, estará seguramente ajudando a criação, no continente, de uma consciência política e ética, indispensável à emancipação final das nossas repúblicas, freqüentemente tão violentadas e infelizes."

Tempestade no altiplano, de fato, só foi editado em 1998, quando eu já não me encontrava no exercício ativo da carreira. Nem Castelo viveria bastante para ver o livro.

Ele estivera ainda conosco em Genebra, Washington (cobrindo a visita presidencial de Médici a Nixon), e na Holanda, onde o levei ao Rijksmuseum, em Amsterdam, e ficou tão encantado com a Ronda Noturna, de Rembrandt, que desistiu de circular pelo resto do museu, permanecendo sentado diante da tela enorme, em muda contemplação.

Contou-me haver adotado o computador para escrever sua matéria diária. Perguntei se isso tivera reflexos na substância do artigo. "— Fiquei perfeccionista." Na ocasião, passou vários dias em nossa companhia. Mais tarde, Élvia me diria que a visita fora de despedida. Ele já estava atingido pelo mal que o levou.

Quando lhe mandei o livro seguinte, *Atrás do espelho* (para cuja mudança de título contribuiu essencialmente, pois senti não se haver entusiasmado com o anterior, *Cartas de meus pais*, rebaixado então, por mim, a subtítulo), pediu a um amigo comum, por quem eu o havia enviado, que me informasse não ter mais tempo de lê-lo. A Parca o aguardava.

Ao saber da morte de Afonso Arinos, o jornalista, sempre tão equilibrado, isento e imparcial nos julgamentos, prudente e cuidadoso ao exprimi-los, não hesitara em depositar na sua celebrada coluna — pela primeira e última vez, ao que eu saiba —, pelo "desaparecimento de um grande brasileiro", "num luto modesto, a homenagem do admirador, do amigo e companheiro".

Mas, antes, fora agraciado, nos Estados Unidos, com o prêmio de jornalismo Maria Moors Cabot. Fotografaram-no então, pequenino, entre dois americanos enormes. Afonso, não resistindo, lhe havia telegrafado: "CASTELO, DOS TRÊS, VOCÊ É O MAIOR". E era.

Rio, 10 de agosto de 2000 | — Em menos de um mês, entre julho e agosto, a Academia Brasileira de Letras perdeu dois dos seus maiores nomes. Barbosa Lima Sobrinho, aos 103 anos, foi exemplo extraordinário de longevidade fecunda, de uma longa carreira política, administrativa, jornalística e literária da mais absoluta integridade, modelar sob todos os ângulos. Cumpriu, pela vida inteira, o "dever de utilidade" a que se devotara, para bem do povo brasileiro.

Já Afrânio Coutinho, com 89 anos, oferecia, nos últimos tempos, um espetáculo confrangedor a quem, como o eu, o conhecera na força da idade, freqüentando assiduamente a casa e a biblioteca de Afonso Arinos. Este, líder de bancada parlamentar durante as crises políticas tempestuosas que abalaram o Brasil em meados do século, e político militante sempre nostálgico da literatura, acompanhava, saudoso, a atividade do crítico eminente.

Derreado na cadeira de rodas, a cabeça tombada sobre o peito, Afrânio mal se apercebia do seu entorno. Mas reconheceu-me quando o visitei, beijamo-nos mútua e comovidamente as mãos. Transcrevo, a seguir, as breves palavras que proferi nas sessões em homenagem à memória de ambos.

A propósito do pernambucano, lembrei que "esta Academia tem a idade de Barbosa Lima. Mas, em toda a sua história, poucas vezes aconteceu que ela perdesse, não um herói literário, como Machado, porém um autêntico herói nacional. Isso ocorreu com Nabuco, Rio Branco, Rui. Porém, raramente um dos seus membros terá representado como Barbosa Lima, na própria imagem e conduta, as mais legítimas e profundas aspirações populares. Quando as oposições começaram a levantar-se contra o obscurantismo, que as oprimia há uma década, ali estava ele, como anticandidato à vice-presidência da República, a encarná-las em pregação missionária a favor do restabelecimento dos direitos políticos no país, atitude tão mais nobre quanto consciente da impossibilidade de vencer, mas semeadora de inconformismo com o regime autoritário. Aquelas sementes geraram, anos mais tarde, a campanha pelas eleições diretas. Outra vez Barbosa Lima lá se encontrava. Outra vez a vontade do povo foi fraudada. Contudo, sua palavra voltou a cair em terreno fértil, fecundando, tempos depois, a restauração das liberdades políticas no Brasil. Essa conquista seria, ainda, posta em risco pela corrupção mais desbragada, que se instalara na cúpula do Executivo. Mas a nova impostura teve ainda pela frente o jovem nonagenário, acompanhado pela mocidade com o rosto pintado de verde e amarelo, para pôr abaixo, com outro acadêmico que honra esta casa, Evandro Lins e Silva, uma presidência fraudulenta, restaurando a dignidade nacional. Em breve, o bom combate passaria para o terreno da defesa do patrimônio público, ameaçado de dilapidação sistemática justamente por aqueles incumbidos de preservá-lo. E, até o fim, a bandeira dessa luta desigual esteve entregue às mãos limpas de um Sísifo já centenário, empenhado em erguer, ladeira acima, a pesada mole da democracia, do patriotismo, da justiça, da verdade, da dedicação total ao bem comum. Esta é uma Academia de Letras, não uma arena política. Todavia, o nosso espaço para escrever e publicar o que quisermos se ganha ou se perde nos embates públicos, pela pena, pela voz, ou, mesmo, pelas armas. O grande batalhador desaparecido era um homem livre. Não tinha alma de escravo. Sua palavra, esgrimiu-a sempre em defesa da liberdade para todos nós. Foi advogado de uma só causa, o Brasil. Agora, Barbosa Lima partiu. No entanto, os ideais a que dedicou a vida permanecem. E ele os brandirá como lanças, qual Cid Campeador, o cavaleiro cristão, à frente das suas tropas, já morto mas vencedor, pela força de um exemplo que não será esquecido."

Sobre o baiano ilustre, disse hoje que, "nesta Academia, muitos escritores se dedicaram ao estudo, ensino e divulgação da literatura brasileira. Porém, se alguns o igualaram, ninguém sobrepujou Afrânio Coutinho no duro mister da crítica, que o levou a definir-se como 'um homem desagradável', 'um afirmativo'. O grande cidadão da nossa cultura preveniu-nos de que, 'ao me escolherdes para a vossa ilustre companhia, elegestes a própria controvérsia'. Afrânio dedicou-se totalmente à crítica e à história literárias, bem como à organização de edições. Seu amplo preparo cultural somava-se a uma orientação doutrinária impessoal e objetiva. Afonso Arinos, envolto em mil batalhas políticas mas aspirando sempre à paz dos livros, me dizia como invejava o amigo, que podia dar-se ao luxo de só ler os suplementos literários, pondo de lado o restante dos jornais. Já o educador fez do ofício, não só instrumento de formação cultural, como também obra de criação. A visão que tinha da crítica era a de 'uma disciplina racional próxima à filosofia, e exercendo-se conforme as regras do raciocínio lógico-formal'. Gerações de alunos, colegiais e universitários, ficaram a dever-lhe a própria vocação. Dirigiu ainda, por longos anos, a Faculdade de Letras da Universidade Federal do Rio de Janeiro, onde se encontra, hoje, sua imensa biblioteca, antigo núcleo da Oficina Literária Afrânio Coutinho, com que ele, generosamente, apoiou tantos estudantes e professores. Congressos de literatura em várias cidades brasileiras foram, também, beneficiados por essa atividade incansável. Mas seu espírito crítico assumiu conformação definitiva em longa estada profissional nos Estados Unidos, onde adotou a sistemática anglo-saxônica, pela qual 'a crítica constituirá uma análise e uma avaliação da obra literária como obra de arte', sem sustentá-la em fatores externos, biográficos e sociais. No exterior, deu ainda aulas, conferências, e participou de conclaves variados. Mais de uma dezena de importantes universidades americanas usufruíram suas palestras e seminários. Lecionou como professor visitante na França, convidado pelo Ministério dos Negócios Estrangeiros. Por outro lado, essas permanências prolongadas fora do país, para aprender e dar aulas, só viriam acentuar o seu nacionalismo. 'Sejamos brasileiros – escreveu; vejamos e sintamos tudo como brasileiros (...). Aperfeiçoemos a nossa expressão, o nosso caráter. Ao invés de imitar, criemos. (...) Cumpre-nos a nós conhecer o nosso Brasil.' Ao tomar posse aqui, ele diria que 'defronta-nos atualmente apenas um dilema: ser brasileiros ou antibrasileiros. (*De forma análoga, Barbosa*

Lima só reconhecia dois partidos entre nós: o do Tiradentes e o de Joaquim Silvério dos Reis.) (...) O que nos interessa é o Brasil, é dar solução brasileira aos nossos problemas, (...) é pensar o Brasil, afirmá-lo, consolidar-lhe as forças vitais, harmonizar-lhe a vida interior, favorecer uma existência feliz e confortável, livre de sofrimentos e angústias, para o povo.' Mais adiante, afirmaria que 'o Brasil está aí para que o pensemos brasileiramente. Cabe à crítica literária uma função, que, sobre ser literária, isto é, exercer-se no contexto literário, não é menos brasileira, porquanto deve orientar-se para o Brasil, concorrendo para consolidar a sua cultura.' Lamentava, porém – e a advertência guarda toda a atualidade –, 'no atual estágio, (...) certa defasagem entre o progresso moral e intelectual e o das instituições políticas e administrativas.' Pioneiro dos estudos de teoria e técnica literária entre nós, deixou vasta produção nos jornais e revistas. Autor de extensa bibliografia, versou, com a mesma competência, do barroco à filosofia, de Machado de Assis a Daniel Rops. E, ao estudar a obra deste historiador francês da Igreja Católica, demarcou o terreno espiritual onde pisava, afirmando que 'o mundo e o homem perderam a alma, esquecendo-se de Deus.'"

PETRÓPOLIS, 27 DE AGOSTO DE 2000 | – Hoje, faz dez anos da morte de Afonso Arinos. Quando recebi a notícia do seu estado grave, vim da Holanda às pressas, sem saber se ainda o encontraria vivo. Fora internado após sofrer um leve enfarte. No hospital, tinham-lhe aplicado doses maciças de anticoagulantes. Com isso, se reabriu uma úlcera duodenal mal cicatrizada, provocando forte hemorragia, que o prostrou inconsciente. Ele saiu do coma por uns dois dias, reconheceu-me, chorou ao perceber que o filho distante viera para revê-lo, depois sorriu. Totalmente lúcido, mas impedido de falar pelo tubo que lhe ajudava a respiração, assentia, sinalizando com a cabeça, às minhas explicações sobre seu estado. Um edema pulmonar incipiente havia sido contornado. Mais tarde, porém, perdeu novamente os sentidos. Instalara-se uma infecção generalizada, que seu médico particular atribuiu a sangue contaminado oriundo das transfusões recebidas. Uma intervenção cirúrgica em última instância, tentando reparar misteriosa ruptura que aparecera no baço, revelou-se vã. Afonso não voltaria a si.

Naquela noite, após os demais familiares se retirarem, fiquei só com ele, até à hora em que era permitido aos visitantes permanecer junto ao leito dos enfermos no hospital. A pressão baixava, inexorável. Ao deixá-lo na solidão final, e sentindo o fim cada vez mais próximo, pedi à telefonista que me ligasse a qualquer momento, se tivesse algo de novo a comunicar-me. Ela o fez, poucas horas mais tarde. Arinos teria falecido minutos antes da meia-noite, num dia 27, como nascera, e três meses antes de completar oitenta e cinco anos; mas seu atestado de óbito data o desenlace como ocorrido a 28 de agosto.

Desde então, tenho procurado honrar sua memória, divulgando-lhe parte da correspondência, nos livros *Atrás do espelho — Cartas de meus pais* e *Ribeiro Couto e Afonso Arinos — Adeuses*, além de promover uma seleta das orações políticas, ao publicar *Afonso Arinos no Congresso — Cem discursos parlamentares*. Planejo, agora, alentado estudo sobre a ação internacional decisiva, embora breve, com a qual alterou, de forma permanente, os rumos da nossa política externa, trabalho que penso chamar *Diplomacia independente*. E começo a cogitar sobre as comemorações do centenário de nascimento, que ocorrerá em novembro de 2005. Penso em sugerir que se realizem uma exposição e palestras na Academia Brasileira, esperando vê-lo homenageado no Congresso (Câmara e Senado, onde exerceu mandatos parlamentares por vinte e quatro anos), no Itamarati, no

Instituto Histórico e na Academia Mineira, órgãos que ilustrou com sua atuação.

Escrevo, hoje, na casa que foi sua, em uma dessas manhãs maravilhosas de Petrópolis, quando o sol começa a derreter a bruma e secar o orvalho das árvores circundantes. Não cesso de surpreender-me com as lições sempre renovadas daquele gigante intelectual. Um livro da mocidade de Afonso Arinos, *O índio brasileiro e a revolução francesa*, foi, há pouco, reeditado com sucesso. Ainda agora, idéias por que tanto se bateu, como a da prática de uma diplomacia sem alinhamentos automáticos, ou a da flexibilização do regime político, sem descartar a adoção do sistema parlamentar de governo, voltam a ser ventiladas.

Vai-se generalizando o reconhecimento do esforço incessante em que se empenhou pela institucionalização da nossa democracia, pelo respeito à *res publica*, pelo trabalho de toda uma vida dedicada ao bem comum. Existência sempre sustentada pelos vencimentos de consultor jurídico, pelos salários de professor, pelos subsídios de deputado e senador, pelos proventos de ministro e embaixador. Nunca fez um negócio, jamais defendeu ou promoveu interesses financeiros, nas numerosas atividades políticas, diplomáticas, docentes ou culturais que praticou. Nem mesmo quis tocar no fundo em dólares recebido como herança de um cunhado falecido.

Era o homem público na mais pura acepção da palavra. Ele mesmo assim se pintou em auto-retrato, no seminário organizado em 1980, pela Universidade de Brasília, para comemorar o jubileu de ouro da publicação do seu primeiro livro, ao definir-se como "um homem que foi sempre, ou quase sempre, desde que se deu conta de si, um homem público. O homem público não é apenas aquele que participa da vida pública, no sentido da atividade política. O homem público é aquele que exerce funções ligadas à coletividade, o que inclui o professor, o escritor, todas as formas de submissão da personalidade a um estilo coletivo."

Afonso Arinos se considerava mal informado. Sempre deu prioridade à análise dos fatos sobre o conhecimento dos seus detalhes, buscava incessantemente interpretar, para solucionar, os erros que julgava discernir na conjuntura. São dele frases como estas: "A idéia é a verdadeira orientadora da ação política. Sem uma, a outra não passará de reflexo inoperante e desgovernado. Por isto, os grandes, os temíveis revolucionários são os intelectuais." "O Brasil precisa, sobretudo, de idéias. Estamos vivendo uma situação especificamente nacional, que é das mais curiosas, porque é repleta de fatos, e inteiramente vazia de idéias. No entanto, a significação e a importância dos fatos decorre da significação e da importância das idéias. Os fatos são símiles das idéias que os criam." "O Brasil de hoje assiste a fatos espantosamente tristes, porque não tem idéias. Aqueles que dirigem o Brasil, afogados pelos fatos, devem unir-se em torno de um sistema de idéias, que não se confunde com sistema ideológico." Guimarães Rosa concordaria: "Ações? O que eu vi, sempre, é que toda ação principia mesmo é por uma palavra pensada. Palavra pegante, dada ou guardada, que vai rompendo rumo."

Quando Afonso se foi, um grande jornal do Rio de Janeiro acentuou, na primeira página, "o tamanho do desfalque aberto por essa morte no relevo da (...) paisagem humana do Brasil", acrescentando que "não haverá ninguém como ele, caso raro e exemplar de político capaz de perceber, em todas as circunstâncias, a linha de atitudes que separa as elites das oligarquias, e, enxergando, tratar como seus os interesses do país a longo prazo".

Mas Arinos não se considerava apenas político. Pois em sua inesgotável capacidade de trabalho, na inventividade permanente, nas formulações incessantes sobre tudo o que tocava a institucionalização do nosso país, estavam sempre presentes comparações e argumentos históricos, jurídicos, literários. E creio que se tivesse de optar, por prazer, entre essas atividades, Afonso talvez se voltasse para a literatura. Ele mesmo, nas memórias, acentua "que tudo que sinto de mais espontâneo e natural no meu espírito tende a considerar intelectualmente, e mesmo literariamente, a vida". Chegou a afirmar, em entrevista, que "ler e escrever são coisas que tornam a minha vida completa. O resto sempre foi uma espécie de complemento, um pouco de destino e um pouco de dever, pois o que existe em mim de mais profundo é o amor pelas letras e pelas artes. Isso é que forma, realmente, o essencial da minha vida."

O que coincide com a opinião de Josué Montello, seu confrade na Academia Brasileira de Letras, para quem "há em Afonso Arinos de Melo Franco três cidadãos: o político, o professor e o escritor. Ponho-os nessa ordem, para logo reconhecer que o grande escritor sobreleva aos demais, e a este se associam o político e o professor, tanto pelo processo da ação pública quanto pelo relevo da expressão doutrinária. O escritor proporcionou a Afonso Arinos o dom e o gosto da palavra, como uma espécie de *fiat* genésico, responsável pela existência do orador parlamentar, do mestre universitário, do jurista, do diplomata, do ensaísta, do historiador, do poeta bissexto e do memorialista."

Certa vez, contudo, Afonso me disse que, acima dos títulos de deputado, acadêmico, senador, ministro, embaixador, seu preferido era o de professor. E explicou: "— Porque da cátedra nunca se desce".

RIO, 31 DE AGOSTO DE 2000 | — Ledo Ivo pediu-me para oferecer, na sessão de hoje da Academia, sua última obra publicada. Assim o fiz: "Havendo passado seis anos da minha vida em postos diplomáticos na Holanda, tenho o prazer de apresentar a antologia poética de Ledo Ivo, que vem de ser lançada naquela país, sob o título *Vleermuizen en blauwe krabben* (*Morcegos e goiamuns*, ou, em tradução literal, *Morcegos e caranguejos azuis*). O título foi escolhido pelo editor, revelando que o interesse público europeu pela nossa poesia privilegia o reconhecimento da diversidade cultural. E o autor comenta esse enfoque. 'Na medida em que eu sou um poeta alagoano e brasileiro, que fala dos goiamuns de sua terra natal e dos morcegos da casa familiar, dos estaleiros apodrecidos, das dunas e currais de peixe – isto é, de um mundo poético diferente e, às vezes, chocante –, é que o meu trabalho tem condições de atrair a atenção de um leitor estrangeiro. Há, na antologia, uma vertente muito apreciada pelo público holandês, que é a poesia de humor, maldizer ou ironia – um tipo de poesia narrativa que dessacraliza ou dessoleniza o poema. O leitor holandês não gosta de literatura grandiloqüente. Ele gosta dos poetas que domam a água, e não dos que se afogam nela.' A coletânea reúne sessenta e nove poemas vertidos por August Willemsen, tradutor consagrado de Machado de Assis, Guimarães Rosa e Carlos Drummond de Andrade. A editora é das mais prestigiadas da Europa no plano da divulgação dos livros de poesia. Introduziu junto ao público local poetas universais, como o irlandês William Butler Yeats, mas esta é a primeira vez que edita poesia de língua portuguesa, e em publicação bilingüe. O livro termina com um estudo do tradutor, que sublinha a importância e a originalidade de Ledo Ivo, ao se nutrir de elementos nativos e regionais, e abrir-se, simultaneamente, à universalidade. Quando eu chefiava a embaixada do Brasil nos Países Baixos, fui convidado, certa vez, a assistir ao congresso International Poetry, em Rotterdam, e lá encontrei o poeta. Por ser ele freqüentador assíduo, não só daquele conclave como do Passaporte Literário – que reúne, na Haia, escritores contemporâneos dos mais expressivos –, já se editara na Holanda, sob o título geral *Poetry*, uma seleção dos seus versos, os quais vêm sendo, ainda, publicados e estudados em periódicos neerlandeses. Então, diante dos poemas sobre o silêncio de Deus, os retirantes sujos e famintos, os barcos enferrujados e os bichos apodrecendo nos manguezais, senti que me ocupava do efêmero, do transitório, fossem questões políticas ou, sobretudo, econômicas, bilaterais ou multilaterais – estas últimas utilizando a compreensão e a propensão dos holandeses a serem, talvez, a gente mais aberta do mundo –, para defender os interesses nacionais junto ao mercado comum europeu. Cuidava do nosso estômago, em suma. Mas Ledo Ivo, com a sua poesia pungente, representava o coração do povo brasileiro, pobre e sofrido. Ali, era ele, de fato, o verdadeiro embaixador do Brasil."

Rio, 8 de setembro de 2000 | – Um parente de Beatriz perguntou-me por José Guilherme Merquior. Contei-lhe que o conhecera adolescente, na casa de Odilo Costa, filho, em Santa Teresa. Quando Odilo, mais tarde, passou a dirigir o *Jornal do Brasil*, e assumi meu primeiro posto no estrangeiro, me convidaria a ser correspondente do jornal em Roma, atividade que exerci em 1957 e 1958.

A residência do nosso amigo lembrava uma taba indígena, desordenada e acolhedora. A mesa sempre aberta aos visitantes, recebidos com generosidade e afeição, oferecia o legendário arroz de cuxá, peixe assado sobre folhas de bananeira, compota de pequeninos limões trazidos do Piauí, deliciosas iguarias regionais, todas especialidades de Nazaré, uma das pessoas mais belas, por dentro e por fora, que conheci em minha vida. (Subscrevo, sem hesitar, os versos que Manuel Bandeira lhe dedicou: "A mulher que já encontrei até agora / Mais parecida com Nossa Senhora: / *É* Nossa Senhora de Nazaré.")

O jardim, festa de crianças pequenas, exibia aves nordestinas, como a curicaca ameaçadora, prudentemente evitada pelos menores e menos audaciosos. Escritores, políticos, parentes, todos se sentiam à vontade, acolhidos, com a mesma bonomia alegre e simplicidade generosa, pelo grande jornalista de vocação, e maior poeta, depois de transfigurado pelo sofrimento com o fim trágico do filho homônimo, morto por um jovem delinqüente quando tentava defender a namorada em perigo.

Foi então que Odilo e Nazaré nos enviaram por um mês, para uma temporada em Bruxelas, a suave Maria, traumatizada com a perda do irmão mais próximo pela idade. Odilo me escrevera do Rio, em junho de 1963, que "é um pouco para curá-la da saudade que a mandamos, confiando-a a vocês para distraí-la (ela está com dezenove anos, os dois foram criados muito juntos)."

Viera, depois, a perda da pequena enferma Maria Aurora. Contribuí, então, para convencer Odilo da necessidade de sair do Rio por uns tempos, afastando Nazaré do ambiente onde ela sofrera tanto, e ele mesmo tivera o coração literalmente devastado pela dor. E foi assim que o Brasil ganhou um incomparável adido cultural em Lisboa.

Anos mais tarde, coube-nos o prazer de hospedá-los em Genebra (onde me impressionou a insônia de que ele sofria, passando noites a fio sem pregar os olhos), e, já servindo na Embaixada em Washington, fui a Cleveland para vê-lo antes de grave operação cardíaca que enfrentou, e ainda pôde superar com coragem e galhardia admiráveis.

Eu fora transferido para o Porto, quando Afonso Arinos, então nosso hóspede em Portugal, manifestou-se inquieto com o estado de saúde do velho amigo, fazendo as distinções que lhe eram habituais: "— Odilo não está nada bem. Ele se trata, mas não se cuida." Dessa feita, desapareceria, de fato, um notável escritor brasileiro. E uma grande figura humana.

Foi na casa de Odilo, em Santa Teresa, que encontrei, entre muitos outros, o ainda adolescente José Guilherme, meu futuro colega no Itamarati, e o jovem deputado maranhense José Sarney. O mesmo Sarney que, chegado à presidência da República, nos ofereceria, a ambos, os postos mais desejáveis da carreira diplomática para meu gosto, ao destinar Merquior à Organização das Nações Unidas para a Educação, Ciência e Cultura (UNESCO), e enviar-me para o Vaticano. As duas únicas missões diplomáticas, aliás, aceitas do general de Gaulle pelo grande Jacques Maritain, finda a segunda guerra mundial.

José Guilherme tinha vinte anos quando perdemos o nosso primogênito, em um acidente. Estávamos havia pouco no Rio, de regresso da Itália e da Áustria, e eu me elegera deputado à Assembléia Constituinte e Legislativa do novo Estado da Guanabara, criado por causa da mudança da capital federal para Brasília. Como vínhamos de passar quatro anos fora do Brasil, foi esse o pretexto que, com extraordinária delicadeza de sentimentos, o jovem amigo e futuro colega utilizou para visitar-nos, e dizer a minha mulher: "— Bia, com essa longa estada no exterior, sem acesso à nossa língua, você está precisando repassar o português. Vou-lhe dar umas aulas particulares." E, por algumas semanas, de forma absolutamente gratuita — nos dois sentidos da palavra —, esforçou-se por distrair a pobre mãe ferida de morte. Mais tarde, de Londres, costumava enviar a Beatriz medicamentos inexistentes no Brasil.

Após seu ingresso na diplomacia, passamos a encontrar-nos esporadicamente, pelas esquinas do planeta, como acontece na vida de ciganos, característica da nossa carreira. Bilac Pinto, velho companheiro de Afonso Arinos desde a mocidade em Belo Horizonte, fora nomeado embaixador do Brasil na França.

Político experiente, mas novato em diplomacia, acatou conselho de Afonso ao levar consigo Merquior. Arinos, ao sugerir a Bilac a assessoria do jovem diplomata, acentuara ao amigo não lhe estar fazendo um pedido, mas um favor, vistos os atributos excepcionais do recomendado. E revelou-se de tal monta o desempenho do jovem secretário que este, em breve, se tornaria, não de direito, mas de fato, o segundo homem da Embaixada, e o embaixador fez questão de mantê-lo como auxiliar indispensável por todo o tempo da sua permanência no posto. Mas quando Bilac foi sucedido, à testa da missão diplomática, pelo general Lira Tavares — ex-membro da junta militar que sucedera o presidente Costa e Silva, após a deposição do vice-presidente Pedro Aleixo —, o novo chefe exigiu do Itamarati que dali também retirasse Merquior, a seu ver liberal perigoso e pensador suspeito, quem sabe propenso a misteriosas elocubrações subversivas.

Eu era, em 1968, cônsul em Genebra, e o tio Carlos Chagas embaixador na UNESCO. Como meus pais viajaram à Europa na ocasião, encontramo-nos todos em Paris, para um fim de semana em família. Tomávamos, Afonso Arinos, José Guilherme e eu, um daqueles nobres vinhos franceses no hotel em que Afonso se hospedava. E lembro-me da forte impressão que sentimos com o brilho fulgurante da conversa daquele moço diplomata quase imberbe. Na ocasião, ele pareceu-nos uma lâmpada refulgindo em corrente de voltagem superior à sua resistência. Premunição de que se queimaria prematuramente? Pois, de fato, o farol luminoso apagou-se aos quarenta e nove anos de idade.

Merquior não era indiferente ao desempenho da carreira diplomática. Foi assim que de Bonn, onde servia em 1971, o jovem colega e amigo me felicitou generosamente pela promoção a ministro: "Não lisonjeio nada se disser que sua promoção reforça de verdade, nos níveis de chefia do Itamarati, essas virtudes de discernimento, valor humano e afirmatividade sem as quais não se vê como a nossa diplomacia possa acompanhar e assistir o esforço brasileiro de ascensão e expansão. Você leva para o quadro de ministros uma admirável sensibilidade política, feita por igual de lucidez e coragem. O que eu quero dizer a você, falando em grande parte por toda uma ala da sua geração (você pertence à minha geração: só que na qualidade de 'irmão mais velho', de morgado moral), é quanto nos alegra, nesse seu acesso ao comando, a certeza de que você continua fiel a si mesmo, para o bem da Casa e, sobretudo, para o bem do nosso (*o grifo é do missivista*) Brasil."

Ao apresentar um dos livros de Merquior, *A astúcia da mímese*, Arinos iria referir-se ao autor como "um dos mais poderosos e aparelhados engenhos críticos de toda a história da inteligência brasileira".

Afonso narrou-me, mais tarde, episódio ocorrido em Brasília, cuja universidade organizara um simpósio sobre a obra de Raymond Aron, com a presença do autor. José Guilherme leu, então, ensaio intitulado "Raymond Aron e as ideologias", e o ilustre pensador francês referiu-se, posteriormente, àquela comunicação como "*éblouissante exposition de Merquior*". Após o evento, Arinos já se retirava com Aron quando José Guilherme acorreu à janela do automóvel para despedir-se. O carro se pôs em marcha, e Aron, voltando-se para Afonso, comentou: "— *Ce garçon a tout lu. Vraiement tout!*"

Nunca observei em Merquior qualquer abertura para a fé religiosa. Em 1966, porém – ele tinha, na ocasião, vinte e cinco anos –, escreveu a Afonso Arinos de Positano, na Itália, que, "como não crente, mas como quem sempre achou a atitude anti-religiosa uma pura imbecilidade – como quem poderia, penso, considerar-me uma *anima naturaliter catholica* –, eu vejo nesse catolicismo enraizado uma imensa sabedoria existencial. Uma paz de espírito, não tanto conseguida às custas de ascéticas supressões de instintos naturais, mas sim conseqüência de uma serena, sereníssima aceitação do mundo, da realidade objetiva, sem a qual todo vôo de transformação social acaba dando em ruptura dolorosa e totalitária. Não quero caceteá-lo com imersões especulativas, mas me pergunto se o senhor, que em obras e atos sempre manteve um olho em cima da importância dos fatores não-intelectuais no equilíbrio das coisas humanas, não concordaria comigo em que essa capacidade de percepção, de compreensão, do catolicismo se apoia tanto em entendimento, em inteligência, quanto em amor e sentimento da vida. E se não é esse senso católico da existência que se há de responsabilizar por essa extrema simpatia do povo italiano, essa sua ressumante humanidade. Não admira, não pode admirar que, desde Goethe, Itália signifique a grande viagem de cura e de maturidade, a doce conquista da paz consigo mesmo."

Em 1978, Merquior diria, em artigo sobre Murilo Mendes, que, "qualquer que seja a crença do homem contemporâneo, existe no legado do cristianismo uma mensagem tão ou mais pertinente ao nosso tempo social de que à época de Jesus de Nazaré. Esta mensagem – não importa, hoje, se confessionalmente cristã ou secularizada – é a ética da caridade".

Nosso último diálogo verbal foi telefônico. Eu era embaixador na Haia, e José Guilherme me chamou de Paris, onde chefiava a Delegação do Brasil junto à UNESCO. Pedia-me para encontrar a tradução do seu *Foucault* em neerlandês, que havia autorizado, mas ainda não recebera. E eu pude dedicar-lhe, de leitor para autor, uma edição da sua autoria, por ele nunca vista, e em idioma que desconhecia. Mas ele ainda me escreveu, acusando recebimento do volume: "Gratíssimo pelo meu livro holandês Não p'rcebo (*divertia-se imitando a prosódia lusa*) absolutamente nada, é claro, mas o ego incha *quand même* e a edição saiu simpática. (...) Como estarão reagindo os seus batavos à reunificação dos hunos (*alemães*)?..."

Os meses finais de Merquior foram heróicos. Sentia próximo o desenlace, vítima de um câncer tardiamente diagnosticado, mas continuou a falar, a ler, a escrever, a se interessar por suas publicações futuras, sabendo que não chegaria a tê-las em mãos. Autor de prefácio autobiográfico — o melhor texto por mim já lido sobre a vida familiar dos imigrantes italianos em São Paulo, escrito para o livro *Brás, Bexiga e Barra Funda*, de Antônio Alcântara Machado, em reedição da Embaixada do Brasil na Itália —, o nosso colega e amigo Rubens Ricupero narrou episódio patético, ocorrido naqueles dias, em seu diário inédito no ensaio "Perto do fim, (*José Guilherme*) mobilizou as forças restantes para o que seria a sua última palavra: a palestra de abertura do ciclo 'O Brasil no limiar do século XXI', organizado por Ignacy Sachs. Foi em 17 de dezembro de 1990. Tomei o trem para ir escutá-lo em Paris e voltei a Genebra *(onde Ricúpero chefiava a Delegação do Brasil junto aos organismos da ONU ali sediados)* na mesma noite. Minha impressão ficou registrada nesse escrito da época: '(...) tive quase um choque físico ao revê-lo. Estava devastado pela doença; sua cor, seu olhar, seus traços faciais, sua extrema fragilidade e magreza pareciam de alguém que tivesse retornado da casa dos mortos. No entanto, quando começou a falar, sem texto escrito, sem notas, num francês límpido como água da fonte, o auditório se desligou do drama a que assistia. Durante quase uma hora, acompanhamos como a história do Brasil se renovava sob os nossos olhos por meio da sucessão e do entrechoque dos diversos projetos que os brasileiros sonharam para o país desde a independência. Terminada a palestra, foi a vez de Hélio Jaguaribe falar. Exausto com o esforço descomunal, José Guilherme cruzou os braços sobre a mesa e neles repousou a cabeça, no gesto de um menino debruçado sobre a carteira da sala de aula'."

Como Antônio Houaiss, José Guilherme Merquior precedeu-me na Academia, onde não cheguei a tê-los por confrades. Mas fomos colegas durante toda minha carreira no Itamarati. Nem conheci outros operários intelectuais mais obsessivamente dedicados à tarefa que aqueles dois amigos e companheiros, queridos e saudosos.

R0MA, 24 DE SETEMBRO DE 2000 | — Estamos aqui para rever a filha, o casal de netinhos e a cidade amada, onde por mais tempo vivemos fora do Brasil. Sete anos ao todo, entre o deslumbramento do primeiro posto diplomático, na década de cinqüenta, e o retorno amadurecido para servir junto à Santa Sé, trinta anos depois. Agora, eu queria, sobretudo, valer-me das indulgências plenárias, concedidas aos peregrinos neste grande jubileu do fim do segundo milênio de cristianismo.

Durante a estada inicial, praticamente não houve museu, igreja, palácio ou ruína que deixássemos de percorrer na Itália. Dos Alpes à Sicília, vimos quase tudo, e nos deixamos embeber pela beleza da arte mediterrânea, que influenciaria nosso gosto por toda a vida. Na segunda, o privilégio incomparável de ser embaixador no Vaticano — a meu ver, ponto culminante da carreira para um chefe de missão católico, que a graça de Deus e a generosidade do presidente Sarney me permitiram alcançar — desvendou-me o significado sem par daquele posto único. Incompreendido na época, inclusive, pelo Departamento de Estado americano — que meu colega, e amigo desde quando servi em Washington, o embaixador Frank Shakespeare, dizia-me não conseguir convencer da sua importância política. Pois, ali, o diplomata com um mínimo de interesse e de sensibilidade pode, do centro da cristandade, sentir bater o coração do mundo, atento a todos os problemas, a todas as situações, a todas as crises que se reflitam na vida da Igreja — e à Igreja interessa tudo o que é humano —, sempre encarados sob o ponto de vista ético. É tão insólito o exercício da diplomacia sem curvar-se a conveniências políticas ou aos interesses econômicos que a experiência se torna, ao mesmo tempo, exaltante e libertadora.

Ao chegar, encontramos um recrudescimento surpreendente das disputas envolvendo as relações entre Estado e Igreja na Itália, características da história deste país no século XIX, mas que surpreende observar revividas na entrada do século XXI. Pouco antes, ocorrera a beatificação simultânea dos papas Pio IX e João XXIII. Os dois pontífices são vistos hoje, respectivamente, como exemplos de atitudes reacionária e progressista no contexto político, com a dificuldade suplementar de que a defesa da postura de Pio IX renega a luta patriótica dos homens do *Risorgimento* pela unidade italiana. Com isso, a cerimônia canônica deu a impressão de que a Igreja buscava agradar, simultaneamente, a conservadores e liberais. Mas os julgamentos históricos deveriam situar-se, sempre, levando em conta a conjuntura e a mentalidade da época analisada.

Veio, depois, a declaração assinada pelo presidente da Congregação para a Doutrina da Fé, cardeal Ratzinger, reafirmando a superioridade salvífica do catolicismo sobre as demais religiões. Não se contesta aqui, de forma alguma, a validade do conteúdo da declaração. Que, por sinal, nada traz de novo com referência a constituições dogmáticas e cartas encíclicas. O problema é outro, e refere-se à oportunidade da sua divulgação. Pois, na atual fase histórica, quando os católicos se esforçam por aproximar-se dos ortodoxos e protestantes, ou se empenham em dialogar com os judeus, embrenhando-se na via pedregosa do ecumenismo, preconizado pelo Concílio Vaticano II, seria, de fato, necessário relembrar as divergências, em vez de salientar os pontos onde convergem crenças e igrejas? Nem toda verdade doutrinária necessita de reafirmação nos momentos em que esta cria, desnecessariamente, problemas políticos ou diplomáticos para a Igreja.

Jesus não distinguiu entre as diferentes formas de honrá-lo quando negou a todos os que clamassem "Senhor! Senhor!" a entrada no Reino dos Céus, reservando-a àqueles cumpridores da vontade do Pai. Nem ao anunciar, como critérios de salvação, dar de comer e de beber a quem tivesse fome e sede, vestir os desnudos e maltrapilhos, cuidar dos enfermos, visitar os encarcerados, receber os estrangeiros. E sabemos, ainda, que não serão pedidas contas da boa nova a quem desconhecê-la. Assim, a responsabilidade moral dos evangelizados é muito maior.

Por outro lado, veio o cardeal Biffi, de Bolonha, jogar mais lenha na fogueira, afirmando que o Estado italiano deveria dar preferência, na concessão de vistos, aos imigrantes católicos. Ora, a crise dos refugiados é, hoje, um dos problemas mais sérios com que se defronta a Europa em geral, e a Itália em particular. Dos Bálcãs, da África, da Europa oriental, se deslocam correntes contínuas de emigração, em busca de uma existência minimamente condigna. O que confere à questão migratória um caráter sobretudo humanitário. Não se espera que qualquer país leve a generosidade da acolhida ao ponto de desequilibrar a própria identidade cultural. Mas discriminar, com base na cor, na etnia, na língua ou na religião, desgraçados que acorrem, às vezes, em defesa da própria sobrevivência, sem falar na busca da subsistência, infringiria claramente os direitos humanos, cujo respeito corresponde, cada vez mais, à razão de ser das Nações Unidas, desde quando os fixou na sua Declaração Universal. E que são defendidos com vigor pela doutrina social da Igreja.

No dia 20 de setembro, comemoraram-se cento e trinta anos da reunificação da Itália, com o fim do predomínio papal sobre os Estados Pontifícios, centrados em Roma. A ocasião foi pretexto para manifestações anticlericais por um lado, e, pelo outro, evocações saudosistas do papa-rei. Católico respeitoso e obediente ao primado de Pedro, sempre considerei o fim do poder temporal da Igreja necessário à livre difusão do Espírito. Isso vale, também, para a separação entre a Igreja e o Estado. Desde quando ordenou ao príncipe dos apóstolos embainhar a espada com que decepara a orelha do soldado romano, Jesus fixou, para sempre, a forma pela qual o cristianismo deveria ser difundido. Sem pressões ou opressões, sem integrismos ou fundamentalismos. Caso contrário, o Pai enviaria legiões de anjos para defendê-lo e apoiá-lo, em vez de milícias mercenárias.

No fundo, toda visão burocrática dos caminhos da fé, orientada por minuciosos guardas do trânsito teológico, parece quase mesquinha, quando sabemos que, se nos salvarmos, seremos salvos pelo amor. Afinal, o Espírito sopra onde quer. E a humanidade redimida se espelha na Madalena.

ROMA, 25 DE SETEMBRO DE 2000 | — Três exposições que vimos nos últimos dias abordam algumas obras pouco conhecidas — e, por isso mesmo, menos contempladas — de grandes artistas italianos e espanhóis.

Nas antigas cavalariças papais, fronteiras ao palácio do Quirinal, as grandes telas de Botticelli, trazidas, sobretudo, da Galeria dos Ofícios, de Florença, mas também da Galeria Nacional de Londres, revelam o esplendor daquele que foi um dos maiores pintores de todos os tempos. É, contudo, pouco divulgada a extensa série (quase uma centena) de ilustrações sobre pergaminho — algumas de propriedade da Biblioteca Apostólica Vaticana, a grande maioria proveniente do Gabinete das Estampas em Cobre de Berlim – para a *Divina Comédia*, encomendadas pelos Medicis de Florença. Surpreende a feitura moderna dos desenhos, semelhantes a histórias em quadrinhos. Virgílio se desloca com Dante, aparecendo às vezes, por mais de uma feita, na mesma cena, para mostrar-lhe os sofrimentos impostos aos danados nos círculos infernais e as penitências do purgatório. Ao detalhar com minúcia aquelas figuras, Botticelli aparenta, entretanto, clara impotência para descrever o paraíso. Este é ilustrado por circunferências sucessivas – repletas de pequeninas chamas, como as que o Espírito fez cair sobre os apóstolos no dia de Pentecostes, dentro das quais Beatriz inicia Dante nos mistérios da beatitude eterna. Às vezes, surge ainda uma pequena cabeça do Filho, ou a Virgem Mãe.

Essa dificuldade em imaginar o divino, contraposta à evidência do maligno, me lembrou Murilo Mendes, quando convivíamos em Roma nos anos cinqüenta, dizendo-me compreender perfeitamente quem não acreditasse em Deus, mas não no demônio. E ajuntava: "– Basta olhar em torno."

Já nos espaços da galeria Colonna, livres dos transeuntes habituais, a mostra do excelente escultor, desenhista exímio e supremo farsante Salvador Dali torna clara a superioridade do surrealismo para exibir o incognoscível. Pois também Dali ilustrou a *Divina Comédia*. E, enquanto o seu inferno sugere uma orgia sexual atormentada e permanente, o céu é belo, e muito mais imaginativo que o de Botticelli.

Ao mesmo tempo, as salas do Bramante, atrás da igreja de Santa Maria del Popolo, apresentavam, em conjunto, a série extraordinária das gravuras de Goya. Ali os *Disparates* sinistros, as cruéis *Tauromaquias* e os *Horrores da guerra* descobrem os abismos sem fundo de baixeza e crueldade a que pode chegar a espécie humana. A experiência terrível e sem ilusões do grande artista espanhol recordou-me, por sua vez, confidência feita a mim, em certa ocasião, por monsenhor Joaquim Nabuco, irmão do meu tio José Tomás, que nos casara e batizou nosso primeiro filho: "– E ainda há quem julgue ser o sacramento da penitência uma fonte preciosa de informação e de poder para a Igreja. Ao contrário, é muito penoso para um sacerdote ouvir confissões. Porque não há nada que os homens não façam."

ROMA, 28 DE SETEMBRO DE 2000 | – Nos dias seguintes ao da nossa chegada, assumimos plenamente a condição de peregrinos, cumprindo os ritos de entrada pelas portas santas das quatro grandes basílicas patriarcais (São Pedro, Santa Maria Maior, São João do Latrão e São Paulo Fora dos Muros), da confissão e da comunhão eucarística, por nós recebida no altar da Cátedra de São Pedro. Hoje, porém, assistimos à cerimônia mais tocante, com missa celebrada pelo papa neste mesmo local, em memória dos seus dois antecessores imediatos, Paulo VI e João Paulo I.

Presenciá-la sentados no local reservado ao corpo diplomático, por gentileza especial dos meus colegas da Embaixada do Brasil e nímia deferência do Protocolo do Vaticano, levou-me a reviver aqueles momentos de profundo fervor religioso e enlevo estético que fizeram deste posto, para mim – sob o ponto de vista espiritual, embora não, necessariamente, profissional –, o ponto culminante da carreira que abracei. Prelados que me honraram com sua amizade quando eu representava, perante eles, a maior nação católica do mundo, passavam por nós, enquanto nos postávamos diante da apoteose barroca da Cátedra do Bernini. Esta, circundada por quatro doutores da Igreja e encimada pela glória do Espírito Santo, ao centro do vitral imenso, dourado pelos raios do sol refulgente, era envolvida pelos acordes do coro, enquanto minha memória recuperava, com profunda gratidão, lembranças exaltantes do passado de sonho que vivemos aqui.

A aparição do velho papa tocou-nos profundamente. Devastadora a diferença entre o ancião alquebrado, curvo e trôpego do presente e o varão ainda forte e erecto por quem fui recebido quatorze anos atrás, e despedido há dez. Apenas a voz ainda se mantém forte, embora com dicção prejudicada pelo mal de Parkinson. Mas a própria dificuldade em se expressar, com o progresso incontornável da moléstia, só tende a agravar-se. Poderá chegar o momento em que o pastor se veja impossibilitado de falar às suas ovelhas. Existem alternativas para suprir essa deficiência, como a adoção de porta-vozes. Mas não é a mesma coisa, não produzirá o mesmo efeito, embora a visão do papa enfermo, alquebrado e, ainda assim, lutando para cumprir o mandato recebido só faça aumentar o respeito, a admiração e o amor dos fiéis por ele.

Nos dois milênios de história dos sucessores de Pedro, quantos papas terão chegado ao fim do pontificado em estado físico ainda mais precário que o de João Paulo II? A diferença está em que cada detalhe fisionômico, cada gesto deles, não era esquadrinhado para o mundo inteiro pelas câmeras implacáveis da televisão. Por outro lado, a procissão dos velhos cardeais, arrastando-se atrás de um pontífice entrevado, preocupou-me, ao aparentar semiparalisia física da cúpula da Igreja neste final de século e de milênio, quando a ciência e a técnica avançam em progressão geométrica, ameaçando atropelar a teologia no meio do caminho.

Na homilia, ao recordar os predecessores, João Paulo II pareceu-me preparar seu próprio fim. A primeira leitura, do livro da Sabedoria, continha palavras sobre o desaparecimento prematuro de pessoas virtuosas (por mim transcritas no pequeno memorial impresso em lembrança do nosso primogênito). O Evangelho falava da necessidade de permanecermos vigilantes, à disposição do Filho do Homem, que nos chamará em hora não sabida. Lembrei-me de Inácio de Loyola, quando nos aconselhava a estar sempre preparados para a morte, mas vivendo e trabalhando como se fôssemos eternos. Então, pela primeira vez, após haver recebido a indulgência plenária, cheguei a imaginar-me, naquele clima de pura elevação espiritual, pronto para a confrontação, a sós, com o mistério insondável. "Filosofar é aprender a morrer", dizia Montaigne. Mas pensei logo em Teresa de Lisieux, quando reconheceu a dificuldade de absorver esta lição.

Desde os dezenove anos, quando me visitou, pela primeira vez, a terrível crise existencial que eu chamaria síndrome de Unamuno (exposta, ao vivo, no seu *Diário íntimo*, e depois elaborada pelo grande mestre espanhol em *Del sentimiento trágico de la vida*), nunca mais interrompi o diálogo com a "iludível" de Manuel Bandeira. Tal qual no filme de Ingmar Bergman, jogamos xadrez o tempo todo, e permaneço à espera do chequemate. Como Abgar Renault, em resposta à pergunta indiscreta do velho amigo Afonso Arinos: "– Abgar, você pensa muito na morte?" E Abgar, carregando nos *us* centrais, em sua pronúncia escandida: "– Não penso no*u*tra co*u*sa."

Jesus, abandonado por alguns discípulos, perguntou um dia a Pedro se não queria também segui-los, e o pescador reconheceu não ter a quem mais recorrer, pois só o Mestre dizia palavras de vida eterna. Era esta a sua esperança, o seu desejo, desejo e esperança de todos nós, de vivermos para sempre. Que isso nos sirva de consolo, pois não foi só o amor que levou Pedro a seguir o Cristo, mas, também, o medo da morte. Ou do nada, que é a mesma coisa.

E quando nos for dirigida a pergunta sobre o que fizemos dos nossos talentos? Essa indagação será formulada em um julgamento – no fundo, um autojulgamento – onde penso que, colocados diante do Amor absoluto, não suportaremos encarar o nosso nada, e nós mesmos nos condenaremos, precipitando-nos ao fundo do abismo espiritual. "– Somos servos inúteis", ouvi de João Paulo II, em Roma. Mas "o Amor não pode renegar a si próprio", prosseguiu o papa, e – espero eu – nos resgatará ali pelas alturas do purgatório.

RIO, 11 DE NOVEMBRO DE 2000 | – Setenta anos hoje. Coincidirão daqui a menos de dois meses, se Deus quiser, com o final do século e do milênio. Passaram tão depressa que ainda nem lhes sinto o peso. Mas não devem faltar muitos para chegar a "indesejada das gentes", a "noite com os seus sortilégios", evocadas no poema de Bandeira. Em todo caso, de há muito eu reservava esta década que se inicia a fim de me preparar. E para ir-me despedindo deste mundo, que, como Georges Bernanos, terei amado "*plus que je n'ose dire*".

Possuo um retrato extraordinário de Afonso Arinos. Ao posar em sua biblioteca para o fotógrafo de uma revista, o *flash* da câmera refletiu-se em algum objeto ao fundo, formando uma cruz luminosa, e um ponto de luz se projetou sobre seu coração. Ele interpretou a cruz como uma estrela, pois escreveu atrás do retrato: "A Afonsinho, Bia, e à estrela de cinco pontas (*alusão aos nossos cinco filhos vivos*), com o amor de sempre e a paz que Deus me deu (*após terrível crise depressiva*). A. (o septuagenário). Novembro 1975".

Afonso, ao visitar-me em Roma nos anos cinqüenta, fora visitar comigo as relíquias da Cruz de Cristo na igreja de Santa Cruz em Jerusalém. Ao sairmos, anoitecia, e ele, mirando o céu, apontou-me, excitado. "– Olha! Olha!" Olhei em vão. "– Uma cruz! Brilhou três vezes!" Mas logo após se recompôs. "– Pode ter sido a emoção, pelo que vi na igreja."

Sei, também, que é hora de ação de graças. Agradecimentos ao Pai, que me deu a vida, ao Filho, que prometeu torná-la eterna, e ao Espírito Santo, incumbido da ingrata tarefa de impedir que o meu barco afunde. À família que tive, a Beatriz, meu anjo da guarda, aos filhos, dos quais não recebi menos do que pude dar-lhes, aos pais que me disciplinaram, aos avós tão bons, aos tios generosos, ao irmão e primos amigos.

O meio em que vivi tornou possível a formação aprimorada. Na casa paterna, o Brasil, o mundo, a ética, a política, literatura e arte eram assuntos de todos os dias. Mas não se falava em dinheiro e negócios. O Itamarati, a Assembléia, a Câmara e a Academia foram conseqüências naturais desse ambiente, não de méritos especiais meus.

Mas tudo isso é apenas contingente, continente. Valeria pelo conteúdo com que eu o houvesse preenchido. Assim, peço a Deus que me dê um resto de vida fecundo, ao menos para o próximo. No atendimento do "dever de utilidade" que norteou a vida de Barbosa Lima.

Um dia, Bernanos escreveu no álbum de uma filha de Alceu Amoroso Lima: *"Lorsque vous relirez ces lignes, Mademoiselle, dans bien des années, donnez un souvenir et une prière au vieil écrivain que croit de plus en plus à l'impuissance des Puissants, à l'ignorance des Docteurs, à la niaiserie des Machiavels, à l'incurable frivolité des gens sérieux. Tout ce qu'il y a de beau dans l'histoire du monde s'est fait à l'insu de tous par le mystérieux accord de l'humble et ardente patience de l'homme avec la douce Pitié de Dieu."*

Rio, 16 de dezembro de 2000 | — Após um mês e uma semana de incertezas e oscilações, parece ter-se encerrado, enfim, a novela fraudulenta da eleição presidencial nos Estados Unidos. Foi admirável a longanimidade com que o povo acompanhou a demorada e tortuosa disputa judicial pelo cargo mais poderoso do mundo, sem ameaças, desordens ou violências.

Aquilo de que os americanos mais gostam, tribunais e papelório, foi-lhes proporcionado aos borbotões. E, ao que tudo indica, o candidato derrotado na votação popular, e vencido também, provavelmente, no Colégio Eleitoral — dadas as abundantes irregularidades apontadas na eleição e na contagem dos votos —, poderá exercer, nos próximos quatro anos, influência capital sobre os destinos da humanidade. O que não representa presságio alvissareiro para esta.

A apuração do pleito presidencial, naquele país, atribui todos os sufrágios de cada estado no Colégio Eleitoral (correspondentes ao número dos seus representantes no Congresso nacional) ao candidato nele vitorioso na votação popular, por menor que haja sido a diferença com relação aos demais concorrentes. E a proporção assim calculada favorece os habitantes dos pequenos estados agrícolas, cuja população é, de forma predominante, branca e conservadora. Assim, são necessários, por exemplo, 3,44 habitantes da Califórnia para pesar, no Colégio, o equivalente a um do Wyoming. Esse favorecimento irregular também ocorre no Brasil, inflando a representação nordestina na Câmara dos Deputados. Mas, entre nós, não se aplica nos pleitos para funções executivas, o que falsearia o princípio da eleição direta majoritária.

Embora o candidato democrata houvesse obtido clara vantagem no cômputo dos votos individuais, ocorreu virtual empate no Colégio Eleitoral, o que fez dos delegados da Flórida o fiel da balança para a atribuição da presidência ao mais votado no Colégio. Uma apresentação visual confusa da relação dos concorrentes, utilizada em condado de forte maioria democrata, levara muitos eleitores a votarem em um candidato que não era o deles. Até aí, a culpa foi de quem errou, por desatenção ou incompetência. Mas dezenas de milhares de sufrágios deixaram de ser computados, por causa do mau funcionamento das máquinas de votação. Seria possível, entretanto, conferir a intenção desses votantes através de apuração manual. Porém o governador é irmão do candidato republicano. Sua secretária de Estado, que chefiara a campanha de Bush na Flórida, utilizou os poderes do cargo para embargar tal apuração. Ao reverter a Corte Suprema estadual essa decisão, verificou-se que a diferença em benefício daquele candidato se reduzia rapidamente. Já não passava de poucas centenas de votos em todo o Estado quando o processo foi abortado pela mais alta instância judiciária dos Estados Unidos.

Em suma, Gore ganhou na eleição direta, o resultado ficou indefinido no Colégio Eleitoral, e o novo presidente acabou eleito, por cinco votos contra quatro, pela Suprema Corte, cuja maioria de juízes havia sido nomeada pelos mandatários republicanos Nixon, Ford, Reagan e Bush. Assim, o voto de um só juiz decidiu quem seria o futuro presidente dos Estados Unidos. O filho de um dos juízes é sócio do escritório de um advogado de Bush filho, candidato em favor de quem o pai votou. A mulher de outro ajuda Bush a escolher seus assessores. E nenhum deles se considerou moralmente impedido para julgar o caso.

A sentença da Suprema Corte reconheceu o direito de que os votos da Flórida fossem recontados mediante um processo uniforme, que teria de ser determinado pela Corte Suprema local, e aplicado em todo o Estado. Esta decisão foi tomada às dez horas da noite. O prazo para sua implementação se esgotaria, improrrogavelmente, duas horas depois. Então, uma data arbitrada pelas autoridades políticas (confundidas, nos Estados Unidos, com as judiciais, em termos de processo eleitoral) da Flórida para o encerramento do processo de escolha dos eleitores — que só se manifestariam seis dias mais tarde, quando da reunião do Colégio Eleitoral — foi considerada inviolável pela Suprema Corte. A qual, para tanto, violou o direito de cada cidadão ter seu voto reconhecido e contabilizado, prerrogativa que é fundamento e alicerce da democracia.

Moralmente, não vejo grande diferença entre Bush, adepto do *hobby* de fritar, na cadeira elétrica, adultos cujas sentenças de morte fazia questão de confirmar quando governador do Texas, apesar de declarar-se um conservador compassivo, e Gore, que considera prerrogativa das mulheres exterminar o nascituro trazido no ventre. Bush não se preocupa com os estragos causados ao meio ambiente pela indústria norte-americana, financiadora da sua campanha – inclusive por ser pessoalmente interessado no setor petrolífero, tal como o vice-presidente eleito; e tende a dar novo impulso à corrida armamentista, como beneficiário do complexo industrial-militar (que o general Eisenhower já denunciava há quase meio século), através da retomada de um sistema de mísseis antibalísticos que infringirá acordos internacionais previamente firmados com outras potências nucleares, e poderá exacerbar a polarização leste-oeste, centrando-a, desta feita, no perigoso terreno bélico.

No tocante ao Brasil, Gore já se manifestara a favor da internacionalização da Amazônia. Bush sugeriu trocarmos a soberania sobre aquela enorme e riquíssima porção do território nacional pelo cancelamento da nossa dívida externa. De qualquer forma, durante quatro anos, os Estados Unidos serão governados por um Executivo sem legitimidade, um Legislativo desprovido de maioria clara, e um Judiciário moralmente comprometido.

A eleição popular perdida, e a vitória duvidosa no Colégio Eleitoral, farão de Bush um mandatário necessitado de afirmar-se psicologicamente. O risco que corremos todos é o dessa carência de legitimação conduzi-lo a pressões abusivas ou atitudes agressivas na área internacional.

Quanto aos nossos políticos, agentes financeiros e diplomatas, não têm o direito moral de se apresentarem subservientes, de pires na mão, diante de quem nos inclui no seu pátio traseiro (*back yard*). Inclusive porque somos grandes demais para cabermos no quintal dos outros. Nem estamos tão fracos assim. Se os representantes dos países ricos julgam ter a faca na mão, é nosso o queijo que tanto desejam comer. As dimensões do território e da população do Brasil representariam, por si sós, fonte inesgotável de produção e enorme mercado de consumo, suficientes para nos tornarem um dos maiores países agrícolas e industriais do mundo. Isto se a economia brasileira não fosse gerida por ex-associados e antigos empregados de patrões estrangeiros, mais atentos aos ditames de pátrias e matrizes distantes do que aos interesses nacionais.

Justamente por sermos frágeis, o que cedermos será às custas da nossa autonomia. Porém, pelo seu simples volume, a voz do Brasil seria ouvida, respeitada e seguida, se apenas ousássemos elevá-la. Já o fizemos na época saudosa da diplomacia independente de Afonso Arinos e San Tiago Dantas. Foi assim que o general de Gaulle levantou a França, vencida e humilhada após a segunda guerra mundial: no grito. Mas resta saber quem terá vontade, audácia e força para gritar por nós.

RIO, 6 DE MARÇO DE 2001 | — Amigo íntimo de Mário Covas não cheguei a ser, porém nos aproximamos bastante quando assumi a cadeira de deputado federal pelo Partido Democrata Cristão da Guanabara, vaga com a nomeação de Juarez Távora, seu titular, para o ministério do presidente Castelo Branco. Nas eleições de 1962, eu fiquei em segundo lugar na lista dos candidatos do partido, mas este só obtivera número de votos suficiente para levar um deputado à Câmara. Voltei, então, à minha carreira, e me encontrava em posto diplomático na Holanda por ocasião do golpe de Estado de 1964. Logo pressenti que o marechal-presidente cearense não deixaria de convocar o eminente conterrâneo, também marechal, para assessorá-lo. Como primeiro suplente de Juarez, me caberia preencher o seu lugar.

Em Brasília, juntei-me a um grupo de companheiros, da mesma geração e quase da mesma idade, que se opunha ao regime militar. Alguns do meu partido, como José Richa (mais tarde, governador do Paraná) e eu, seguíamos a liderança natural de Franco Montoro (cuja atuação futura à frente do governo de São Paulo, modelo de competência, justiça e integridade, inspiraria, mais tarde, o governador Mário Covas). Outros, de origens partidárias diversas, mas que compartilhavam idéias análogas, eram Roberto Saturnino Braga (eleito duas vezes pelo Rio de Janeiro para o Senado Federal, e noutra ocasião para a Prefeitura da cidade), Celso Passos (mineiro, filho do ex-ministro Gabriel Passos, seria desembargador no Rio) e, naturalmente, Covas.

Quando o arbítrio ditatorial dissolveu os partidos políticos que nos tinham enviado à Câmara, e criou artificialmente dois — um governista, a Aliança Renovadora Nacional (ARENA), e outro de oposição, o Movimento Democrático Brasileiro (MDB) —, optamos todos pela agremiação oposicionista.

O senador Afonso Arinos, embora afastado de Carlos Lacerda, permaneceu na ARENA, com os congressistas mineiros que haviam sido seus correligionários políticos de sempre, como o senador Milton Campos, os deputados Pedro Aleixo, Bilac Pinto e Adauto Cardoso. Mas, desde então, se distanciou progressivamente dos objetivos e métodos antidemocráticos de antigos companheiros da União Democrática Nacional, declinou disputar uma nova reeleição legislativa, que lhe fora oferecida, e passou a dedicar-se com empenho exclusivo, pela palavra falada e escrita, ao restabelecimento das liberdades públicas no país, até o fim da ditadura.

Já minha situação era diversa. Nada tivera a ver com a sublevação de 1964, época na qual sequer me encontrava no Brasil, rompera com o governador Lacerda desde a Assembléia da Guanabara, e sentia-me à vontade com os colegas de geração que se opunham ao regime autoritário. Inclusive porque me iniciara politicamente na UDN, quando esta simbolizava a luta contra a ditadura civil do Estado Novo, antes de ter renegado seus princípios libertários, ao apoiar a ditadura militar.

Os grandes líderes do MDB no Congresso eram, naturalmente, Ulisses Guimarães e Tancredo Neves, mas, dentre os do nosso grupo, Mário Covas já despontava como o mais atuante (eu me concentrara na oposição, que cheguei a liderar em plenário e na Comissão de Relações Exteriores, à política externa submissa que o Itamarati praticava na ocasião). Lembro-me, até, de uma feita em que tentei ajudá-lo no apoio a um amigo comum, então ministro da Indústria e Comércio do general Castelo Branco, aspirante ao governo de São Paulo. Daquela vez não foi possível, mas o íntegro governador Paulo Egídio Martins alcançaria, mais tarde, o palácio dos Bandeirantes. Visitei-o na ocasião, e vi, com prazer, seu gabinete de trabalho adornado por grande retrato a óleo do meu bisavô Rodrigues Alves – que presidira o Estado em três ocasiões distintas –, sentado à mesma mesa onde Paulo Egídio despachava.

Então, o grande desejo de Mário era ser prefeito de Santos, sua cidade natal. Chegou muito mais longe — à deputação federal, à senatória, à prefeitura de São Paulo, por duas vezes à governança do Estado, à candidatura a presidente da República —, mas nunca administrou o grande porto. Pois, nele, a ambição legítima jamais se confundia com a cobiça. Sem clientelismo nem demagogia, qualquer eleição torna-se difícil. E foi por reconhecer-lhe as qualidades que Afonso Arinos, em 1989, às vésperas de completar oitenta e quatro anos, não hesitou em distribuir de mão em mão, pelas avenidas centrais do Rio de Janeiro, panfletos da candidatura presidencial de Mário Covas.

Este era o líder do Partido do Movimento Democrático Brasileiro (PMDB) na Assembléia Nacional Constituinte, onde Afonso presidia a Comissão de Sistematização, e, posteriormente, companheiro de Arinos na fundação do Partido da Social-Democracia Brasileira (PSDB), que arvorava a bandeira do parlamentarismo em sua plataforma doutrinária.

Nunca vi Covas assumir atitudes políticas movido por interesses subalternos. Batalhou e sofreu muito. A defesa feita por ele na tribuna da Câmara, em 1968, quando liderava a oposição, da imunidade parlamentar do deputado Márcio Moreira Alves, o meu primo Marcito — cujas manifestações contra abusos dos militares serviram a estes de pretexto para endurecer a ditadura através da edição do Ato Institucional nº 5 —, custou-lhe a cassação do mandato e a perda dos direitos políticos por dez anos. A perda acidental de uma filha adolescente foi — sei-o bem, por experiência própria — a ferida mais profunda da sua vida. A peleja valente, heróica, contra o câncer, combatida às claras, como todas as suas lutas, emocionou-o, e aos milhões de brasileiros que a acompanhamos passo a passo.

Mário Covas não era um grande formulador de idéias, um inventor imaginoso de soluções políticas. Distinguia-se por qualidades mais simples, como a firmeza, a coragem, a combatividade, a honradez, o espírito de justiça, atributos que chegam a ser insólitos, pela escassez, entre nós, daqueles que se dedicam à política a serviço da coletividade, sempre em estado de consciência. A todos os seus amigos, companheiros, conterrâneos e concidadãos, ele ensinou a viver e a morrer bem. Nunca foi paciente com a impostura, complacente com a desonestidade ou leniente com a corrupção. Por isso, causaram engulhos certas presenças no seu velório. Mas um ditado francês diz ser a hipocrisia a homenagem que o vício presta à virtude.

SANTIAGO, 24 DE MARÇO DE 2001 – Este mês, faz quarenta e oito anos da primeira vez que viajei ao Chile. Vim, então, a serviço, trazendo duas malas diplomáticas de couro a Buenos Aires e Santiago. Naquela época, não existiam telex, fax, computador, e cabia a nós, os secretários e cônsules mais jovens, cifrar e decifrar manualmente, nos quatro bojudos livros de código (dois ostensivos e dois sigilosos), as mensagens telegráficas entre a Secretaria de Estado e os postos no exterior. Os ofícios e despachos confidenciais ou secretos não podiam ser entregues, desacompanhados, aos azares dos correios e das companhias aéreas. Daí a necessidade de serem transportados em mãos, sobretudo quando, como no caso, se tratava de articular nossas embaixadas na Argentina e no Chile contra as claras tentativas de influência peronista sobre a política externa brasileira, às quais não era estranha a tradição caudilhista de Getúlio Vargas, de quem João Goulart foi emissário de confiança junto a Perón. O ex-chanceler João Neves da Fontoura chegou a escrever, na ocasião, longa catilinária, denunciando fatos e manobras que, por essa forma, chegaram ao conhecimento da imprensa e da opinião pública brasileiras.

Ciro de Freitas Vale, embaixador de grande tradição no Itamarati, velho amigo da minha família, vivia só em Santiago, e convidou-me a ficar morando nesta sua residência, durante os três dias que aqui passei. Lembro-me de como me senti prestigiado, aos vinte e dois anos, com sala e quarto à minha disposição, e uma campainha à mesa de cabeceira, ao som da qual acorriam, prontamente, um mordomo e uma camareira impecavelmente uniformizados. Nem me esquece seu convite para almoçar, ao ar livre, no clube de golfe, de onde a vista, desobstruída pelo enorme gramado fronteiro, alcançava, ao fundo, a cordilheira dos Andes. Agora, quando ali voltei, a atmosfera poluída da cidade já quase impede a visão dos altos picos nevados.

Ao reencontrá-lo quase meio século mais tarde, não diminuiu meu encanto em rever o palacete grandioso, com vasto saguão de mármore multicor decorado por desenhos geométricos, construído pelos Errazuriz, e que o Brasil adquiriu aos Edwards. Os dois nomes seguem significando o que há de mais prestigioso na oligarquia estratificada do Chile, onde o único e excelente jornal que faz opinião pública no país, *El Mercurio*, fundado pelos Edwards, ainda lhes pertence, e o cardeal de Santiago é um Errazuriz.

Viemos a convite dos embaixadores Adriana e João Augusto de Médicis. A ele, diplomata experiente, conheço-o, desde menino, da casa dos meus primos Nabuco, seus contemporâneos de colégio e grandes amigos. Foi colaborador exemplar de Afonso Arinos, quando este era ministro de Estado, e, depois, como seu assessor nas Nações Unidas. Ela, bela prima ainda jovem, aniversaria hoje, e, por isso, viajamos para saudá-la nesta ocasião festiva. Praticamente, vi nascer Adriana, que tem dos Alvim, família materna de Arinos, o temperamento apaixonado e combativo, a índole generosa, a inteligência aguda e a imaginação fértil. Tão cheia de iniciativas que a senhora Ruth Cardoso, esposa do presidente da República, a quem a embaixatriz prestava, até há pouco, a mais dedicada assistência em suas atividades de assistência social, ameaçou, gracejando, reduzir-lhe o salário modesto, caso ela apresentasse mais de duas idéias fecundas por dia. Adriana, com suas sugestões, poderia exaurir a capacidade executiva da Comunidade Solidária, criada e dirigida pela primeira dama.

Parece-me difícil possa ocorrer-nos, nesta curta estada, algo tão emocionante quanto o espetáculo que ambos nos levaram, na noite passada, a presenciar — o encontro "Chile Poesia", realizado no grande largo fronteiro ao palácio presidencial da Moneda. Há vinte e oito anos, um presidente socialista, praticamente desarmado, no pleno exercício dos seus poderes conquistados democraticamente, ali se encontrava em companhia de políticos, assessores, secretários e ajudantes de ordem, defendido somente pela guarda de carabineiros, quando sobre ele se desencadeou o inferno dos bombardeios aéreo e terrestre, dos aviões e dos tanques. Sem entrar nos méritos ou deméritos da ação polêmica e tempestuosa do seu governo — sabotada, do primeiro ao último dia, por ordem expressa do presidente americano Richard Nixon —, Salvador Allende morreu como um mártir da democracia e da legitimidade constitucional, e sua estátua, que já nos olha do canto da praça, será, um dia — assim o espero —, trazida para o centro da esplanada. Como a do presidente Alessandri, que domina o amplo relvado fronteiro à outra fachada do palácio.

Só que ontem, em vez de aviões, sobrevoavam-nos helicópteros. À noite, os holofotes não perquiriam os céus à procura de aeronaves agressoras para abatê-las, mas iluminavam um intenso bombardeio de pétalas de poesias. Eram miríades de marcadores de livros que caíam sobre nós, cada qual trazendo um poema de um dos bardos presentes.

Onde e quando, no Brasil, mais de dez mil pessoas se reunirão, em silêncio religioso, a fim de presenciar poetas dizendo seus versos? Ao lado da praça, membros da Associação dos Familiares de Presos Desaparecidos permaneciam imóveis, com velas acesas nas mãos. Quando outro presidente socialista, Ricardo Lagos, saiu, a pé, do palácio, em companhia apenas da esposa, e veio sentar-se entre nós, na primeira fila da assistência, a récita começou com uma gravação do *Canto general*: "*Buenas noches, me llamo Pablo Neruda*". Em seguida, refletores buscaram os poetas nas sacadas e janelas do próprio palácio ou de edifícios contíguos, e cada qual recitou em voz alta. Escutamos outra gravação, da chilena Gabriela Mistral, prêmio Nobel de Literatura. Ouvimos o poeta argentino Juan Gelman, que teve um filho e uma nora mortos pela ditadura em seu país, dez vezes mais sangrenta que a do Chile, e cujo neto, seqüestrado pelos militares ao nascer, acaba de ser encontrado no Uruguai. O recital foi encerrado por outro grande vate chileno, Nicanor Parra.

A poesia brasileira saiu-se brilhantemente, muito bem representada por Ledo Ivo e Ferreira Gullar. Quando Ledo encerrou a leitura de um dos seus dois poemas, "Os morcegos" e "Os pobres na estação ferroviária", a esposa do presidente Lagos voltou-se para o embaixador do Brasil, sentado a seu lado, e comentou: "— *Que cosa tan bella!*"

Os dois astros presentes da poesia mundial, entretanto, me decepcionaram, e pelo mesmo motivo. Yevgueni Yevtushenko, eu o conhecera em Caracas, na sede da missão soviética, quando ali fui embaixador do Brasil. Conversáramos então longamente, durante uma recepção, e recordo-me de opinião que ele me transmitiu. Yevtushenko dizia que o maior erro da revolução russa fora o de haver exilado a elite intelectual do país. A seu ver, isso criara um vazio cultural jamais preenchido de novo. Lembro-me bem de que ele usou a palavra *aristocratas* para definir aquela elite, perguntando-me se eu era um deles.

Por outro lado, apresentaram-me a Ernesto Cardenal, que se identificou no microfone como "poeta, sacerdote e revolucionário". Por que? Para que? A bela e brava revolução sandinista pôs por terra a tirania sangüinária dos Somoza, aceitou democraticamente a derrota nas urnas, enquanto a democracia parece consolidada na Nicarágua. E agora? Vamos trabalhar, padre Cardenal. A sua opção de revolucionário está cumprida.

Pode completá-la, agora, com a vocação religiosa, ainda mais difícil e, talvez, mais heróica.

O motivo do meu desencanto foi que Yevtushenko e Cardenal não disseram poemas. Fizeram comícios poéticos. E vi – ou melhor, ouvi – como versos políticos ficam logo ultrapassados. Isso em que pese o meu encantamento juvenil com o "Navio negreiro" e a "Ode ao dois de julho", de Castro Alves, além do "*Napoléon III*", de Victor Hugo. Mas a primeira poesia do brasileiro era social, e a segunda, patriótica. Nenhuma das duas partidária.

Contudo, naquela noite, naquele lugar, a poesia vingou-se da violência, e a beleza se desforrou do horror.

Rio, 13 de maio de 2001 | – Há cem anos, nesta data, Murilo Mendes nasceu em Juiz de Fora. O libertário veio ao mundo no aniversário da abolição da escravatura, e Nossa Senhora apareceria em Fátima, pela primeira vez, no dia em que o futuro grande poeta católico fez dezesseis anos.

Velho amigo de Afonso Arinos, foi hóspede de Rodrigo Melo Franco de Andrade em Ouro Preto, cidade que ainda não conhecia. Caminhava com a esposa pelas ruas, espalhando os longos braços e as pernas compridas em todas as direções, a bradar entusiasmado: "– Preciosíssimo, Saudade! Fabulosíssimo!" E, solidário com uma cidadã: "– Uma mulher na janela! Parabéns, minha senhora!"

Em fins de 1956, chegou a Roma, onde moraria até ao fim da vida, para assumir as funções de professor de literatura brasileira na universidade local. Ele fora considerado *persona non grata*, na Espanha franquista, por causa do seu antifascismo militante, acentuado pelo casamento com Maria da Saudade (nome criado para ela pelo padrinho, o poeta Teixeira de Pascoais), filha do grande historiador português Jaime Cortesão. Este sempre atuou entre os principais oposicionistas à ditadura de Salazar, e sua obra sobre *Alexandre de Gusmão e o Tratado de Madri* constituía leitura indispensável sobre a formação territorial do Brasil no Instituto Rio Branco, preparatório para a carreira diplomática. Eu me encontrava na Itália desde setembro, como secretário da Embaixada. E, nos dois anos e meio que passamos juntos na capital italiana, nosso convívio foi constante, e a amizade crescente. Murilo era um escritor puro (contou-me que relia, todos os anos, *La Chartreuse de Parme*, de Stendhal, por prazer), mas suas preferências estéticas voltavam-se, ainda, para a música e a pintura.

Vinha de longe minha admiração pelo poeta paroxístico e paradoxal. Divertiam-me o surrealista desabusado, que intimara Deus "a não repetir a piada da criação", bem como episódios exemplares que personificara, como abrir, em silêncio, um guarda-chuva na platéia do Teatro Municipal, em sinal de inconformidade com uma interpretação musical desoladora, e telegrafar a Hitler protestando, em nome de Mozart (que, um dia, lhe apareceu vestido de sobrecasaca azul), contra a anexação da Áustria pela Alemanha nazista. A propósito, ouvi-o ponderar à esposa: "— Saudade, nesse andar, você acaba gostando de Tchaikowsky." Atraía-me o homem que Manuel Bandeira definiu como "antitotalitarista antipassadista antiburocratista anti tudo o que é pau ou que é pífio". Murilo se debatia no mundo e contra o mundo:

"Me colocaram no tempo, me puseram
uma alma viva e um corpo desconjuntado. Estou
limitado ao norte pelos sentidos e ao sul pelo medo,
a leste pelo apóstolo São Paulo, a oeste pela minha educação.
Me vejo numa nebulosa, rodando, sou um fluido,
Depois chego à consciência da terra, ando como os outros,

Me pregam numa cruz, numa única vida.
Me puseram o rótulo do homem, vou rindo, vou andando, aos solavancos.
Danço. Rio e choro, estou aqui, estou ali, desarticulado,
Gosto de todos, não gosto de ninguém, batalho com os espíritos do ar."

A conversão de Murilo Mendes ao catolicismo, ocorrida no velório do seu maior amigo, Ismael Neri, foi uma iluminação súbita e dramática. Essa devoção a Ismael se converteria, depois, em paixão pela viúva, Adalgisa — bem mais tarde, minha colega e amiga na Assembléia Constituinte e Legislativa do Estado da Guanabara. (Em seu livro sobre Adalgisa, Ana Arruda Calado transcreve trecho de carta da biografada a Daniel Pereira, irmão do editor José Olímpio, muito generosa ao referir-se a mim, quando ela diz que "gostei muito do *Primo canto* [meu livro de estréia]. Muitos acontecimentos narrados com simplicidade eu acompanhei quando fui sua colega na Constituinte. O livro tem personalidade e, sem ser agressivo, diz verdades que o então governador [Carlos Lacerda] não gostaria de ouvir. Sempre admirei o comportamento firme nas convicções de Afonso Arinos Filho. Foi um deputado que não cabia na estreiteza da UDN.")

A narrativa do episódio da conversão de Murilo compõe um dos mais belos trechos das memórias de Pedro Nava, juiz-forense como ele. Conta Nava que, "de repente, uma fala começou a ser percebida. Parecia no princípio uma lamentação, que depois se elevou como numa discussão, subiu, cresceu, tomou conta do pátio feito um atroado de altercação e disputa, clamores como num discurso e gritos. Era o Murilo bradando no escuro. Era uma espécie de arenga, com fluxos de onda — ora recuando e baixando, ora avançando, subindo e enchendo a noite com seus rebôos graves e seus ecos mais pontudos. Os do portão foram-se aproximando, numa curiosidade, da roda estupefata e calada, em cujo centro um Murilo, pálido de espanto ou como de um alumbramento, gesticulava e se debatia como se estivesse atracado por sombras invisíveis. Só ele as via, e aos anjos e arcanjos que anunciava pelos nomes indesvendáveis que têm no Peito do Eterno, ocultos para todos os mais. E soltava um encadeado de frases que, no princípio, fora só um cicio, que tomara corpo e dera naquele berreiro alucinado."

Nava pensou em medicá-lo, "mas quando voltou com um copo e o comprimido já na mão, ficou tão bestificado com a expressão do Murilo que recuou, colocou num peitoril a vasilha e o remédio e voltou para acompanhar o drama que se desenrolava dentro do amigo, e tomava sua alma que nem avalanche. Seus olhos agora cintilavam, e dele todo desprendia-se a luminosidade do raio que o tocara. E não parava a catadupa de suas palavras, todas altas e augustas, como se ele estivesse envultado pelos profetas e pelas sibilas que estão misturados no firmamento da capela Sistina. Ele disse primeiro, longamente, de como sentia-se penetrado pela essência do Ismael Neri e seu espírito religioso. Falava dos anjos que estavam ali com ele – já não mais como as imagens poéticas que habitavam seus versos, mas dos que se incorporavam nele, que recebia também na dele a alma do amigo morto. Finalmente clamou mais alto – DEUS! – e com a mão direita fechada castigou o próprio peito e, mais duramente, o coração."

"O que ele está – pensou Nava – é sendo arrebatado num êxtase, e o que estou vendo é o que viram os acompanhantes na estrada de Damasco quando Saulo rolou do cavalo e foi fulminado pela luz suprema. É isto. Exista ou não essa luz e esse fogo – neles ou na sua impressão o Murilo acaba de encadear-se. Está-se queimando todo nas chamas que descem como lavas do Coração paramonte de Jesus Cristo Nosso Senhor. Quando subitamente calou-se, o poeta retomou o velório do amigo

— sério como Moisés descendo do Sinai, e foi assim e sem dizer palavra mais que ele acompanhou o corpo ao cemitério. Deste saiu sozinho e foi direto procurar os monges nas catacumbas do mosteiro de São Bento. Quando, três dias depois, ressurgiu para os homens, tinha deixado de ser o antigo iconoclasta, o homem desvairado, o poeta do poema piada e o sectário de Marx e Lenin. Estava transformado no ser ponderoso, cheio de uma seriedade de pedra, e no católico apostólico romano que seria até ao fim da sua vida. Descrevera volta de cento e oitenta graus. Sua poesia tornara-se mais pura e trazia a mensagem secreta da face invisível dos satélites."

A presença súbita do divino na alma de Murilo Mendes levava-o ao inconformismo com a indiferença àquela evidência avassaladora. Um dia, não se contendo, voltou-se para os passageiros atônicos do ônibus do qual descia e bradou: "— Viva Nosso Senhor Jesus Cristo!"

Murilo pouco sorria, embora suas atitudes desconcertantes fizessem rir com freqüência. Em Roma, ocorreram conosco episódios pitorescos, já narrados no meu *Primo canto*, mas que gostaria de recordar aqui.

Um dia, divertimo-nos involuntariamente, às suas custas e por minha culpa, na residência romana onde nos recebia com meus pais, e que se tornara centro de encontro privilegiado para os maiores poetas, artistas plásticos e escritores italianos. Ele vinha de uma excursão à Grécia, entoava loas entusiásticas ao "mar roxo de Homero", e fez questão de exibir-nos uma estatueta de Tanagra lá adquirida, que contaria uns três mil anos. Trouxe a terracota preciosa dentro de uma caixa, protegida por chumaços de algodão, desembrulhou-a e a passou em volta, para admiração dos hóspedes reverentes. Quando chegou minha vez, incontido, aspirei-a e proclamei: "— Está com cheiro de moringa." Saudade, então, fez o mesmo e observou: "— De fato,

Murilo, tem o cheiro um pouco jovem." Afonso Arinos pelejava para conter o riso. Murilo, pálido e sério, voltou a acondicioná-la e desapareceu para sempre com a suposta relíquia. Desde então, cada vez que desconfiava da autenticidade de alguma coisa, Afonso passou a me dizer que sentia cheiro de moringa.

Pela mesma época, fomos, Arinos e eu, a uma conferência de Murilo Mendes. Afonso achou graça no sucesso do amigo, quase carregado em triunfo pelos estudantes italianos que lotavam o auditório. E comentou, jocoso, que o poeta "subia aos céus, qual novo Elias, num carro de fogo".

Certa vez, levei Murilo, juntamente com Gilberto Freire, a conhecer o velho embaixador aposentado Carlos Magalhães de Azeredo, último fundador remanescente da Academia Brasileira de Letras. Azeredo, viúvo e idoso, findava-se em Roma, onde passara quase toda a carreira junto ao Vaticano. Pobre e só, ia vendendo objetos artísticos que decoravam sua casa, para sobreviver. No fim da vida, o então chanceler Francisco Negrão de Lima, amigo de Afonso Arinos, visitou-o comigo, e Afonso obteve de Negrão, para Azeredo, uma função de consultor extraordinário da nossa Embaixada junto à Santa Sé, o que lhe permitiu passar a receber a aposentadoria modesta ao câmbio oficial, e viver, assim, seus últimos dias com um mínimo de dignidade.

Azeredo estava completamente surdo de um dos ouvidos, e escutava muito mal do outro. Neste lado, colocou o "ilustre sociólogo", e o poeta, em conseqüência, saiu de cena. Ao despedir-nos, Murilo tentou fazer-se presente, aos berros. "– Embaixador, somos colegas." "– Ah, é diplomata?" "– Não senhor, poeta!" "– Muito bem – retorquiu Azeredo, protetor benevolente –. Mande-me seus versos."

Outro ilustre poeta mineiro a visitar-nos com a esposa, na ocasião, foi Abgar Renault. Levamos o casal a conhecer as ruínas grandiosas das termas de Caracalla, que o impressionaram profundamente. Deixou as duas mulheres se afastarem, e então confidenciou-me, com os olhos arregalados: "— Você já imaginou aqueles romanos aqui, todos nus, numa grande bandalheira, e fazendo negociatas de milhões de sestércios?"

Murilo me apresentou ao escritor católico francês Albert Béguin, diretor da revista *Esprit* e biógrafo de Georges Bernanos. Havíamos combinado uma excursão a Subiaco, berço da ordem beneditina, quando o poeta telefonou excusando-se, pois a chegada repentina do amigo o impediria de se ausentar. Propus-lhe irmos todos juntos, e, durante a excursão, Béguin conversou comigo, sobre o Brasil, o tempo todo. Estivera pouco antes no Rio, em casa de meus pais. Manifestou aversão às posturas políticas de Carlos Lacerda, e disse-me não compreender por que o eminente diplomata e jurista Raul Fernandes, até pouco tempo antes ocupante do cargo de chanceler do presidente Café Filho, gerira a política externa do nosso grande país como se fôssemos o Luxemburgo. Mostrava-se assim, *avant la lettre*, adepto da chamada política externa independente, que Afonso Arinos, em 1961, poria em prática no Itamarati, e seria consolidada por San Tiago Dantas.

Béguin contou-me ainda, na viagem, que Bernanos pagara pela sua pequena propriedade agrícola em Barbacena um terço do preço real. Os dois terços restantes haviam sido inteirados, sem que o escritor o soubesse, por Raul Fernandes, Dario de Almeida Magalhães e Virgílio de Melo Franco, seu grande protetor no Brasil, a quem Bernanos dedicara o livro *Les enfants humiliés*.

Em Subiaco, no restaurante onde pousamos para almoçar, o retrato na parede, enfeitado com flores e iluminado por uma vela de cada lado, não era de São Bento ou de Santa Escolástica, fundadores da ordem e patronos dos dois conventos que visitaríamos, mas da atriz Gina Lollobrigida, ali nascida. Chegados ao cimo, havia uma longa rampa para escalar. Fazia frio, e, no convento do Sacro Speco, notei a palidez de Béguin. Ele me dissera que, habituado a repousar apenas duas horas por noite, viera à Itália para "reaprender a dormir". Na manhã seguinte, Murilo telefonou-me cedo, para informar que, naquela noite, Béguin tivera um enfarte. Fui visitá-lo no hospital, parecia melhorar, explicou que sofrera uma ruptura. Mas não resistiria à oclusão intestinal superveniente. Fomos à sua missa fúnebre na igreja de São Luís dos Franceses.

Encantado com crianças, Murilo chegou a levar meus filhos pequeninos para verem um teatrinho de marionetes ao ar livre, na esplanada do Pincio.

Totalmente desprovido de ambições pessoais, não conheci ninguém mais cortês. Dava sempre precedência a quem quer que estivesse com ele.

Encontramo-nos, pela última vez, em 1967, quando eu era cônsul em Genebra. Murilo e Saudade, que se achavam em Berna, vieram visitar-nos. Ele dormiu a sesta da praxe de antigo tuberculoso no pequeno apartamento de hóspedes que possuíamos sobre a garagem, conversamos sobre o passado, presente e futuro, e regressou, no mesmo dia, à capital helvética.

Pouco depois, dele recebi, em dezesseis páginas cuidadosamente manuscritas, com capa em tintas de duas cores, o *ESBOÇO DE UMA MINIDISCOTECA DE BASE. (ESCOLHA RESUMIDÍSSIMA). LISTA FEITA POR MURILO MENDES PARA AFONSINHO & BIA. ROMA, ABRIL 1967*, que se comprometera a mandar-nos, gentileza indicativa da sua profunda paixão e erudição musical. Na longa carta anexa, o poeta explicava: "Aqui vai a lista prometida, para substituir outra, enviada há alguns anos, e que se extraviou. Como todas as antologias, esta é também arbitrária, podendo-se fazer N outras diferentes. Um coisa é certa: as músicas indicadas são sempre de alto nível.

Se eu começasse (e poderia *benissimo* fazê-lo) a aumentar as indicações, é claro que não seria uma minidiscoteca. (...) Não façam cerimônia, usem e abusem dos meus préstimos." Cheguei a arrepender-me do pedido, pelo trabalho ingente que lhe custou para atender-me. Esforço que transparece ao final da missiva: "Desculpem não lhes mandar a lista datilografada; no momento não me é possível. Se mais tarde puderem mandar passá-la a máquina, queiram me devolver o original; poderá eventualmente servir a outro amigo. Mas não se preocupem com isto." Preferi, contudo, guardar o autógrafo generoso e precioso do grande poeta.

Em 1975, fiquei estatelado ao abrir o *Jornal do Brasil* e dar com uma grande foto do Orfeu sorridente, fazendo um gesto largo de adeus, antes de baixar à mansão dos mortos. Murilo Mendes fora fulminado por um enfarte – num dia 13, como o do seu nascimento – em Lisboa, para onde Saudade o tinha levado, a fim de tentar fazê-lo espairecer, na residência dos Cortesão, de terrível crise depressiva, da angústia existencial que o acossava havia meses, deixando-o "apavorado", como confidenciou a Luciana Stegagno Picchio, discípula devotada, íntima amiga, a quem a língua portuguesa e a literatura brasileira tanto devem, e organizadora póstuma da sua obra completa. Luciana me disse que a fé de Murilo vacilava. Nem é raro que tal ocorra com os crentes em fase depressiva. Sei disso por experiência própria. Mas tenho dúvidas sobre qual precede, e talvez ocasione, a outra – a depressão ou a angústia existencial. A violência da tensão que Murilo sentia pode ter abatido aquele passional, que, um dia, definiu a morte como a extinção do livre arbítrio.

Afonso Arinos visitara o amigo em Roma pouco antes, impressionando-se profundamente com o estado em que o encontrou. Para o animar, tentou convencê-lo a regressar ao Rio, a candidatar-se à Academia Brasileira de Letras. Murilo, cético e triste, pensava que, entre nós, ninguém mais o lia, ninguém mais o reconheceria. Afonso lhe dizia que a simples apresentação do seu nome como concorrente afastaria qualquer outro candidato. Mas em vão.

A 15 de agosto, Arinos anotaria no seu *Alto-mar maralto*: "A morte de Murilo Mendes em Lisboa, ontem à noite (*fora na antevéspera*), ouvida no jornal da televisão, deixa-me confuso e derrotado. Relatei nossa conversa de Roma, e agora, relendo-a, vejo que não avancei o choque que me causou, então, o estado depressivo de Murilo. Realmente, ele deu-me a impressão de um afogado, a quem ninguém podia lançar a taboa de salvação. (...) Por que Deus teria abandonado aquele seu servidor, que tão belos versos lhe dedicou? Por que Murilo ter-se-ia abandonado a si próprio, desesperado do apoio de Deus? Sua depressão, funda como um poço sem fundo, parecia evoluir para a desintegração da personalidade, o desencorajamento e o contido desespero." Contudo, Afonso confiava, na esperança de que "Deus receberá seu filho, seu poeta, e recolherá, na paz para sempre conquistada, aquele espírito de fogo, aquela alma feita de borrasca e inocência."

Para José Guilherme Merquior, "a poesia de Murilo (...) timbrou em usar a senha do cristianismo a serviço do homem, e sempre fez da esperança o canto da alma livre, crescendo de olhos postos no futuro. (...) Murilo Mendes sabia que a liberdade é uma criança."

Dele disse o poeta Giuseppe Ungaretti, seu grande amigo, que vivera no Brasil para escapar do fascismo, e freqüentou assiduamente nossa Embaixada em Roma enquanto lá servi:

"*Non sarai un antenato*
Per non avere avuto figli.
Sarai sempre futuro per i poeti."

E Carlos Drummond de Andrade completou:

"Não só por isso. Por ter sido futuro, entre passados
e estagnados:
futuro intensamente, poeta
a nascer amanhã, sempre amanhã."

RIO, 19 DE MAIO DE 2001 | — As lembranças de Murilo Mendes trazem consigo as de Pedro Nava, nascido, como ele, em Juiz de Fora. Desde pequeno, lembro-me deste em nossa casa, como de um irmão de Afonso Arinos. Minha filha Sílvia e algumas primas aludiam ao "tio Nava". E ele, chamando-me "compadre", se referia a Sílvia como "afilhada" (era-o, de fato, da sua esposa, Antonieta Penido).

Nava foi sempre o confidente, clínico e conselheiro nas crises de saúde e existenciais, nos problemas sentimentais ("— Fazer os outros sofrerem não é o papel"). Na morte do nosso filho primogênito ("— Entrega esse menino, Afonso"), encaminhou Beatriz a um monge do mosteiro de São Bento, igualmente médico, seu paciente e amigo, que fez bem à mãe devastada.

Em *Primo Canto*, recordo como, literalmente fulminado, aos dezenove anos, pela idéia súbita da morte certa, inarredável, "em plena crise, sem forças para suportá-la sozinho por mais tempo, acabara por abrir-me com meu pai. Este, desconfiado de alguma causa somática da depressão em que eu afundara, encaminhou-me a Pedro Nava, que me examinou de cabo a rabo e sentenciou: '— Você não tem nada. Precisa é de dormir com uma boa mulata, sem nenhuma literatura'." Quando lhe mandei o livro, telefonou-me à noite, contente, dizendo haver gostado muito do modo como fora retratado. Ele me antecipou, ainda, que, quando chegasse à hora da morte, eu a receberia bem. Mas, no seu caso, fez mais, ao chamá-la.

Visitou-nos na Itália, em 1958. Tenho fotos suas nas ruínas de Óstia antiga, onde o levamos a passeio. Disse-me, um dia, que se pudesse recomeçar a vida, escolheria como profissão a minha, de diplomata.

Ao final dos anos sessenta, o porteiro do Consulado em Genebra, do qual eu era titular, veio avisar que ali se encontrava, à minha procura, um certo *"monsieur Pedrô"*, com a mulher. Surpreso e encantado, busquei Beatriz em casa, e partimos para um almoço memorável à beira do lago de Annecy, na França, onde consumimos, com abundância, alguns dos mais nobres vinhos da Borgonha. Dali, conduzi-os, em alegre excursão, a conhecer, ainda em França, a abadia de Hautecombe, onde se encontram os túmulos dos Savóias.

Homem de sensibilidade extrema, desenhava e pintava tão bem quanto escrevia ou versejava. Um dia, trancou-se no escritório avisando a esposa que iria fazer um Portinari, e de lá saiu com uma réplica em tela, muito fiel, do grande artista, representando meninos a soltar balões na noite de São João. Pintou a óleo, com perfeição, o companheiro João Gomes Teixeira, diretor do Arquivo Público Mineiro. Dele possuo um retrato admirável, feito a *crayon* e lápis de cor, de Afonso Arinos, no ano em que este saiu de Belo Horizonte para casar-se.

A comemoração do cinqüentenário de Pedro Nava teve um componente inesperado, do qual participei. Ainda solteiro, morava em Copacabana, com meus pais, e, enquanto fazia hora para dirigir-me à casa do aniversariante, fui tomar chope na varanda de um hotel defronte à praia. Encontrei, então, Coutinho Cavalcanti, medico e deputado, amigo fraterno de Nava e colega de Arinos na Câmara, e logo descobrimos que ali nos achávamos pelo mesmo motivo. Ficamos conversando, quando apareceram dois mendigos, tocando música para ganhar uns trocados. Lembro-me de que um deles era o Paraíba.

Cavalcanti convocou-os à nossa mesa e, conversa vai, conversa vem, ocorreu-lhe a idéia: "— Vamos levá-los à casa do Nava?"

Assim foi feito. Subimos ao edifício da Glória acompanhados por Vinícius de Morais e Lila, que encontráramos na entrada. O poeta boêmio – autor da "Balada de Pedro Nava", onde pergunta "em que brahmas (*alusão à cerveja*), em que brumas Pedro Nava se afogou?" –, como era de prever, aprovou com entusiasmo a iniciativa. Assim como Nava, que nos recebeu à porta, entre surpreso e deliciado. E a festa decorreu alegremente, animada pelos dois convivas inesperados. Quem não achou graça foi a severa Nieta, ao ver sua casa invadida por hóspedes não convidados, encardidos e mal-cheirosos.

Ao ser entrevistado, certa vez, por Fernando Sabino, Nava disse que, para ele, as pessoas deveriam suicidar-se aos sessenta anos, a fim de evitarem a decadência física e intelectual. Indagado mais tarde por Oto Lara Resende, a quem a afirmação havia chocado, acrescentou ter sido para não escandalizar que ele fixara aquele limite. A seu ver, cinqüenta anos seriam, de fato, a idade ideal para se matar. Entretanto, quando se aproximou dos oitenta, e eu já o felicitava pela efeméride vindoura, obtemperou sorrindo: "— E por que não cem?"

No dia do desenlace, ele comunicou à esposa seu desejo de ouvir, após o jantar, uma entrevista que Carlos Drummond de Andrade daria, naquela noite, à televisão. Não houve, portanto, qualquer premeditação no gesto que praticaria pouco depois. Foi quando o telefonema fatídico desencadeou a "paixão dos suicidas que se matam sem explicação", conforme o verso de Manuel Bandeira, seu grande amigo. Meu primo Joaquim Pedro, o cineasta, também tão ligado a Nava, declarou de público, logo após a tragédia, que havia um assassino solto nas ruas do Rio de Janeiro.

Pedro amava os amigos, a quem se abria sem reservas, ao passo que a ingratidão, a injustiça, o menosprezo e o agravo lhe enchiam a alma de amargura insondável. As memórias monumentais que deixou, únicas na literatura brasileira, revelam, claramente, uma sensibilidade em carne viva. De certa forma, ele foi morto pelo seu grande livro. Um dia, perguntei-lhe até onde tencionava levá-las. Respondeu-me que indefinidamente, mas julgando, em seguida, só valerem a pena enquanto nelas pudesse reviver a mocidade, única fase da própria vida, a seu ver, com interesse para ser narrada. Quando insisti ao indagar onde pretendia encerrá-las, disse-me que quando escrevesse: "A partir deste ponto, o autor ficou gagá".

 Preparando (prevendo?) o próprio fim, Nava escrevera a poucos escolhidos, dentre os quais "Afonso Arinos e Anah, para abrirem logo que tenham aviso de minha morte", uma carta sofrida, dolorosa, pungente. Dirigia-se a eles porque "os quis e lhes dei toda a minha confiança", e os instruía com indicações precisas sobre os cuidados a serem prestados aos seus despojos. Não sendo católico praticante, desejava "as cerimônias *post mortem* da Igreja Católica Apostólica Romana", à qual reconhecia pertencer culturalmente, e pelos "restos de crença" que conservara. Pedia, humildemente, o caixão dos pobres, sem enterro pomposo. Convidados para o sepultamento, apenas os amigos e os destinatários da carta. Só estes últimos e parentes próximos do defunto deveriam segurar as alças do caixão, "com exclusão formal de todos os outros". "Apesar de confiar no cinismo e na ingratidão dos homens", pedia que, caso aparecessem representantes e coroas de hospitais, policlínicas e serviços médicos onde trabalhara, fossem "despachados e recusados de maneira peremptória". Homenagens de academias e sociedades das quais participara seriam recusadas, "delicada mas firmemente". Poderiam celebrar-se missas, porém "sem convite ou anúncio nos jornais".

Pedro Nava suicidou-se com um tiro na cabeça. Nas memórias, ele narra o fim análogo de uma amada da mocidade, descendente de família tradicional de Belo Horizonte, que pôs termo à vida da mesma forma, com um revólver encontrado na mesa de cabeceira do pai médico, após entreouvir conversa na qual este deixara escapar o fato dela estar desenganada, com leucemia.

Um dia, eu me sentei a seu lado num dos almoços com que o *gourmet* Antônio Houaiss costumava brindar os amigos, no apartamento com vista sobre a lagoa, quando Fernando Sabino chegou, acompanhado da bela Lígia Marina. Ao ver a moça, Nava se perturbou profundamente. Apertava-me o braço, murmurando: "— A minha amada! É a cara da minha amada!" Mais tarde, indaguei de Afonso Arinos, também presente, quem fora a amada. E ele identificou-a, relatando o drama que eu já conhecia do livro.

Nava deve ter pensado nela, ao alvejar o próprio cérebro. Mas o tiro com que se matou, em 1983, ecoaria como se tivesse sido disparado dentro do escritório onde me encontrava, na residência da Embaixada do Brasil em Caracas, ao receber a notícia por telefonema do Rio.

R<small>IO</small>, 21 <small>DE MAIO DE</small> 2001 | — Perde-se a conta das histórias que têm Nava como personagem, em nossa família ou no meio dos seus amigos e amigas. Dentre as quais se contava Joanita Blank. Quando fui embaixador na Holanda, nos anos noventa, costumava visitar Joanita no asilo próximo a Amsterdam, onde envelhecia, e ela também chegou a passar uns dias hóspede em nossa casa, nos arredores da Haia. Caçula de Frédérique Henriette Simon Blank — a *madame* Blank, musa eterna de Manuel Bandeira —, fora educada como filha pelo poeta, que lhe ensinava tudo de humanidades. A exceção,

Manuel abriu-a para Portinari torná-la a excelente pintora que viria a ser.

Joanita se aproximou de Afonso Arinos durante férias passadas em Petrópolis, por volta de 1927, quando Afonso se hospedava na casa do escritor Tristão da Cunha, pai do amigo Vasco Leitão da Cunha. Arinos, por sua vez, confiou às suas memórias que sentia uma "ternura recôndita" pela bela holandesinha, carioca de Santa Teresa, futura embaixatriz dos Países Baixos (casara-se, afinal, com um diplomata holandês) na Iugoslávia — onde reencontrou, como embaixador do Brasil, Ribeiro Couto, amigo desde a mocidade no Curvelo —, Portugal e Alemanha. E Joanita me narrou, na Holanda, que, durante as férias petropolitanas, chegara a decorar o palco (nele pintou um cenário de papel, representando as favelas e os arranha-céus do Rio) para uma festa de caridade onde os companheiros se exibiram, dançando, no Palácio de Cristal. Aqueles, além de Afonso, incluíam José Tomás Nabuco, Jaime Sloan Chermont (futuros cunhados de Arinos) e Vasco. Dentre eles, o que mais a fascinava pela conversa era Afonso. Lembrava-se de muita coisa que este dizia. Uma delas foi quando comparou uma moça, que ela achava bonita, à "edição de luxo de um livro ordinário". Para Joanita, Arinos era especial, diferente.

Encontravam-se, também, no Rio, na residência dos pais de Vasco, na Avenida Atlântica. O almoço, saboreado na praia, vinha da casa de Tristão.

Havia, ali, grande simpatia mútua, mas que nunca passou disso. Mesmo apesar de Afonso dizer-lhe, brincando, "— Cala a boca, boba", e de puxar-lhe a correntinha do colar no pescoço, observando: "— Quando você ficar velha, uma flamenga gorda, terá de encompridar esta corrente." A previsão nunca se efetivou: Joanita permaneceu esbelta e erecta, uma bela senhora de olhos azuis, até à idade avançada, quando convivemos em nossas moradias respectivas de Laren e Wassenaar, nos Países Baixos.

Possuo dois bons retratos de Afonso Arinos desenhados por Joanita na juventude (presenteara Afonso com um, deu-me o outro anos depois). De Arinos, mostrou-me ainda o poema "Robinson Crusoé" (datado de outubro de 1926 no caderno de poesias *Lanterna mágica*, manuscrito por Afonso Arinos Sobrinho), que havia copiado em seu álbum. Afonso, por sua vez, denominara "Poema para Joanita", com data de junho de 1927, o que chamaria, afinal, "Nossa Senhora da Boa Viagem", publicado, como o primeiro, em sua seleção de poesias, editada fora do comércio, em 1955, sob o título *Barra do dia*, na prensa manual do amigo Sílvio Leitão da Cunha, primo de Vasco.

Apesar da vigilância de Bandeira, Joanita era muito solicitada nos entrudos com que Rodrigo Melo Franco de Andrade reunia os amigos, no Carnaval, em sua casa de Copacabana. Entre os mais interessados nela, Pedro Nava e Vinícius de Morais (que chamou Manuel docemente, em verso, de "poeta, pai, áspero irmão", porque Bandeira o interpelara com dureza por estar tentando arrastar a asa a Joanita). Mas não houve romance com Vinícius. "—Passeávamos no bonde, de mãos dadas", descreveu-me ela. Quanto a Nava, tinham dançado juntos a noite inteira, num baile de carnaval no High Life. Fora a festa mais alegre da sua vida, lembrava-se, pela palestra variada e interessante do amigo. Por que não o namorara, a resposta veio crua e dura: "— Porque ele era feio e pobre".

Quando fui removido da Holanda, convidamo-la, como de hábito, para almoçarmos no restaurante à beira de um lago cheio de nenúfares. Conversamos muito, até à hora de levá-la de volta ao asilo. Tinha retirado do seu baú de guardados um busto de Manuel Bandeira em terracota, esculpido por Dante Milano, pedindo-me que o trouxesse para a Casa de Rui

Barbosa, onde já se encontravam os papéis do poeta. Ao despedir-se de mim, Joanita soltou de repente: "— Agora é adeus, não?" Já no Rio, soube, por acaso, da sua morte. Mas não li uma só palavra, em nossa imprensa, acerca daquela mulher tão interessante, cultivada, e que tanto convivera com a fina flor da elite intelectual brasileira.

22 DE MAIO DE 2001 | — Pensar em Pedro Nava me leva, quase por osmose, a recordar Carlos Drummond de Andrade, que dizia haver sido o "lado esquerdo" do amigo fraterno, "seu anjo de desguarda", nas estrepolias e tropelias belorizontinas. E a lembrar-me das histórias, que Afonso Arinos me contava, da juventude de ambos, com Carlos instigando Nava a trocarem placas de consultórios e escritórios, a incendiarem *lingerie* de moças no varal e bondes nas ruas da cidade, a profanarem, à noite, o cemitério local.

Eu era cônsul-geral do Brasil no Porto quando um dos proprietários de grande firma produtora e exportadora de vinhos para o Brasil pediu-me que convidasse o poeta a visitar Portugal, com tudo pago — ida-e-volta, alojamento, excursões. Haveria, é claro, muitas homenagens, e alguma palestra. Tudo por causa da "História do vinho do Porto", que Drummond publicara em *Boitempo*.

Mas o autor era esquivo. Só viajou para o exterior a Buenos Aires, a fim de conhecer os netinhos que lá nasciam da filha querida, Maria Julieta, casada com argentino. Eu estava previamente certo da resposta negativa, que se concretizou através de carta datada de setembro de 1977. Missiva tão fiel à psicologia de Carlos Drummond que não me privo de transcrevê-la, em essência: "O convite (...), que seu pai me transmitiu em forma de consulta prévia, causou-me a maior e a mais deliciosa surpresa. Quando podia eu imaginar que o menino de 1914, interessado em ajudar na abertura das caixas de vinho do Porto, para ganhar do patrão (ou roubar) o brinde nelas contido, faria jus, por esse motivo, a uma viagem a Portugal, com todas as gentilezas e comodidades que você completaria com o seu fidalgo oferecimento de hospedagem no Porto? Fiquei meditando no mistério das correspondências e interações que ligam os fatos mais humildes, ao longo do tempo. Ao me debruçar sobre a caixa de vinhos, eu estava conquistando, mais do que um canivete ou uma tesoura de unhas, um passeio remansoso por quintas, montes e vales, comes & bebes deleitáveis e, coroando tudo isso, o ameno convívio de você e do seu povinho! É com pesar que me confesso incapaz de viajar, a essa altura da vida, não propriamente por invalidez física, mas por um estado de espírito muito particular, que me convida antes à renúncia do que à fruição dos bens incontestáveis. Fico a imaginá-los e a fruí-los na imaginação, pois já me falta o ânimo viajante, se é que algum dia o tive. A idade vai-me congelando num pacato estar-no-escritório, de onde descortino o mundo sem deixar os chinelos. Por isso, meu caro e bom Afonso, deixo de atender ao aceno amável (...), tão fidalgamente secundado por você; e peço-lhe que explique (...) as razões psicológicas que fizeram de mim o tatu na toca, muito bem definido por você. Achei a definição tão perfeita que arquivei outra, anterior, achada por um americano trêfego que um dia, como ninguém atendesse à campainha de nossa casa, pulou a varandinha da frente e bateu ruidosamente na vidraça da sala de estar: '— *Polar bear*'. Sinto-me muito mais e brasileiramente tatu do que urso. O tatu, do fundo da sua toca setuagenária, manda um abraço comovido e grato a você."

O tatu estava, de fato, velho e triste. Presenciei sua conversa telefônica com Afonso Arinos, na qual ele se dizia deprimido, obcecado com a idéia da morte. Afonso indagou por que não se ocupava escrevendo, e o amigo explicou só conseguir compor versos eróticos. Era a velha reação de Eros contra Tânatos — observei a Arinos —, a conformar os poemas do que seria seu livro póstumo *O amor natural*.

Enquanto isso, moléstia fatal minava progressivamente o organismo de Maria Julieta, submetida a intervenções cirúrgicas consecutivas. Na Casa de Rui Barbosa, durante exposição pelo octogésimo aniversário de Afonso Arinos, em 1985, Carlos me dissera, quando lhe pedi notícias da amiga: "— Afonso, minha filha é muito mais corajosa do que eu."

Dois anos depois, encontrava-me em Roma, como chefe de missão junto à Santa Sé, quando uma prima de Drummond, que trabalhava comigo, irrompeu na sala em prantos: "— Embaixador, Maria Julieta morreu!" Tive a intuição imediata: "— Nesse caso, prepare-se, porque, em duas semanas, vamos receber outra notícia muito triste." Não foram precisos tantos dias. Doze, apenas. À doutora que ponderava necessitar medicá-lo, Carlos obtemperou: "— Então me receite um enfarte fulminante." Este veio, e o levou.

Rio, 20 de junho de 2001 | — Noto que entradas recentes nestas lembranças são dedicadas a caros amigos e grandes escritores mineiros — Murilo, Nava, Drummond. E sinto que não posso deixar de lembrar o maior de todos os nossos romancistas no século XX, João Guimarães Rosa (pois Machado de Assis, embora falecido em 1908, foi, pela forma e pelo fundo, um imenso escritor do século XIX).

Conheci Guimarães Rosa no Itamarati, quando ingressei no Instituto Rio Branco, escola para a preparação de diplomatas, em 1951. Ele chefiava, então, o gabinete do chanceler João Neves da Fontoura. E dava aos jovens alunos em formação, ou já cônsules (era a denominação que os secretários recém-nomeados recebiam na época), a confiança de almoçar conosco no abominável "Bife de Zinco", o restaurante da casa, quase anexo ao Instituto, cujo apelido, parodiando o chamado "Bife de Ouro" do Copacabana Palace, se devia tanto ao calor de estufa que o telhado metálico nos proporcionava quanto à rigidez da carne ali servida.

O escritor narrava-nos histórias, algumas das quais iram constar, mais tarde, dos seus livros. Minha futura sogra, Sílvia Moscoso, ao regressar de Baden Baden, onde estivera em vilegiatura e se encontravam confinados, de janeiro a maio de 1942, após a ruptura das nossas relações diplomáticas com a Alemanha, os diplomatas brasileiros que serviam naquele país, trouxera para o Brasil os originais definitivos de *Sagarana*, livro de contos do nosso até então cônsul em Hamburgo. Com ele, Guimarães Rosa disputara, em 1938, concurso literário promovido pela editora José Olímpio, e perdera para Luís Jardim, embora contasse com o voto de Graciliano Ramos.

Rosa me transmitiu, na ocasião, o propósito de utilizar o poema em prosa "Buriti perdido", do primeiro Afonso Arinos, como orelha da segunda coletânea de contos, *Corpo de baile*, livro cujo lançamento preparava (subdividido, posteriormente, em três tomos, *Miguelzão e Miguilim, No Urubuquaquá, no Pinhém,* e *Noites do sertão*), a fim de sinalizar a própria filiação literária àquele sertanista mineiro. Em 1968, ao escrever-me do Rio para o Consulado em Genebra, o embaixador Ciro de Freitas Vale, nosso velho amigo, com quem o diplomata-escritor estivera detido na Alemanha, opinava que "Rosa não seguiu docilmente Afonso Arinos, senão que o completou. Mas a idéia original, de explorar quanto possível fosse aquele canto de Minas, sempre me pareceu haver sido de Arinos. Você não o conheceu. Quando estivermos juntos, hei de contar-lhe as cousas que vi dele, de cujo teatro na Chácara do Carvalho cheguei a ser o *souffleur*."

No Itamarati, Guimarães Rosa me disse, certa vez, que, ao chegar a um impasse no que escrevia, parava para rezar. E dava-me notícias do progresso de sua obra-prima, *Grande sertão: veredas*. A propósito do nome deste seu romance-monumento, disse-me, modestamente, tê-lo escolhido para não parecer que estava querendo rivalizar com *Os sertões*, de Euclides da Cunha. E acentuava a intenção, engrossando a voz ao proferir "— *Grande sertão!*", para afiná-la em seguida, quase num sussurro: "— *Veredas...*"

De outra feita, confidenciou-me que preferia, dentre as obras do segundo Afonso Arinos, *O índio brasileiro e a revolução francesa* e *A alma do tempo*, primeiro volume das lembranças de Afonso. "— E os outros livros de memórias?", indaguei. "— Naquilo que eles têm d'*A alma do tempo*", retrucou sorrindo. Percebi que aludia às partes desprovidas de análises políticas (interna ou internacional) ou históricas, mais puramente literárias ou psicológicas.

Um dia, Rosa irrompeu, sorridente e agitado como sempre, vestindo um terno claro com sua gravata borboleta, na sala onde eu trabalhava, no Departamento Político: "— Você pode me ajudar!" "— Pois não, em quê?" "— Estou escrevendo uma história em que devo atravessar o rio para Arinos. Mas como se chamava Arinos naquele tempo?" "— Não sei, mas, se meu pai estiver trabalhando em sua biblioteca a esta hora (*o que costumava fazer pelas manhãs*), respondo em dois minutos." De fato, Afonso Arinos se encontrava no escritório. Contei-lhe o problema literário que perturbava o amigo. Afonso riu e respondeu: "— Diga ao Rosa que se chamava Barra da Vaca."

A felicidade do grande escritor com a resposta foi indescritível. A onomatopéia Barra da Vaca parecia ter sido feita sob medida para Guimarães Rosa. Ele repetia seguidamente, quase aos gritos, acentuando as sílabas: "— Bár-rá-dá-vá-cá, Bar-rá-dá-vá-cá!" O conto "Barra da Vaca" está em *Tutaméia* (*Terceiras estórias*).

Rosa tinha fixação em Paracatu, berço dos Melo Franco. A pequena cidade mineira significou, na sua obra, uma espécie de utopia sertaneja, sempre buscada e nunca atingida. Quando o professor Roger Bastide lhe pediu, por meu intermédio, exemplares de *Sagarana*, *Corpo de baile* e *Grande sertão: veredas*, o autor confirmou tal impressão na carta a mim dirigida, do Rio para Roma, em 1959, contendo as habituais demonstrações superlativas de afeto que lhe eram peculiares. "Você é um amor. Com a simpatia e a amizade, sempre demonstradas e repetidas, e mais essa elegante maneira de dizer e fazer as coisas — forte gentileza, na qual vejo a incessante bênção de Paracatu, a grande, a longínqua, fonte de estirpes, dona do Sertão —, traz-me um cordial serviço, ajuda positiva, e ainda pede desculpas por 'incomodar com um pedido'. Mas, se eu é que fico grato, a você, e: gratíssimo! (...) Cordisburgo (*sua cidade natal*) exulta."

Nos tempos da construção de Brasília, Israel Pinheiro, responsável principal pelas obras, disse a Guimarães Rosa: "— Desmoralizei o seu sertão." "— Como?", espantou-se o escritor. "— Plantando a capital além do sertão. Sertão entre a capital e o mar não é sertão."

No ano seguinte, 1957, já me achava na Itália, servindo na Embaixada do Brasil, quando Arinos para lá viajou, a fim de conhecer o netinho romano recém-nascido. Foi então que Carlos Lacerda me telegrafou do Rio, comunicando o falecimento de José Lins do Rego. E eu retransmiti a notícia para Atenas, onde meus pais se encontravam. Afonso estimava José Lins. E julgava o romance *Fogo morto* obra insuperável.

Por outro lado, eu fora uma espécie de afilhado futebolístico do grande romancista paraibano (na época, éramos ambos torcedores apaixonados do Flamengo), pois suas três filhas, obviamente, não constituíam, para ele, a companhia ideal a fim de assistir a uma partida de futebol, o que fazíamos juntos, com freqüência. E Lacerda, como Manuel Bandeira, como Ribeiro Couto, estava entre os amigos que, há anos, insistiam para que Afonso se candidatasse à Academia Brasileira de Letras. Arinos negaceava, chegando a argumentar, com bom humor, que achava a Academia um espaço demasiado estreito "para tanto papo dourado".

Mas a pressão amistosa prevaleceu, e Afonso Arinos telegrafou, de Atenas, ao presidente da Academia, candidatando-se à vaga de José Lins do Rego, sem saber que, ao mesmo tempo, Guimarães Rosa se inscrevia no Rio de Janeiro. Afonso gostava de Rosa, admirava-o muito, nunca pretendera disputar com ele. Poderia — quem sabe? — ter retirado a própria candidatura, se não fosse mensagem recebida de João Neves da Fontoura, instando pela renúncia, pois a seu ver, se tal não ocorresse, Guimarães Rosa deixaria de ser eleito por unanimidade. Esse apelo feriu o amor próprio de Arinos.

Rosa, como a leitura de suas histórias pode testemunhar, foi um homem excepcionalmente sensível. Contudo, se a sensibilidade se revela atributo à flor da pele e da inteligência das mulheres, ela é visível, por outro lado, em intelectuais, escritores, poetas, artistas, teatrólogos e compositores da melhor qualidade, e, nem por isso, menos másculos e viris. Um deles aludiu certa vez, em conversa comigo, ao seu lado feminino. Arinos, palestrando com o autor, se admirava da prodigiosa invenção literária e psicológica de Diadorim, herói-heroína do *Grande sertão: veredas*. No livro, Guimarães Rosa já definira: "Diadorim é minha neblina." Mas, ao responder ao amigo, Rosa o surpreendeu: "— Afonso, Diadorim sou eu."

Em 1958, mesmo ano que o levou ao Senado Federal, Afonso Arinos fora eleito para a Academia Brasileira por 27 votos contra 10, dados a Guimarães Rosa (Otávio Tarquínio de Sousa me diria, pouco depois, que os títulos de senador e acadêmico tinham alçado Afonso ao pedestal de medalhão). Manuel Bandeira recebeu-o em nome da Casa, conforme me narrou em carta para Roma, datada de dezembro: "Senti que você não estivesse aqui por ocasião da posse de seu pai na Academia. Brilhamos os dois na opinião geral. (Eu queria escrever 'brilhamos muito', e saiu só o verbo. Repare que o advérbio 'muito' acrescenta uma nota de *humour*, sem a qual a frase fica pretensiosa.)" Mas o poeta, no fundo, estava sombrio: "Soube por seu pai que o terceiro neto ou neta resolveu não nascer (*Beatriz tivera um mau-sucesso*). Que criatura ajuizada revelou que seria! Não sei qual o sentimento de você e Bia. Se fiz uma gafe, perdoem-me. A verdade é que acho a vida uma aventura maravilhosa, mas pessoalmente preferiria ter ficado nos limbos do não-ser."

Cinco anos mais tarde, em 1963, Guimarães Rosa voltou a candidatar-se, e se elegeu. Generosamente, convidou Afonso Arinos para saudá-lo em nome da Academia. Mas passou, então, a indagar do amigo, com freqüência, sobre como andava o discurso de recepção. O senador, às voltas com a crise política nacional, progressivamente mais grave, respondeu que iria escrevê-lo quando o acadêmico eleito lhe comunicasse a data da posse. "– Não posso, Afonso, porque eu morro."

Impressionado com o estado de espírito de Rosa, Arinos lhe ponderava (deve ter sido em 1964, pouco depois da derrubada de Khruchtchev) que a posse na Academia decerto não se revestia da mesma dramaticidade de uma reunião do Politburo a fim de forçar a queda do secretário-geral do Partido Comunista da União Soviética. Contudo, se a ansiedade fosse muita (o acadêmico eleito sofrera um enfarte do miocárdio alguns anos antes), nada no Estatuto lhe impediria de aparecer lá numa quinta-feira, ler seu discurso e tomar posse. O amigo, porém, rebatia: "– Não. Cordisburgo exige fardão, espada e chapéu de plumas. Mas morro."

Em 1966, eu era deputado federal e membro da Comissão de Relações Exteriores da Câmara, que convocou Guimarães Rosa, então chefe da Divisão de Fronteiras do Itamarati, para informá-la sobre aspectos topográficos, diplomáticos e políticos da delicada questão de fronteiras criada entre o Brasil e o Paraguai na região das Sete Quedas. Soube mais tarde, por um general brasileiro, que o problema — afinal resolvido, ou inundado, com a construção da represa de Itaipu — havia chegado a um ponto de gravidade militar do qual não suspeitei na ocasião, quando falara sobre ele em plenário, e minhas palavras "irresponsáveis" foram premiadas com moção de repúdio da Câmara dos Deputados paraguaia.

Percebi a tensão de Rosa, e acompanhei-o por toda a tarde, sentando-me a seu lado durante a sessão. Houve um momento em que me pediu um cigarro, embora não devesse fumar (ele era médico, sabia disso). Ao acendê-lo, um fotógrafo presente retratou a cena, que resultou em belíssima foto, com a luz do fósforo iluminando o rosto do embaixador.

No ano seguinte, afinal, João Guimarães Rosa tomou posse na Academia. E morreu três dias depois, conforme previa, e temia. Datada de 17 de novembro, pequena mensagem de Afonso para Genebra, onde eu era cônsul, alude ao "discurso proferido, ontem, na posse do Guimarães Rosa. A peça agradou bastante, e, ainda hoje, alguns amigos me telefonaram por ela." Mas foi Anah, nascida no mesmo ano do grande escritor (que se foi aos 59), quem se estendeu sobre o drama, no dia 28: "Coitado do Rosa! Ficamos realmente abafadíssimos com a morte dele. Como ele era estranho! Durante quatro anos, ele protelou a posse, ora por uma cousa, ora por outra. Muita gente dizia que ele achava que morria, não sei se de emoção ou porque ele tinha alguma intuição. A um grande amigo ele disse, pouco antes, que não chegaria ao fim do ano. Enfim, são cousas inexplicáveis. O discurso de posse dele foi ótimo, apesar de um pouco exagerado quanto às qualidades do amigo (*João Neves da Fontoura*). Foi um grande discurso, cheio de pequenos fatos. Mas muito bem feito, foi muito bem lido, com uma voz muito boa, pausada, forte. Ele estava radiante e emocionado. Nas últimas frases, quando se referiu à morte do João Neves, a voz ficou embargada. Isso foi na quinta-feira à noite. No domingo, enquanto a mulher desceu para ir à missa das 7, ali no forte de Copacabana, ele teve o enfarte, e, ao subir, já o encontrou sem fala, morrendo pouco depois. Era o destino."

RIO, 24 DE JUNHO DE 2001 | — Em 1977, como cônsul-geral do Brasil no Porto, preparava-me para comemorar a data da Independência, o primeiro 7 de setembro desde que ali chegara. Alguns dos meus predecessores chegaram a celebrar a festa em 15 de novembro, dia da República, para, com a mentalidade subalterna que foi tão própria de certos diplomatas brasileiros lotados em Portugal, não suscitar melindres colonialistas da antiga metrópole.

Dias antes, havíamos recebido uma exposição fotográfica intitulada "O mundo de Guimarães Rosa", e pensei em convidar, para apresentá-la, o ilustre crítico literário português Óscar Lopes. Rosa ficara tão bem impressionado por um artigo que Óscar publicara n'*O Comércio do Porto* sobre *Sagarana* que pedira permissão ao autor — e fora atendido — a fim de utilizá-lo como prefácio, a partir da oitava edição do livro. Óscar Lopes escrevera, com António José Saraiva, a *História da literatura portuguesa* utilizada nas escolas do país desde a ditadura do Estado Novo lusitano, apesar das conhecidas posturas antifascistas do autor. Mas eu ignorava, naquela época de radicalismo ideológico exacerbado, que Óscar Lopes fosse membro do Comitê Central do Partido Comunista Português. Mesmo que o soubesse, aliás, o convite permaneceria de pé, pois nunca tive o hábito de confundir ideologia política com amizade ou literatura.

O conferencista, que sofria de enxaqueca crônica, afinal não pôde proferir a palestra, e tive de substituí-lo, falando de improviso, à última hora, sobre o homem e o diplomata Guimarães Rosa, que conhecera bem, e tendo como pano de fundo as fotografias do sertão, expostas na parede da mais prestigiosa fundação cultural da cidade.

Dias depois, o mundo veio abaixo. Sofri ataques de rara violência em três semanários a serviço da extrema direita local, e fui defendido por jornais socialistas e liberais, além do eminente bispo do Porto, Dom António Ferreira Gomes, meu amigo, antisalazarista e anticomunista. Quanto a mim, a fim de evitar envolver-me em polêmicas sobre a política interna do posto onde servia, não dei qualquer resposta.

No fim do mês, Óscar Lopes me escreveu: "Estava eu aguardando melhoria na minha situação de quase permanente e por vezes violenta dor de cabeça para lhe renovar, por escrito, o pedido de desculpa de tão lamentável falta como foi a de não ter comparecido à sessão sobre Guimarães Rosa, nem mesmo ao espetáculo teatral realizado a seguir (*quando montei, no amplo terreno da nossa casa, a peça* A pena e a lei, *do nosso Ariano Suassuna, também acoimada de subversiva pelos fascistas locais*). (...) Enquanto aguardo um especialista de cefaléias agora fora do país, estou a fazer um tratamento provisório de semi-adormecimento que apenas me permite cumprir o mínimo. Bem poderá imaginar o desgosto que sinto pela minha falta se lhe disser que para a sessão prevista fiz uma releitura total de quase todo o Rosa, centenas de averbamentos novos e alguns esquemas de re-interpretação — Rosa é inesgotável, e há que relê-lo e repensá-lo muitas vezes. Acontece que no espaço dos últimos dois dias me enviaram dois recortes não datados, um do *Tempo*, outro de *O Comércio do*

Porto, onde se faz uma miserável chicana de malsinação acerca do convite com que o meu ilustre amigo me honrou. E hoje mesmo recebi do meu amigo Joaquim Paço d'Arcos o recorte de um artigo de António Alçada Batista, em *O Dia* de 25/9/77, que repõe o ato desse convite no seu nobre e correto significado. Os autores dos artigos ou *sueltos* de ataque ignoram, provavelmente, que desde 1958 tenho recebido sucessivos convites de entidades oficiais brasileiras para a realização de cursos ou conferências em universidades e outros centros de cultura, e que ainda em julho foi hóspede da entidade organizadora do Congresso de Lingüística Românica do Rio, onde me foi concedida a presidência da mesa orientadora das comunicações e discussões respeitantes a Guimarães Rosa (...). Os aziumados articulistas devem também desconhecer que, para a justiça que acabou de ser prestada a Guimarães Rosa nos meios literários europeus, alguma contribuiu o fato de durante três anos sucessivos eu ter sustentado a sua candidatura ao *Prix International de Littérature*, e de essa candidatura se ter tornado um tanto espetacular pelo fato de a minha proposta ter sido lida por ilustres críticos doutros países, visto o governo de Salazar me ter negado autorização para sair fronteiras, retirando-me uma vez já do avião à vista de outros membros, sul-americanos, desse júri internacional. Julgo que não devo responder a provocações como estas, que nada me afetam ou impressionam. O que me custa, e muito, são os dissabores que lhe possam ter trazido. De qualquer modo, tenho em fase de retoque final um novo trabalho sobre Guimarães Rosa que peço a autorização de lhe dedicar e que darei à publicidade oral e/ou escrita logo que disponha de mais algumas horas de trabalho útil (...)."

RIO, 16 DE JULHO DE 2001 | — Na minha idade, passo já quase tanto tempo entre os presentes quanto na recordação dos que se foram. E a vida pública brasileira, tão carente de inteligência racional, traz-me à memória saudosa, com freqüência, a figura singular de Francisco Clementino de San Tiago Dantas.

Do brilho do seu raciocínio — o mais ofuscante de que tenho lembrança —, recebi lições claras ao tê-lo, por um ano, como professor de Direito Civil, cuja parte geral, explicada por ele, correspondeu, no fundo, a um curso completo de Introdução à Ciência do Direito.

Mas eu já o conhecia desde menino, quando, em 1938, foi dar no Uruguai, a convite de Gustavo Capanema, ministro da Educação, um curso universitário, na companhia de Afonso Arinos. Tornaram-se, desde então, muito próximos, embora Francisco fosse alguns anos mais moço. No verão de 1939 para 1940, San Tiago chegou a hospedar-se, por alguns dias, na casa cercada por um bosque de eucaliptus que Afonso, ex-tuberculoso, alugara em Itaipava, preocupado com a congestão pulmonar que nos acometera simultaneamente, a meu irmão e a mim.

Aqui, não resisto a transcrever extensa análise psicológica com que Arinos rememorou o poderoso engenho mental do amigo, no dia seguinte ao da sua morte: "O intelectualismo de San Tiago, fosse ele literário, jurídico ou político, não era artificial, mas instrumental. Certos espíritos captam o real pelo sensível, intuitivamente; outros, fortes mas rombudos e insensíveis, devastam a realidade quando supõem apresá-la pela força; finalmente alguns — e entre estes, conspicuamente, o de San Tiago — só são capazes de penetrar a realidade com o agudo estilete do raciocínio. Não que ele fosse insensível. Ao contrário: sensível era, e muito. Mas, nele, a sensibilidade só funcionava no campo afetivo; nunca influía na conduta, cuja pauta só era marcada pelas notas da inteligência. Verifiquei, aos poucos, que isto lhe era inerente, e, pois, nada tinha de artificial. Em toda a sua vida — principalmente na sua vida pública — os erros de apreciação e de conduta em que incorreu provieram, paradoxalmente, deste claríssimo poder de raciocinar. Porque, em certas oportunidades da vida política, a inteligência, quanto mais clara for, mais risco corre de conduzir ao erro. Quando chamava a atenção de San Tiago para essa verdade e para os perigos paradoxais que ela encerra, ele respondia, rindo, que não compreendia minha afirmativa e que, se ela fosse certa, não haveria remédio para ele, que não conseguia agir a não ser em função de prévios esquemas racionais. 'Já reparei que você – disse-me ele um dia – só pode pensar de pena na mão, ou instalado na tribuna; elaborar e compor são para você atos conjuntos. No fundo não sei bem se você faz o que pensa ou pensa o que faz.' Confesso que esta resposta à minha crítica atingiu-me em cheio; por isto mesmo não gostei. (*Em outro trecho das memórias, entretanto, Afonso reconhece começar 'a ver mais claro nos meus próprios pensamentos depois que inicio, por escrito, a sua formulação e concatenação'*.) Mas aquela que eu lhe fazia não era menos exata. O mal de uma inteligência política superlúcida, como a de San Tiago, é que, abandonada ao seu próprio movimento e distanciada da sensibilidade, tende invencivelmente a sobrepor, ao que é, aquilo que deve ser. (...) Ele tomava pelo real o que não era propriamente fantasia, mas aparência criada pelo raciocínio. Criava uma realidade lógica que pretendia tomar como vital. Incidia, então, nos erros que surpreendiam aos amigos, mais do que a ele próprio; porque encontrava sempre outras razões lógicas para explicar os motivos do seu erro, razões da mesma claridade que aquelas que em breve o poderiam levar a errar novamente. Em país (...) onde os acontecimentos políticos tomam, ainda, feição rústica ou natural (...) e não racional, um homem, como San Tiago, que da natureza só conhecia diretamente as saladas, não conquistaria facilmente a confiança dos grupos elementares, de cujas maquinações depende a partilha do poder. Em uma palavra, ele era superior ao seu meio e ao seu tempo."

Aquela mente fulgurante foi ainda descrita por Afonso em curioso episódio, que tampouco me furto a citar, ocorrido durante os dias passados por ambos em 1938, no Uruguai, onde davam cursos, respectivamente, de história e de direito. "Vínhamos os dois em um taxi, à noite, de Pocitos para Carrasco, em Montevidéu. San Tiago falava, expunha, criava com a habitual facúndia e lucidez. Quando chegamos à porta do hotel o motorista perguntou-nos se tínhamos pressa. Que não, foi nossa resposta, surpresa. Então o rapaz pediu-nos apenas esta coisa extraordinária: que ficássemos dentro do carro, parados, com San Tiago continuando a falar. O moço uruguaio, que entendia português, estava maravilhado com o que ouvia. Claro que nos sentimos logo estupidificados com esta estranha necessidade de exibir, como num circo, a acrobacia das idéias. Nem eu nem ele pudemos dizer mais nada. Saímos corridos com a nossa súbita burrice."

Encantavam-no as viagens. Certa vez, no sul da França, indagou do motorista o nome do vinhedo que atravessavam. Ao ser informado, ordenou-lhe que detivesse o veículo, saltou, e foi beijar o solo produtor do Châteuneuf-du-Pape. De outra feita, passeando pela Grécia, resolveu banhar-se no mar Egeu, em companhia de Carlos Flexa Ribeiro. Quem conheceu os atributos apolíneos dos dois candidatos a gregos antigos pode imaginar a cena: "— Carlos, você está ouvindo?" "— Ouvindo o que, Francisco?" "— Elas, Carlos." "— Elas quem, Francisco?" "— As nereidas, Carlos." "— Dizendo o que, Francisco?" "— Eles voltaram!"

Minha mulher ainda mal o conhecia, mas o encanto da sua conversa e a luminosidade do seu intelecto fascinaram Beatriz de tal modo, quando almoçávamos na casa de San Tiago em

Petrópolis, que ela, grávida do segundo filho, convidou-o, de supetão, a batizar o nascituro. Ele aceitou incontinenti. Tempos depois, entretanto, eu era removido para a Embaixada em Roma. Disse-lhe, então, que se sentisse desobrigado do convite, pois não tencionávamos ficar apenas em dois herdeiros (Afonso Arinos, após ambos os filhos se casarem, manifestou o desejo de formar um time de futebol com os netos, e teve onze). Assim, ponderei, o primeiro a nascer no Brasil seria seu afilhado. Mas a resposta firme dispensou alternativas: "— Marquem a data do batismo que iremos".

RIO, 17 DE JULHO DE 2001 | — Combinado o encontro com Afonso e Anah (que seria a madrinha da criança), e após alguma dificuldade para coordenar seus compromissos com os de Arinos (Francisco chegou a admitir-me, por carta, "escrúpulos de consciência pela longa hibernação a que estamos condenando o Cesário no mundo do pecado mortal"), San Tiago chegou a Roma, com a esposa, em setembro de 1957. Batizaram o menino na basílica de São Pedro.

Oferecemos pequena recepção no apartamento modesto que alugáramos, para apresentar pais e padrinhos aos colegas e amigos locais. Porém Afonso e Francisco, que haviam saído juntos a passeio, custavam a chegar. Apareceram afinal, sérios. Na hora, Arinos declinou dar explicações, alegando que nos divertiríamos, mas eles não haviam achado graça no ocorrido.

Após a partida dos convidados, narraram-nos o que sucedera. Tinham ido conhecer a igreja dos Santos João e Paulo, edificada — como tantos templos antigos de Roma — sobre os restos da casa onde moraram aqueles mártires dos primeiros tempos do cristianismo. E resolveram descer ao subsolo, ao qual dava acesso um alçapão de madeira, para visitar as ruínas.

Os dois burgueses, bem nutridos e elegantemente vestidos, devem ter atraído todos os demônios da luta de classes a rondar os operários encarregados das escavações, pois, chegadas as cinco horas da tarde, ambos ouviram surdas marteladas na madeira. Acorreram ao alçapão, mas já era tarde. A tampa fora pregada às tábuas que lhe serviam de apoio, e os trabalhadores se haviam retirado. Ocorreu-lhes, de imediato, a perspectiva de pernoitarem ali, sendo encontrados apenas quando as obras recomeçassem no dia seguinte, enquanto nós passaríamos a noite a buscá-los, em vão, nas delegacias, hospitais e necrotério da cidade. E sentiram-se logo acossados pelas neuroses respectivas: Arinos só pensava em como suportar o confinamento sem água para beber, enquanto San Tiago, que pouco enxergava através dos óculos grossos, horrorizava-se com a perspectiva das dificuldades para esgueirar-se entre aqueles restos de construções superpostas, mal entrevistos mesmo à luz do dia.

Havia, contudo, humor na precariedade da situação em que se encontravam. Francisco pedia auxílio a trabalhadores eventualmente retardatários, gritando-lhes em italiano: "— *Lavoratori! Aiuto!*" Ouvindo este brado, Afonso brincou com a filiação partidária do amigo ao trabalhismo brasileiro, comentando que o pedido de socorro lhe parecia antes um *slogan* político. San Tiago tentou escalar a rampa de madeira conducente ao alçapão, porém, vendo mal, confidenciava a Afonso, lá de cima: "— Daqui, já não subo nem desço." Arinos, lembrado da figura heráldica medieval, comentou: "— Você está parecendo um *lion rampant*." Então, prorromperam em tal alarido que um sacerdote, ao fazer a ronda da igreja antes de cerrá-la por fora, escutou-os. E, após alguma dificuldade para despregar a tampa, conseguiu retirá-los do cárcere inesperado.

Trinta anos depois, quando embaixador no Vaticano, voltei a visitar essa igreja com Beatriz. Ali, fomos conduzidos por um padre idoso, a quem narrei o episódio. Ele se lembrava. Era o mesmo que os havia liberado.

Em abril de 1958, carta de San Tiago para Roma já me mostrava o homem público a acreditar mais no povo brasileiro que nas suas elites governativas (opinião com que Afonso Arinos sempre concordou), em análise admirável, esperançosa, e, até hoje, plenamente válida: "É impossível ser pessimista ou otimista em relação ao Brasil sem definir, em primeiro lugar, em relação a que prazos e a que setores é tomada uma dessas atitudes. A prazo curto a situação econômica justifica pessimismo; a prazo longo já o justifica muito menos. Se olhamos o setor governamental (que em sentido largo abrange governo e oposição, isto é, as classes dirigentes) temos razões de sobra para um julgamento negativo. Se olhamos o povo, o crescimento espontâneo da classe popular e da classe média, o seu poder de iniciativa, o seu pragmatismo, a sua crescente conquista de autodeterminação, já somos levados a um julgamento positivo, que abrange o plano econômico, o social, e mesmo o político. Outro ponto que não podemos esquecer é que os males brasileiros são todos curáveis. Não existe uma desvitalização progressiva e irreversível, como a que atinge grandes nações plenamente desenvolvidas no mundo de hoje, as quais só encontrarão novo nível de equilíbrio muito abaixo do ponto atual. Pelo contrário, o Brasil, tem todas as possibilidades de encontrar seu ponto de equilíbrio bastante acima, e o povo – classe dirigida – caminha para lá."

Rio, 18 de julho de 2001 | – Em meados de 1961, Afonso Arinos ocupava o Ministério das Relações Exteriores no governo Jânio Quadros, quando o embaixador do Brasil na ONU, Ciro de Freitas Vale, se aposentou. Para substituí-lo, Afonso sugeriu o nome de San Tiago Dantas, logo aceito pelo presidente. Arinos narra, nas memórias, a reação de Francisco ao receber o convite: ria compulsivamente, de surpresa e felicidade. Mas Jânio renunciou ao cargo logo em seguida, e Afonso fez o mesmo.

Civis e militares em posições de alto mando impugnaram a posse do vice-presidente João Goulart, que viajava pelo oriente, enquanto outros a apoiavam, em obediência aos preceitos constitucionais. Entre estes, Afonso e Francisco. Com o impasse armado, a guerra civil rondava. Arinos e San Tiago tiveram participação decisiva na solução transacional encontrada, através da edição de um Ato Adicional à Constituição, instituindo o parlamentarismo (possuo o original do projeto, com anotações manuscritas por ambos). Mantinha-se Goulart como chefe de Estado, porém não mais do governo, cujos poderes eram transferidos ao Gabinete.

Tancredo Neves foi designado primeiro ministro, e San Tiago Dantas, acompanhado por mim, chegou a procurar, na Câmara, o deputado Herbert Levy, presidente da União Democrática Nacional, partido de Afonso Arinos, para assegurar-se se a UDN desejava ou não manter no cargo o ministro demissionário. Mas o partido, sob a influência preponderante de Carlos Lacerda, governador da Guanabara, embora evitasse o veto explícito, não apoiava a diplomacia independente de alianças automáticas, que Arinos praticara à frente do Itamarati. Assim, San Tiago foi chanceler, a situação prévia à renúncia de Quadros inverteu-se, e Francisco convidou Afonso a chefiar a Delegação do Brasil à Assembléia Geral da ONU.

Sobre o que representou para ele esta missão, Arinos diria mais tarde: "Entre as oportunidades com que o destino tem premiado a minha acidentada vida pública, aquelas que mais corresponderam às preferências do meu espírito e a um processo interior que eu poderia chamar de realização íntima foram as duas vezes em que chefiei a representação do Brasil na

Assembléia Geral, em 1961 e 1962. Isto é compreensível, porque, funcionalmente, o trabalho, ali, vinha ao encontro do que há de mais autêntico na minha formação, e, sentimentalmente, porque, na maturidade, eu completara um ciclo iniciado no começo da minha juventude" (ao acompanhar o pai, Afrânio de Melo Franco, embaixador do Brasil junto à Liga das Nações, em Genebra, de 1924 a 1926).

As Nações Unidas eram, também, a menina dos olhos de San Tiago Dantas. Senti isso quando, em 1962, ao se aproximar o fim do meu mandato de deputado à Assembléia Constituinte e Legislativa do Estado da Guanabara, manifestei-lhe a intenção, que tinha, de candidatar-me à deputação federal. Ele tentou dissuadir-me, acenando com minha volta ao Itamarati. "— Transfiro-o para a ONU, em Nova Iorque. Lá, você estará com a mão no pulso do mundo." Mas declinei a oferta generosa.

Naquele ano, perdemos o filho primogênito. San Tiago veio ver-me no velório. Perguntei-lhe, abruptamente, se tinha fé. A resposta, demorada e hesitante, embora afirmativa, não me convenceu. Senti que tencionava, sobretudo, me confortar e fortalecer. Ele ponderou: "— Diante da eternidade, não há diferença entre os cinco anos de Virgílio e os meus cinqüenta." Não podia imaginar, nem eu, que seu fim chegaria apenas dois anos depois.

Lembro-me do dia no qual informou a esposa que ia sair para tirar um quisto, e voltar logo. O quisto era um câncer de mama, que se estenderia aos poucos, implacavelmente. A fim de extraí-lo, escavaram-lhe o tórax, para extirpar, também, os gânglios linfáticos adjacentes. Semanas depois, fui visitá-lo, e ele me chamou para continuarmos a conversa no quarto, enquanto trocava de roupa. Mas fê-lo atrás de um biombo, ocultando o torso deformado.

Seus últimos tempos de vida foram heróicos. Removido para a Embaixada em Bruxelas, lá recebi uma noite, para jantar, dois deputados. E um deles, colega, no Ministério, de San Tiago, que assumira a pasta da Fazenda, contou-me do esforço titânico que o vira fazer, enquanto expunha, por duas horas, a política financeira do governo, movendo-se sem cessar na cadeira, para controlar as dores que sentia.

Vitoriosa a insurreição militar de 1964 — contou-me Evandro Lins e Silva, sogro de um filho do presidente interino da República, Ranieri Mazzili, que presenciara o episódio e lho narrara —, o presidente Castelo Branco só não cassou o mandato parlamentar e suspendeu os direitos políticos de San Tiago, conforme desejava o ministro do Exército, general Costa e Silva, para, em suas próprias palavras, apostas ao pedido de punição, não criar um mártir, por saber que os dias do grande homem estavam contados.

Transferido da Bélgica para a Holanda, telefonei-lhe da Haia para Nancy, onde um médico lhe transmitira a sentença de morte a curto prazo. A viagem à França incluiu ainda, por instâncias da esposa, uma visita a Lourdes, na esperança do milagre que não veio.

Lúcido e tranqüilo até o fim, pediu fosse dependurado à frente do seu leito, no hospital, o quadro de Raoul Dufy que possuía, retratando uma praia do Mediterrâneo, para amenizar-lhe o sofrimento atroz com as recordações das belezas deste mundo. Mas não descuidou do outro. Às vésperas da morte, San Tiago teve assistência religiosa. O dominicano dom Lucas Moreira Neves, hoje cardeal, contou-me — quando secretário da Congregação dos Bispos, enquanto eu era embaixador no Vaticano — que uma senhora das relações de ambos oferecera ao moribundo os préstimos espirituais do amigo religioso. Francisco agradeceu, mas declinou, pedindo fosse levado a conversar com ele o capuchinho mais modesto e humilde que encontrassem no convento de Santo Antônio. Quem acabou por ouvir-lhe a confissão *in extremis* (o moribundo estava fisicamente incapacitado para receber a comunhão, pois não podia mais engolir a hóstia) foi o vigário da sua paróquia de São João Batista, em Botafogo, onde Beatriz e eu havíamos sido batizados. O sacerdote diria, mais tarde, que o professor agonizante lhe ministrara uma verdadeira aula de teologia.

San Tiago Dantas se foi a 6 de setembro de 1964. Os amigos pediram a Afonso Arinos que falasse, em nome deles, à beira do túmulo. Afonso, nas memórias, fixou o episódio, lembrando haver dito que a San Tiago, "como homem público, se aplicava, no Brasil, o que há pouco se disse de Churchill, na Câmara dos Comuns: os mais velhos não conheceram ninguém parecido; os mais novos dificilmente encontrarão outro igual. (...) Tudo o que nele se acusava de versatilidade, hedonismo, ambição e vaidade, se sublimou naquele fim espartano pela bravura, estóico pela modéstia e moderação. Se vaidade havia, ela se fundiu no esforço de não provocar piedade, de não fazer sofrer os que o amavam; se existia versatilidade e hedonismo, identificavam-se na calma com que, de um ano a esta parte, jogou indiferentemente as suas paradas nos dois tabuleiros, o da vida e o da morte; se restava ambição, esta transcendeu do pessoal para o nacional, pois, sabendo-se perdido, sua vocação de estadista o fez trabalhar, até o fim, no encontro de soluções nacionais de que, sabia, não poderia mais participar. Na véspera da crise final, que o prostrou, San Tiago disse-me pelo telefone: '— Estou como Mallarmé, que dizia não se interessar pelo contingente, mas só sentir atração pelo absoluto.' Em breve, dois sentimentos se afirmarão geralmente, no Brasil, para com a memória de San Tiago Dantas: o respeito e o arrependimento."

RIO, 19 DE JULHO DE 2001 | — A atração que eu, quando jovem, sentia por Carlos Lacerda era distinta da que me aproximava de San Tiago. Via-o como uma espécie de herói destemido de filmes policiais, denunciando e perseguindo bandidos. Mais tarde, ao testemunhar-lhe, de perto, a ação pública, aquela admiração transformar-se-ia, com freqüência, em aversão explícita. Pois ele não argumentava, atacava. Não discutia, agredia. Buscava desqualificar qualquer pleito eleitoral cujo resultado lhe fosse desfavorável. Era, em suma, incompatível, por temperamento, com a convivência democrática. Mas poucos influenciaram tanto minha atuação política e, em conseqüência, minha vida pessoal.

Ainda adolescente, lembro-me dele, com as esposa e os filhos pequenos, passando uma temporada conosco em Barbacena, na fazenda de Virgílio de Melo Franco, seu padrinho de casamento. Lacerda freqüentava assiduamente nossa casa de Copacabana, próxima da sua residência. Impressionava e divertia com a inteligência brilhante, com as tiradas inesperadas, fulminantes por vezes. Mostrava-se interessado na opinião dos moços, exercia sobre eles — sobre nós — um fascínio e uma liderança incontestáveis.

Mas a primeira ruptura veio logo, por causa de um artigo escrito na sua *Tribuna da Imprensa* em novembro de 1953, onde ele — com a brutalidade habitual, que não costumava distinguir divergência política de invectiva pessoal — atacava Afonso Arinos. No caso, verberando a amizade de mais de duas décadas entre Afonso e o então ministro da Fazenda de Getúlio Vargas, Osvaldo Aranha (herdada por Arinos de Virgílio e Afrânio de Melo Franco, desde a revolução de 1930). Indignado, enviei-lhe, então, uma epístola violentíssima. No último parágrafo (o mais ameno), congratulava-me "por haver descoberto, embora tarde, o verdadeiro Carlos Lacerda, escondido atrás da máscara de um falso Dom Quixote. Apenas lamento que a sua atitude indigna me haja compelido a utilizar, nesta carta, uma linguagem e um estilo que são de exclusividade sua".

Carlos devolveu-me a missiva. "Afonsinho: quando as pessoas se enfurecem, vê-se o que elas pensam de nós. É uma pena. Não quero guardar esta carta. Algum dia, quando você crescer (*eu acabara de completar vinte e três anos*), compreenderá quanto é injusto e tolo."

As diferenças entre Arinos e Lacerda se acentuaram quando o presidente da Câmara dos Deputados, Nereu Ramos, pela importância que atribuía à 10ª Conferência Interamericana — a primeira convocada sob a égide da Carta da Organização dos Estados Americanos —, a efetuar-se em Caracas, em fevereiro de 1954, designou, como representantes daquela casa do Congresso Nacional na Conferência, os líderes da maioria e da oposição, respectivamente Gustavo Capanema e Afonso Arinos. Capanema, submetido a uma intervenção cirúrgica, não pôde embarcar. Afonso seguiu, e teve influência capital ao impedir que o chanceler Vicente Rao, seguindo instruções do presidente Vargas, atrelasse a delegação brasileira a manobras do caudilhismo ditatorial peronista. Mas a *Tribuna da Imprensa*, jornal de Lacerda, atacava-o com insistência, interpretando sua missão internacional, naquele momento, como atitude de tolerância para com o governo contra o qual deveria combater.

Arinos ainda se encontrava em Caracas quando, a 4 de março, recebeu telegrama redigido na forma habitual de Lacerda: "NOSSA DIVERGÊNCIA NÃO MACULOU MINHA AMIZADE NEM O DESEJO DE VÊ-LO ACERTAR. VENHO FAZER-LHE APELO FUNDADO PRECISAMENTE NESSA CIRCUNSTÂNCIA PARA QUE RENUNCIE LIDERANÇA UDN. SUA AUSÊNCIA DESASTROSA CONVERTER-SE-IA VERDADEIRA TRAIÇÃO CASO VOCÊ CONTINUASSE LIDERANÇA. ABRAÇO. CARLOS LACERDA". Ao responder, Afonso manteve o próprio estilo comedido: "NUNCA PRESTEI MELHORES SERVIÇOS COMO LÍDER OPOSIÇÃO

DO QUE AGORA CONFORME DESMONSTRAREI OPORTUNAMENTE. CUMPRIREI MEU DEVER ATÉ FINAL LASTIMANDO INJUSTIÇAS MAS NUNCA ME INTIMIDANDO ANTE ELAS. AFONSO ARINOS".

Foi, porém, mais contundente ao comentar o episódio nas memórias. "Eu era acusado de ausentar-me no momento em que, ausente do país mas presente ao meu dever, defendia os interesses brasileiros, como deputado da oposição (...). E quem me acusava de abandono? O homem que, em várias oportunidades, deixou os seus deveres para fugir do país, escapando às conseqüências das crises que desencadeia."

Em agosto daquele ano, veio o atentado contra Carlos Lacerda, planejado e executado por membros da guarda pessoal de Getúlio Vargas, custando a vida ao major da Aeronáutica que o acompanhava. Arinos, líder do seu partido, viajava, em campanha eleitoral, pelo interior de Minas Gerais, e não teria condições de manifestar-se. Sequer, talvez, de ser informado em tempo útil. Senti que me cabia tomar a iniciativa, e, fazendo das tripas coração, fui visitar Lacerda, com quem rompera relações, no seu apartamento da rua Tonelero.

Deitado no sofá da sala, exibindo o pé enfaixado que um dos tiros disparados pelos bandidos atingira, cercado por políticos, pelos militares da sua guarda pretoriana e pelas admiradoras de sempre, Carlos, ao me ver, soergueu-se com esforço, me abraçou e disse: "— Sua visita, hoje, foi a que maior alegria me deu." Reconciliou-se com Arinos quando este regressou de Minas, e se juntaram na campanha oposicionista sem tréguas, só detida com a tragédia do suicídio do presidente Vargas.

Em novembro de 1955, eu servia como oficial do gabinete de Café Filho, que sucedera Vargas na Presidência. No Catete, fervilhavam intrigas contra a posse de Juscelino Kubitschek, eleito presidente da República. Carlos Lacerda as estimulava no seu jornal. Mas a conspiração, se conspiração de fato havia, primou, sobretudo, pela incompetência e pela inocuidade.

No dia 10, Carlos Luz, presidente da Câmara dos Deputados, que assumiu interinamente a da República com a crise cardíaca que prostrara Café Filho, se aprestava a exonerar o ministro da Guerra, general Henrique Lott. Este insistia em punir o coronel Jurandir Mamede, autor um pronunciamento de caráter político durante as exéquias do general Canrobert Pereira da Costa. E Luz aproveitaria o pretexto para empossar na pasta um general da reserva, Fiúza de Castro, mais dócil às intenções golpistas dos inconformados com a eleição de Kubitschek.

O ambiente no palácio era de total irresponsabilidade. Eu mesmo entrei, por mais de uma vez, na sala do presidente interino, enquanto o general Lott, sentado, rubicundo, com o quepe no colo, aguardava, durante horas, na ante-sala. Numa delas, fui levar a Luz pedido de audiência de João Neves da Fontoura. Apontando o decreto de exoneração, já lavrado, sobre a mesa, ele ponderou: "— Hoje, com esta situação, está difícil, Afonso. Mas chame-o para vir almoçar comigo no sábado. Então conversaremos com calma, passeando pelo jardim." E acrescentou o convite: "— Venha ao cinema, hoje à noite, com sua mulher." Desci ao térreo. No pátio, junto à entrada lateral, o deputado Tenório Cavalcanti, relacionado com policiais e bicheiros, trazia, dos quartéis, notícias menos tranqüilizadoras: o golpe estava praticamente nas ruas. Mas o ministro da Justiça, Prado Kelly, sobraçou-lhe os ombros e afastou-o, protetor: "— Tenório, não alarme o governo." Afonso Arinos telefonou-me da Câmara dos Deputados, pedindo que eu transmitisse ao chefe interino do Gabinete Militar aviso dado a Roberto Marinho pelo general Odílio Denys, comandante do Segundo Exército, sediado no Rio: se o ministro da Guerra fosse exonerado, o golpe viria. Mas aquele oficial (o coronel Canavarro Pereira, em plena crise envolvendo generais de Exército) assegurou-me estar tudo sob controle, que eu podia tranqüilizar o líder.

Recém-casados, morávamos ali perto, no Flamengo, com minha sogra. Telefonei a Beatriz, narrei, em poucas palavras, o ambiente reinante no Catete, e sugeri que, cinema por cinema, optássemos por outro, também nas vizinhanças. E só por isso não fui parar no cruzador *Tamandaré*, onde se refugiou a cúpula do Executivo, que se retirara do palácio do Catete, quando o golpe dos generais Lott e Denys foi desfechado naquela noite.

Carlos Lacerda apareceu, de manhã cedo, na casa de Afonso Arinos. Queria levá-lo para o *Tamandaré*. Afonso resistiu. O lugar do líder era na Câmara. Assim, também ele evitou aquela sortida sem sentido.

O cruzador saiu da baía de Guanabara (ocasião em que os canhões dos fortes chegaram a atirar contra ele, sem atingi-lo), deu uma volta e regressou no dia seguinte. Arinos foi a bordo, com outros companheiros de partido. Contou mais tarde, nas memórias, que "Carlos Lacerda queria falar-me. Saí com Carlos para o estreito convés. Aí ele me disse duas coisas: queria que eu tomasse a direção da *Tribuna da Imprensa* e que decidisse sobre o que ele devia fazer em terra. Recusei o jornal. Não me era possível assumi-lo. Na verdade, eu não queria solidarizar-me com uma linha de agitação a que sempre fora alheio, e que nos levara à situação em que nos encontrávamos. (Isto eu não disse a Carlos, mas era o que pensava.) Quanto a ele, minha opinião era de que devia se asilar numa embaixada. (...) Carlos concordou imediatamente, e pediu-me que providenciasse o asilo."

Passaram pela casa de Afonso, onde este, encontrando Beatriz na porta de entrada, pediu à nora que prevenisse a esposa de Carlos, a qual lá se achava, sobre o paradeiro do marido. E obteve asilo para ele na Embaixada de Cuba, após uma tentativa infrutífera junto à do Peru (onde Afrânio, seu pai, se asilara em 1930).

Lacerda voltou do exílio em 1956. Mas, no ano seguinte, abriria nova e grave crise política, ao ler, da tribuna da Câmara dos Deputados, texto de telegrama sigiloso da Embaixada do Brasil em Buenos Aires à Secretaria de Estado. Essa atitude lhe valeu pedido de autorização da Justiça Militar à Câmara a fim de processá-lo por violação dos códigos criptográficos do Itamarati, o que implicaria em atentado à segurança nacional. E foi o líder Afonso Arinos quem, com três discursos longos proferidos em abril e maio, defendeu-o com grande habilidade política e erudição jurídica, evitando a cassação do seu mandato. Eu servia, então, na Embaixada do Brasil na Itália, para onde Lacerda mandou-me um exemplar da *Revista da Semana* com extensa matéria sobre o episódio, trazendo, na capa, grande fotografia sua e a seguinte dedicatória: "Afonsinho: com um abraço para você e beijos aos dois heróis romanos, vai este registro do triunfo que seu pai conquistou para todos nós. Carlos."

RIO, 20 DE JULHO DE 2001 | – Após haver trabalhado no Gabinete Civil da Presidência da República em 1954 e 1955, eu fora removido para o meu primeiro posto diplomático, a Embaixada do Brasil em Roma. E lá, em janeiro de 1958, recebi carta de Carlos Lacerda, escrita em Petrópolis, comunicando-me que, "na última lona, os médicos recomendaram-me afastamento completo de toda essa habitual agitação, por algum tempo. Vim para aqui, mas não basta. Surgiu uma possibilidade: a de ir, (...) em meados de fevereiro, passar uns vinte dias pela Itália."

Ao escrever-me em março, Anah, que esperava voltar a visitar-nos com Arinos, explicava as razões da desistência deste em favor de Lacerda: "Se tivéssemos tido a sorte de ir para a Conferência Interparlamentar, já aí estaríamos. Mas (...) Afonso cedeu a vez ao Carlos, que anda doente e sem dinheiro, para que ele pudesse sair daqui um pouco e ver se recupera a saúde espairecendo um pouco pela Europa; o que ele aceitou de muito bom grado. E realmente ele precisa se refazer um pouco. Teve uma grande depressão nervosa. Submeteu-se, como tratamento, a uma cura de sono, que lhe trouxe, no fim, uma pleurisia. (*Ao conversar comigo em Roma, Lacerda se mostraria revoltado contra o seu médico, que lhe teria insinuado a possibilidade de um câncer pulmonar.*) Está muito magro e abatido, mas, psiquicamente, parece bem. Vamos ver com o tempo, pois isso tudo aconteceu muito recentemente, ainda não se pode julgar a cura. Ele já embarcou daqui (...) irá até Roma, onde vocês o verão."

Carlos me pedia apoio logístico na capital italiana. Mas queria "saber se você estará mais ou menos disponível para nos ajudar a ver, pelo menos, *Roma ed intorni* (...). Quanto aos fins de semana, ótimo! Os castelos romanos, por exemplo..." Fomos mais longe, levando-o a Nápoles, Pompéia, Sorrento, Capri, Amalfi, na companhia do filho Sérgio, de um jovem amigo deste, sobrinho de Sérgio Buarque de Holanda, e da minha tia, a embaixatriz Iolanda de Melo Franco, em alegre excursão, onde caçarolas de *pasta asciuta* e garrafões de Chianti generoso completaram seu restabelecimento.

Mais para o fim daquele ano, o apoio de Carlos Lacerda foi decisivo para que Afonso Arinos, até então deputado federal por Minas Gerais, se elegesse senador pelo Distrito Federal. Carlos tivera a idéia de fazerem a campanha no "caminhão do povo", com o qual ambos percorreram os bairros e subúrbios da cidade, realizando breves comícios com o maior êxito. O principal adversário de Afonso era Lutero, filho de Getúlio, que se matara quatro anos antes. Apesar do nome Vargas ser um mito na cidade, Arinos venceu com folga. Sua lei contra a discriminação racial, de 1951, também ajudou muito, ao proporcionar-lhe grande votação entre os eleitores por ela potencialmente beneficiados.

No ano seguinte, 1959, Jânio Quadros passou por Roma, em viagem de volta ao mundo. Ele já era candidato potencial à presidência da República, e Afonso e Carlos faziam-me depositário das mensagens e relatórios a ser-lhe entregues, relatando as articulações políticas em curso no Brasil. Em maio, Lacerda me alertava: "Estou-lhe mandando uma carta que peço entregar ao Jânio. Gostaria de saber o efeito dela, se houver. Não lhe preciso pedir que dê toda a assistência ao Jânio, você saberá o que fazer. A meu ver o grave problema dele é aprender a confiar em alguns, para que alguns possam confiar nele. A vida não lhe deu muitos sinais de que adianta confiar nos outros, convenhamos. Mas, para conquistar a Presidência e fazer um grande governo, ele precisa confiar tanto quanto precisa desconfiar."

Foi no decurso dessa estada na Itália que Jânio manifestou-me a intenção de, eleito presidente, nomear Afonso Arinos seu ministro do Exterior.

No mesmo ano, fui transferido para a Embaixada em Viena, onde Lacerda voltou a visitar-nos. Contava, então, ser ministro da Educação de Quadros, e acenou-me com a chefia do seu gabinete. Mas em 1960, com a transferência da capital federal para Brasília e a transformação do antigo Distrito Federal em Estado da Guanabara, acabou por candidatar-se ao governo da nova unidade da Federação. Somou-se, então, a Afonso Arinos na sugestão de que eu disputasse uma cadeira de deputado à Assembléia convocada para elaborar a Constituição do Estado recém-criado. Acatei o alvitre e embarquei, com a família, para o Brasil.

O que segue também está descrito, de forma mais sucinta, no meu *Primo canto*. Mas reitero-o para sublinhar a importância, positiva ou negativa, que a presença de Carlos Lacerda teve nos nossos destinos, como nos de tantos outros.

Lacerda e Arinos me ajudaram muito na campanha. Participei de comícios de Jânio e Carlos no Rio de Janeiro, apareci bastante na televisão, e fui o quarto deputado mais votado da União Democrática Nacional.

O próprio Jânio, avesso a recomendar candidatos em eleições proporcionais, enviara-me em 11 de agosto, sem que eu lhe houvesse feito qualquer solicitação, a seguinte carta, de próprio punho (talvez por sugestão do seu futuro secretário particular, o meu amigo José Aparecido): "Meu caro Afonso Arinos Filho. Abraços. Tive conhecimento da sua candidatura a deputado constituinte do Estado da Guanabara, e desejo-lhe todas as felicidades. Herdeiro do caráter, da cultura e do civismo de seu nobre Pai, o senador Afonso Arinos, que me honra com sua amizade, não tenho dúvidas de que você servirá os cariocas com dedicação e eficiência. Não lhe faltarão os sufrágios dos homens de bem. Do, J. Quadros."

Passei o dia do pleito com Lacerda, que me convidou a percorrermos, juntos, seções eleitorais por toda a cidade. E, uma vez eleitos, distinguiu-me com a sugestão do meu nome para líder do seu governo. Tratei, contudo, de dissuadi-lo, lembrando as dificuldades que eu teria, numa Assembléia Constituinte, para comandar juristas do porte de Aliomar Baleeiro e Temístocles Cavalcanti. Ele assentiu, e convidou-me, então, para exercer a vice-liderança da bancada, o que aceitei.

RIO, 21 DE JULHO DE 2001 | — Mas a lua-de-mel com o palácio Guanabara não duraria muito. A convivência tão simpática e atraente com Carlos Lacerda nas relações privadas passava, num abrir e fechar de olhos, da diferença ou divergência de opiniões ao ataque violento, quando seus interesses políticos e pessoais entravam em jogo. O que, aliás, não constitui novidade na vida pública brasileira; incomuns, nele, eram a inteligência excepcional, o brilho na invectiva e a brutalidade na agressão.

Carlos não conseguia acatar os resultados de uma eleição que lhe fossem adversos. Buscava, de imediato, invalidá-los, por pressão ou pela força. Dotado de enorme energia física e intelectual, oscilava, sucessivamente, entre opiniões e atitudes as mais contraditórias, indiferente à sua validade jurídica. Passou de porta-voz do chefe comunista (ao ler, em público, pronunciamento de Luís Carlos Prestes) às posturas mais reacionárias, defendendo, quando governava a Guanabara, a implantação, através de empresas subsidiárias, da Hanna Mining Company no Brasil. "— O Carlos cansou de ser pobre", disse-me um jornalista ilustre, seu primo.

Fez muito bem e muito mal à vida pública brasileira. José Américo de Almeida concedeu-lhe a entrevista que acabou com a censura do Estado Novo à imprensa. Lacerda esteve na origem de todas as crises políticas que abalaram o país pelos vinte anos durante os quais nele influiu de forma decisiva — de 1945 a 1965 —, mas foi um grande governador da Guanabara. Ou, talvez, um grande governador-prefeito daquela cidade-estado, onde executou administração digna dos predecessores Pereira Passos e Pedro Ernesto. Isso, também, devido à Constituição que, em 1961, nós, deputados à Assembléia Constituinte, votamos para a Guanabara. A Constituição reunia, no mesmo caixa, os impostos estaduais e municipais (o Estado era constituído por um só município, representado pela cidade do Rio de Janeiro), outorgando-lhe os meios financeiros necessários à prática da notável gestão com que governou o Rio. Na sua ambição política indormida, ocultava-se um administrador excepcional, pouco e mal aproveitado.

A diplomacia independente, posta em prática no Itamarati por seu amigo Afonso Arinos, contrariava poderosas forças de apoio a Lacerda no Brasil. O crescendo dos ataques do governador a essa política cedo tornou insustentável minha situação como seu vice-líder na Assembléia, posição da qual logo tomei a iniciativa de afastar-me. E a bancada governista, por sua vez, substituiu-me no cargo de relator da Comissão Parlamentar de Inquérito que se formara para apurar denúncias de graves irregularidades numa fundação criada pelo governador a fim de atrair financiamentos para a construção de escolas estaduais. A nova entidade estava sendo subvencionada por banqueiros do jogo-do-bicho, conforme apurei, ao convocar para depor banqueiros de bicho, diretores da fundação e outras autoridades administrativas. Mais tarde, o próprio chefe da Polícia estadual, o coronel Barros Nunes, até então ligado a Lacerda, seria forçado pelo governador a renunciar ao cargo, por haver descoberto que saíam mais cheques dos bolsos de bicheiros do que entravam na fundação.

A ruptura definitiva, contudo, deu-se quando o governador enviou mensagem à Assembléia Legislativa instituindo a COPEG, Companhia Progresso do Estado da Guanabara. Fui designado relator do projeto na Comissão de Constituição e Justiça, e o substitutivo por mim apresentado acabaria por transformar-se na lei que criou aquela entidade. Mas o projeto não previa a participação de representantes dos trabalhadores na direção da empresa, conforme preceituava a Constituição estadual. Diante de negativas sistemáticas de assessores do governador a fornecer-me o estatuto da COPEG, o qual poderia contornar tal carência, que o tornaria inconstitucional, apresentei emenda obviando tal vício. Toda a minha ação visava facilitar a aprovação do projeto, ao eliminar seus defeitos de origem. Mas as dificuldades que o palácio Guanabara antepunha ao meu trabalho retardaram, por algum tempo, sua tramitação, que o governador queria imediata.

Uma noite, pela televisão, Carlos Lacerda acusou-me de reter o projeto, e, com isso, prejudicar o povo carioca, por causa dos seus ataques à política externa posta em prática por Afonso Arinos no Itamarati. Partidários e, sobretudo, partidárias exaltadas do governador me atacavam em telefonemas agressivos. Inconformado com a injustiça, respondi, no dia seguinte, da tribuna da Assembléia (estávamos em julho de 1961), afirmando não ser a mim, "como inimigo que não existe, que Sua Excelência está querendo atingir. Faço esta justiça a Sua Excelência. (...) Quem Sua Excelência está querendo atingir é o ministro das Relações Exteriores, e deseja atingir porque, entre outras razões — lastimo dizê-lo —, esse ministro, na gestão da sua pasta, contraria certo tipo de interesses econômicos e financeiros a cujo serviço, infelizmente, se encontra, nos últimos tempos, o governador do Estado da Guanabara."

O líder interino do governo desmandou-se por completo na resposta, e a reação dos oposicionistas contra ele provocou tal balbúrdia que levou o presidente a interromper a sessão. Eu pusera o dedo na ferida.

RIO, 22 DE JULHO DE 2001 | — Na noite de 24 de agosto de 1961, veio a denúncia de Lacerda pela televisão, segundo a qual o ministro da Justiça de Jânio Quadros, Oscar Pedroso Horta, tê-lo-ia sondado sobre a hipótese de uma solução extraconstitucional com o objetivo de fortalecer os poderes presidenciais. Jânio já fizera a Afonso Arinos insinuação semelhante, num dia em que deveriam receber o presidente Prado, do Peru. Perguntou-lhe se era verdadeira uma lenda segundo a qual haveria uma luz vermelha sempre acesa sobre o Parlamento britânico, e, caso essa luz se apagasse, o povo inglês acorreria em armas para defendê-lo. E ajuntou a indagação sobre se Afonso pegaria em armas para defender o Congresso então vigente. Arinos respondeu não admirar especialmente aquele Congresso, mas que, a fim de defendê-lo como instituição, sim, pegaria em armas. Jânio encerrou a conversa. Por causa desse antecedente, não tenho motivos para duvidar da versão do governador.

No dia seguinte à divulgação da conversa de Horta com Lacerda, Jânio renunciou à Presidência. Afonso, declinando pedido do presidente interino, Ranieri Mazzili, para que os ministros de Estado nomeados por Quadros permanecessem em seus cargos até deliberação ulterior, demitiu-se do Ministério e subiu do Rio (aonde o Itamarati ainda funcionava) para Petrópolis. De lá, telefonou-me dizendo que estava tentando ler Camilo Castelo Branco, mas, preocupado com o desenrolar dos acontecimentos, pedia-me para promover um contato seu com o general Osvaldo Cordeiro de Farias, comandante-chefe do Estado Maior das Forças Armadas, de quem era amigo. Cordeiro de Farias voava de Brasília para o Rio, passei uma rádio-mensagem ao seu avião, e ele marcou encontro com Arinos na base aérea do Santos Dumont, onde desembarcaria. Afonso desceu de Petrópolis para o aeroporto, ali encontramos Cordeiro, que apoiou sua idéia de resolver a crise político-militar — a qual, dadas as posições contrastantes tomadas pelos exércitos do sul e do Rio de Janeiro, ameaçava o país com a iminência da guerra civil — através de uma emenda à Constituição estabelecendo o regime parlamentar de governo. Com a condição — acentuou o general — de que tal propósito não dividisse as forças armadas. Ofereceu-nos seu próprio avião a fim de embarcarmos para Brasília. Acompanhei Afonso Arinos, e, lá chegados, pude assessorá-lo nas gestões empreendidas (lembro-me de reunião efetuada à luz de velas em uma sala de comissão do Congresso), que fizeram dele, com San Tiago Dantas e Nelson Carneiro, os principais articuladores da solução parlamentarista.

Através da reforma constitucional de emergência, possibilitou-se a posse do vice-presidente João Goulart na chefia do

Estado, enquanto a do governo era subordinada à aprovação do Congresso. Com isso, foi neutralizada a resistência do Terceiro Exército no Rio Grande do Sul, estimulada pelo governador Leonel Brizola, contra o veto do Primeiro Exército no Rio de Janeiro, instigado por Carlos Lacerda, governador da Guanabara, à sucessão constitucional do mandatário renunciante.

Em carta a mim dirigida em setembro de 1965, ao comentar discurso que proferi na Câmara dos Deputados comentando o episódio, Cordeiro de Farias confirmou: "Sensibilizou-me, sobremaneira, o trecho em que o ilustre deputado deu seu valioso testemunho do esforço que despendi a fim de evitar conseqüências imprevisíveis na crise político-militar, que se verificou logo após a renúncia do presidente Jânio Quadros. Naquele momento, a solução apresentada pelo seu ilustre pai, o senador Afonso Arinos, foi, sem o menor vislumbre de dúvida, a que conseguiu o apoio da grande maioria do Congresso Nacional e retardou um pronunciamento armado, que só veio eclodir no dia 1º de abril de 1964 (...), e sem a guerra civil que nos traria, certamente, horríveis conseqüências."

Mas Lacerda ficara completamente transtornado com a postura legalista de Arinos. Para ele, era inconcebível ver o antigo companheiro de andanças no "caminhão do povo", além de se ter permitido executar uma política externa independente da sua vontade, interesses e injunções, opor-se agora, com sucesso, às manobras golpistas nas quais se empenhava. Ainda permanecíamos em Brasília quando, em princípios de setembro, durante uma reunião no gabinete do líder da UDN no Senado, Daniel Krieger, foi entregue a Afonso telegrama a ele destinado, que acabava de chegar. Arinos leu-o, e passou-mo em silêncio. Redigiu outro em seguida, como resposta, pedindo-me que o remetesse, pessoalmente, da sucursal dos Correios e Telégrafos existente no Congresso.

As duas mensagens refletem bem o ambiente exacerbado, característico da vida política do Brasil naquela época, bem como as relações tempestuosas que, ora uniam, ora afastavam, dois dos seus atores de primeiro plano. Lacerda, como sempre, tomou a iniciativa do ataque desatinado: "NÃO PENSO VIAJAR NO MOMENTO COMO LHE PARECE. EM TODO CASO NUNCA ANTES DE VER PELA ÚLTIMA VEZ A CARA DA VAIDADE MÓRBIDA QUE LEVA UM TIPO À TRAIÇÃO E À IGNOMÍNIA. CARLOS LACERDA". Arinos devolveu com violência análoga, embora em linguagem mais contida: "NÃO FIZ QUALQUER REFERÊNCIA SUA PESSOA DE QUEM NÃO ME LEMBRO HÁ MUITO TEMPO. ALIÁS VIAGENS SERIAM INÚTEIS POIS EMBORA SEMPRE FUJÃO VOCÊ NUNCA PODERÁ FUGIR DE SI MESMO E ESTE É O SEU CASTIGO. AFONSO ARINOS".

De volta ao Rio, defrontei-me com a inclusão, na ordem do dia da Assembléia, de um projeto de resolução, apresentado pelo Partido Trabalhista Brasileiro, visando o *impeachment* de Lacerda. Vislumbrei logo a oportunidade de exploração política que tal iniciativa proporcionaria ao governador. Subi, então, à tribuna para dela dissociar-me, lembrando que "o impedimento do senhor Carlos Lacerda (...) proporcionar-lhe-ia a desejada condição de vítima. (...) O senhor Carlos Lacerda poderia (...) auxiliado por forças ainda poderosas (...) que comungam dos seus mesmos interesses, radicalizar artificialmente as facções em luta no Estado, assumindo posição semelhante à que, em 1922, elevou Mussolini e o fascismo ao poder, na Itália, contra os que desejavam maior justiça social, e muito longe estavam de constituir uma maioria comunista. São esses motivos bastantes para desaconselhar o impedimento nas circunstâncias atuais." Em seguida à minha fala, o líder do Partido Trabalhista Brasileiro, impressionado pela argumentação nela expendida, informou que sustaria o andamento do projeto de resolução em pauta, a fim de estudá-lo com mais cautela. E, de fato, os trabalhistas acabaram por desistir da medida.

Na manhã seguinte, Lacerda telefonou-me aos impropérios, o que levou o *Jornal do Brasil* a comentar o incidente, em editorial de 14 de setembro. "O sr. Carlos Lacerda afirmou, ontem, que defenderá o seu mandato a bala, que não se entregará vivo e que os seus adversários, se decretarem o *impeachment*, terão de retirar do Guanabara um governador morto. Em seguida, telefonou para um deputado estadual, o sr. Afonso Arinos Filho, dizendo-lhe desaforos e ameaçando-o de agressão. (...). Das duas, uma: ou ele está agindo friamente, para obter vantagens de natureza política, ou perdeu – pura e simplesmente – a tramontana. A primeira hipótese parece-nos a mais viável. A agressividade do sr. Carlos Lacerda se tornou maior no momento exato em que os seus adversários começavam a desistir do *impeachment*. É curioso notar-se que o governador concentrou o seu ataque no sr. Afonso Arinos Filho, que, no discurso da véspera, se pronunciara contra a medida. Temos a impressão de que o sr. Carlos Lacerda deseja que os seus adversários se precipitem e se lancem, de corpo e alma, à luta pelo *impeachment*."

O que se seguiu é História: a posse de Goulart; sua campanha determinada e incessante para recuperar os poderes inerentes presidencialismo, perdidos com a mudança de regime; a desordem e o radicalismo crescentes, características do governo que o aprendiz de caudilho gaúcho tentava reimplantar; as provocações à disciplina e à hierarquia das forças armadas; enfim, a insurreição militar de 1964, e os vinte e um "anos de chumbo" consecutivos, decorridos sob a opressão dos governos antidemocráticos de cinco generais-presidentes.

Carlos Lacerda, delfim civil da revolução no seu início, cedo se incompatibilizou com o presidente da República, graças à agressividade incontida e grosseria habitual (escreveu no seu jornal, onde já qualificara o presidente Kubitschek, em manchete, de "cafajeste máximo", que o marechal Castelo Branco era "tão feio por dentro como por fora").

Dois anos após o golpe de Estado, em abril de 1966, eu fazia, como deputado federal, oposição ao regime militar, e havia sido um dos fundadores nacionais do Movimento Democrático Brasileiro, criado para contrapor-se ao partido que apoiava a ditadura, a Aliança Renovadora Nacional (ARENA). Foi então que Lacerda publicou um artigo endossando todas as teses de política externa contra as quais a sua fúria se desencadeara quando Afonso Arinos ocupava a chefia do Itamarati. Não me contive e subi à tribuna da Câmara para comentar que, "nesta semana em que já se preparam as comemorações dos oitenta anos de Manuel Bandeira, só mesmo repetindo, como o velho e grande poeta em flor: 'com que magoado olhar, magoado espanto' li o longo artigo do senhor Carlos Lacerda sobre a 'Natureza, crise e rumos da revolução brasileira', publicado no *Jornal do Brasil* (...). Teria o presidente Jânio Quadros renunciado na crista de uma crise política provocada, em grande parte, pelas violentas críticas que o senhor Carlos Lacerda opôs à política externa executada pelo governo do ex-presidente para vermos, agora, o então governador da Guanabara defender as mesmas posições e princípios que Quadros tentou pôr em prática? (...) Qual outro intento animou Quadros senão acabar com 'essa mofina e vil submissão que anula a política externa do Brasil', na expressão de Lacerda (...)? Senão a nossa recusa em 'ver o Brasil condenado a se transformar no quinquagésimo-primeiro estado da União americana', recusa à qual, agora, se junta Lacerda? Senão a segurança de que 'não queremos, nem a História permitiria, nem a consciência dos povos suportaria mais, a idéia de um Império Romano do qual o Brasil fosse a Gália ou a Ibéria, uma província no conjunto da Paz Americana', idéia contra a qual tão justamente se rebela, neste momento, o senhor Carlos Lacerda? (...) Quando ter-se-ia operado a conversão? Antes ou depois da invasão da República Dominicana pelos fuzileiros navais dos Estados Unidos, ao arrepio da letra e do espírito da Carta da Organização dos Estados Americanos, que nós e eles nos comprometemos solenemente a respeitar? Invasão e violação às quais o nosso governo se acumpliciou de forma tal a fazer do Brasil 'uma nação intervencionista por conta de terceiros', como bem conclui Lacerda. Mas por que não o disse antes, quando, se não nos enganamos, chegou a defender a intervenção norte-americana? Por que calou enquanto combatíamos, com as nossas pobres armas, 'a remessa injustificada, até hoje não explicada, onerosa, financeiramente inflacionária, e mais ainda onerosa politicamente, de tropas brasileiras para intervir na República Dominicana? A única explicação para essa impatriótica decisão tem sido dada, por meias palavras, em círculos restritos do governo. A presença de tropas brasileiras na República Dominicana visaria, segundo explicações confidenciais, dar oportunidade a que o governo americano se mostrasse mais pródigo nos créditos, isto é, nos empréstimos ao Brasil.' Tudo isso afirma Lacerda hoje, quando é tarde demais para a sua opinião, sem dúvida poderosa, pesar na balança dos fatos já consumados, evitando-nos, talvez, o ônus político e moral que o episódio acarretou. (...) Noutro trecho do seu artigo, narra Lacerda: 'Considero essencial mencionar a visita que me fez, logo depois da vitória do pronunciamento militar de 31 de março, o embaixador dos Estados Unidos, Lincoln Gordon. Sua maior satisfação, seu alívio, disse-me ele, foi ver que as forças armadas do Brasil haviam conseguido fazer, em tão pouco tempo e sem sangue, o necessário para evitar que os Estados Unidos tivessem que intervir militarmente no Brasil, impedindo que esse país descambasse para a órbita soviética.' (...) A liberdade é incompatível com o homem que se cansou de pregar, publicamente, uma ditadura a prazo fixo para o Brasil."

Em 1969, Lacerda, após unir-se a Kubitschek e Goulart – seus inimigos irreconciliáveis de outrora – para formar a Frente Ampla de oposição, teria os direitos políticos cassados pelos militares que levara ao poder, quando aspirava sucedê-los.

Durante quatorze anos, o alheamento entre Afonso Arinos e Carlos Lacerda foi completo. O septuagésimo aniversário de Afonso festejou-se em 27 de novembro de 1975, e, a 11 do mês seguinte, chegou-lhe às mãos, inopinada, uma carta de Carlos, a que ele respondeu no dia 18.

Eis a primeira: "Afonso. De volta da Europa, encontro os seus 70 anos subitamente celebrados. Embora já os esperasse, fui, de certo modo, surpreendido. E se agora lhe escrevo, ainda por cima a máquina para evitar-lhe o trabalho da decifração, é para dar conta da surpresa. Dispenso as observações habituais – o tempo passa, etc. O que mais me agradou no seu septenário é o modo pelo qual você o atingiu. A simplicidade olímpica, coisa que você sempre desejou, agora teve. A modéstia orgulhosa. Ou seja – um traço de humildade numa imagem altiva, senão mesmo vaidosa. Temos, Letícia e eu, sempre saudades dos nossos primeiros anos de amizade. Da confiança plena. Da não-competição. Ela conservou sempre por você, não direi que sem tal ou qual mágoa, essa carinhosa admiração que hoje livremente mantém. Eu, não. Talvez por medida preventiva, com aquele temor que as pessoas têm umas das surpresas de que as outras são capazes, agredi por temor da agressão – e afinal fui agredido. Podia dizer que não adianta falar nisto. Mas, adianta, para dizer que a sua curiosa expressão 'reamigo' tem um sentido muito profundo, ao mesmo tempo que um pouco falso. Pois, na verdade, estou convencido de que não se deixa de ser amigo quando se briga, apenas é uma forma negativa, distorcida, às vezes até hedionda, de amizade. Não foi o nosso caso. O nosso foi um caso de impaciência, de desconvivência, de desconfiança, e, sobretudo, de um equívoco enorme: você tinha uma ambição política muito maior do que a minha, e eu não sabia; tal como você não sabia que a minha ambição política (digo: política) era bem menor do que supunha. Outra coisa: nossas divergências políticas eram bem maiores que nossas convergências faziam supor. Ao primeiro afastamento, elas explodiram. Mas, graças a Deus, o tempo e o que temos de melhor em nós prevaleceram afinal. Ao chegar você aos 70 anos, eu me sinto muito perto. Pelo menos o suficiente para, sem frases, sem cerimonial nenhum, nem qualquer tipo de convenção, abraçá-lo fraternalmente, com a admiração e o carinho de quem tem ambos, carinho e admiração, em grande atraso. Li na *Manchete* o que você diz da presença de Anah. Ainda bem que você a merece. E quanto. Não mostrei esta carta a Letícia, mas estou certo de que, ao mostrá-la, ela ficará duplamente contente. Quanto a mim, paro aqui para não derramar nem uma gota deste bom sentimento que guardo em mim, por seus imensos, em geral luminosos, setenta anos. E, se alguma coisa agradeço, é ter vivido também já o bastante para não perder a oportunidade que me dá esta vida de lhe trazer este abraço. Carlos."

E a réplica: "Carlos: A demora desta resposta deve-se ao fato de eu ter passado sua carta a meus filhos, que a retiveram por alguns dias. Só a recebi de volta hoje. Ela não me surpreendeu: ao contrário, de alguma forma, esperava sua manifestação. Mas passei-a a meus filhos pela importância, para mim, do conteúdo. Felizmente, esta importância não vem, no que me diz respeito, de qualquer apuração ou confronto biográfico. Mas, exatamente, pelo contrário disso, pela ausência de menção às nossas já longas biografias, que, como todas, deixam de pertencer aos biografados. Fiquei sensibilizado porque sua carta é, por assim dizer, intemporal, ou melhor, o tempo nela não se marca pelo Tempo, mas pelos sentimentos, que não datam. Com as nossas vidas já inexoravelmente marcadas para os outros, senti que ainda resta muito em nós de nós mesmos, do que fomos, que aos outros não interessa, mas que não passou. Neste ponto, quero reforçar a imagem de Letícia, por você referida, a quem sempre fui afeiçoado como um irmão mais velho, e a quem também sempre admirei, porque nela reconhecia, no fundo da solidariedade para com você, uma espécie de compreensão impessoal que realçava, nela, o destino de ser sua companheira de tempestades. Hoje, tudo isso acabou. Nós vivemos; penso que sobrevivemos, e, sem a vaidade que você me outorga, suponho que sobreviveremos. O futuro não nos pertence mais; nem mesmo o futuro do nosso passado. O que resta para você e para mim é aquele outro passado, aquele que não vai ser guardado no futuro, aquele da mocidade — você muito mais jovem do que eu — quando vivíamos, ao lado de Virgilinho, rodando pelas estradas de Minas, pensando menos em nós do que naquilo com que sonhávamos. O San Tiago, dias antes de morrer, deu-me um estranho telefonema. Disse-me: '— O Contingente não mais me interessa; estou entregue ao Absoluto.' Nós não pensamos — Deus nos proteja! — em morrer tão cedo. Mas não posso deixar de refletir, de vez em quando, no que o San Tiago me disse de repente, e depois desligou o telefone. O Absoluto, Carlos, era aquilo que entre os nossos 20 e 30 anos nós pensávamos que era o Contingente. As estradas de Minas, as conversas com Virgilinho e o Bernanos em Barbacena, as noites de maio e a paz sem ambições conscientes. Você não acha? Do seu muito agradecido Afonso".

Um ano e meio depois, em 1977, quando eu servia como cônsul-geral no Porto, Afonso e Anah nos visitaram. Excursionamos com eles pelo norte de Portugal, de onde rumaríamos à Galiza, para que conhecessem Santiago de Compostela, uma das mais belas cidades do mundo, berço da família materna de Beatriz. Em Monção, hospedamo-nos num hotel pertencente a parentes distantes de minha mulher, cujos ancestrais Moscoso haviam passado da Galiza ao Minho, antes que um ramo se dirigisse ao Brasil. E ali, à noite, deram-me a notícia, ouvida pelo rádio, da morte de Carlos Lacerda. Contei-a a Anah, pedindo-lhe que a ocultasse de Afonso até à manhã seguinte, para não perturbar-lhe o sono.

No meu livro *Três faces da liberdade*, anotei, de regresso ao Porto, algo do que me acudira na ocasião. "Nas vésperas de embarcar, encontrei Carlos na missa de Natal, na capela dos meus tios Nabuco. Seria a data do Príncipe da Paz? O local onde, no auge da nossa mais séria desavença, ele passara longo tempo velando o corpo do meu filho primogênito? Pois há quinze anos não se dirigia a mim tão afetuosamente, com a amizade jovial dos velhos tempos. Trazia o braço na tipóia, quase imprensado, na véspera, entre um ônibus e um caminhão. Interessei-me com sinceridade pela sua saúde, conversamos sobre o Brasil e Portugal, despedimo-nos amistosamente. Para sempre. Por vinte anos, de 1945 a 1965 – da entrevista que lhe concedeu José Américo de Almeida, derrubando a censura do Estado Novo, à prorrogação do mandato presidencial de Castelo Branco e conseqüente derrocada de suas aspirações presidenciais –, ninguém teve tanta e tão continuada influência no destino da vida pública brasileira. Matou Getúlio? Derrubou Café? Enxotou Jânio? Destruiu Jango? Entronizou os militares? Cassou Juscelino? Fez bem? Fez mal? Como julgará a História a eloqüência esplendorosa, a tempestade desencadeada, a sua justiça, a sua injustiça? Agora, o sapo-boi morreu. Deixou, com as honrosas exceções de praxe, as rãs coaxando no poço sem fundo da mediocridade política nacional."

Rio, 23 de julho de 2001 | — Carlos Lacerda era afilhado de casamento de Virgílio de Melo Franco. Este irmão mais velho de Afonso Arinos foi o meu herói, o meu *chevalier sans peur et sans reproche*, o meu Cyrano de Bergerac (desafiado por um marido ciumento, embora sempre se houvesse dito inocente no caso, bateu-se um dia, em duelo, às margens do lago Léman). Virgílio só levaria da vida a bravura sem jaça, a honra intocada e a convicção, por ele expressa, de que "a verdade é obra dos sacrificados".

Eu me sentia totalmente feliz ao acordar na sua fazenda de Barbacena, abrir a janela e ver, ciscando ao sol no gramado fronteiro, dezenas de canários-da-terra, que, em breve, me aprestaria a capturar e encerrar no gaiolão fabricado pelos presos na cadeia da cidade. Certa vez, Virgílio censurou-me por aprisionar os passarinhos. Não gostei, pensando ser melhor tirar-lhes a liberdade do que a vida, como ele fazia nas suas caçadas, trazendo-nos perdizes e codornas, jacus, macucos e jaós. Mas nada respondi, pelo respeito e afeição que lhe dedicava.

Um dia, presenteou-me com o Guarani, campolina baio de andadura socada. Cavalgando-o, eu explorava bosques e pastagens. Chegada a ocasião da minha crisma, escolhi-o como padrinho. E, ao me nascer o filho primogênito, dei-lhe o seu nome. San Tiago Dantas, quando foi a Roma batizar-nos o segundo varão, viu o primeiro e observou: "— Tem os olhos tristes do tio". E a vida reservaria a ambos, tio-avô e sobrinho-neto, um fim trágico.

Pouco tempo antes da morte de Virgílio, acompanhei-o em uma caçada, viajando, no automóvel que ele conduzia, de Barbacena às margens do rio Grande. Devo tê-lo incomodado bastante, pois tudo era novidade naquela aventura, para mim sem precedentes, e eu não parava de pedir-lhe explicações minuciosas, ao que ele se prestava com toda a paciência. Após algum tempo, interrompeu-nos um aguaceiro, que deixou o solo impraticável. Buscamos abrigo, mas estávamos encharcados. Quando Virgílio tirou a camisa para secá-la ao fogo, notei-lhe os ombros estreitos e caídos, inesperados num homem com aquela coragem e energia. Fomos, depois, para a casa de um fazendeiro, cuja acolhida me surpreendeu pelo número de pratos salgados e de doces à sobremesa com que nos regalava a hospitalidade legendária do interior de Minas. À noite, os faróis do carro espantavam animais que haviam buscado, para dormir, o leito da estrada de terra, mais quente. E os curiangos pareciam fantasminhas brancos de olhos arregalados, que, atraídos pela luz, voavam contra o vidro dianteiro do automóvel, afastando-se no último instante.

Como redator principal do manifesto *Ao povo mineiro* (idealizado pelo seu irmão Afonso Arinos) contra o Estado Novo, e articulador da candidatura do brigadeiro Eduardo Gomes à presidência, para pôr termo à ditadura, Virgílio foi detido e aprisionado no quartel da Polícia Militar na rua Frei Caneca, no Rio de Janeiro. Afonso queria transmitir-lhe informações, mas o irmão se achava incomunicável. Levou-me, então, de carro até à porta do quartel, e ali ficou à minha espera, dizendo: "– Procure seu tio e dê-lhe as notícias. Você é menino (*eu teria uns treze anos na ocasião*), o máximo que os soldados poderão fazer é mandá-lo embora." Fui entrando, ninguém me interpelou, encontrei Virgílio numa cela que se abria para o picadeiro, e passei-lhe as mensagens.

Recebeu-me jovialmente, apresentando os companheiros presos (Adauto Lúcio Cardoso, Austregésilo de Ataíde, Rafael Correia de Oliveira). Conversava com os militares, buscando atraí-los para uma possível sublevação (que só viria em 1945, e da qual ele seria o principal articulador civil). Um soldado viera informá-lo de que o chefe da Polícia Federal ali estava de visita, e requisitara sua presença. Ele respondeu: "– Diga ao chefe de Polícia que, se eu for vê-lo, será para enfiar-lhe a mão na cara e mandá-lo à puta que o pariu." O chefe de Polícia dispensou a entrevista.

Estas páginas são de reminiscências e impressões pessoais, mas alguns textos esparsos de e sobre Virgílio revelam o tipo de homem que ele era. Osvaldo Aranha escreveu carta "a guisa de prefácio" para o seu livro-depoimento *Outubro, 1930*, definindo-o: "Tua autoridade excede a de todos. Foste uma espécie de Ariel da revolução. Estiveste em toda a parte, agiste em todas as horas, animaste os vacilantes, reconfortaste os fracos, articulaste os fortes, ligando-nos a todos e em todos os transes. Ninguém te excedeu, moral e materialmente, na hora da conspiração. Foste a providência na crise e a paciência nos momentos de ansiedade. No Rio, em Minas, no Rio Grande, entre militares e civis, entre chefes e soldados, entre políticos e revolucionários, fizeste o milagre da boa vontade, levando o estímulo e confiança por toda a parte. (...) Poucos homens têm esse condão de viver dentro de um pensamento até vencer. (...) Nele está a tua grande e inalterável alma de revolucionário (...)."

Em 1931, Virgílio escreveria a João Neves da Fontoura: "Eu ainda não compareci perante o poder senão nos momentos em que ele periclitou. As fatias de toda ordem foram distribuídas sem que eu tenha, em momento algum, reclamado o meu pedaço." Abrigava, contudo, a aspiração legítima de governar o seu Estado de Minas Gerais. Com a morte do governador Olegário Maciel em 1933, o presidente Vargas, diante das pressões de Osvaldo Aranha e Flores da Cunha (dois gaúchos que aspiravam sucedê-lo, o primeiro apoiando Virgílio, e o outro Capanema, a fim de contarem com base de apoio em Minas), optou por um *tertius*, ao nomear para a interventoria o deputado Benedito Valadares, praticamente desconhecido. Dessa forma, neutralizando a força política do poderoso Estado, o caudilho o manteria dependente, por completo, da sua vontade. Virgílio, então, se dirigiu ao presidente com a sobranceria habitual: "Eu nunca lhe pedi nada, senhor doutor Getúlio Vargas (...). Eu não quero ser interventor em Minas, como não quis ser tabelião, como não quis ser ministro no Uruguai, como não quis ser diretor do Banco do Brasil, como não quis ser presidente do Conselho Nacional do Café, e como não quis, talvez, ser ministro da Justiça."

A generosidade de Virgílio tornou-se legendária. Ganhava dinheiro com a mesma facilidade com que o perdia, jogando tudo nas próprias empreitadas políticas ou em campanhas eleitorais alheias. Sempre pronto a ajudar amigos ou mesmo desconhecidos, se esses o procuravam para honrar as dívidas contraídas, fingia delas não se recordar. Fez isso mesmo com o jornalista Joel Silveira, que tentava reembolsar-lhe um empréstimo. Um dia – contou-me o dramaturgo Guilherme Figueiredo –, quando seu pai, o coronel Euclides Figueiredo, estava preso como participante ativo e vencido na revolução paulista de 1932, foi avisado de que Virgílio de Melo Franco queria falar-lhe. Mas Virgílio, que ele não conhecia, ficara entre os vencedores dos revoltosos. Preferiu, então, consultar o pai encarcerado, que o aconselhou a procurar quem o convocara, e verificar o que desejava. Guilherme foi. Virgílio recebeu-o cordialmente, e lhe disse estar a par de que eles eram vários irmãos, dos quais Guilherme, o mais velho, se tornara arrimo da família com a prisão do coronel. E entregou-lhe um envelope: "– Leve esta carta minha para o major MacCrimmon, presidente da Light. Ele dará um emprego a você." O que aconteceu.

De Virgílio, só conheço um pleito pessoal dirigido a Getúlio, no dia em que o Brasil declarou guerra aos países-membros do Eixo nazi-fascista, em 1942: "Tenho divergido mais de uma vez do governo de Vossa Excelência. Ajudei, porém, a fundá-lo, e a defendê-lo em circunstâncias difíceis. Nunca tendo solicitado para mim, de Vossa Excelência ou de qualquer pessoa, encargos ou funções, sinto-me perfeitamente à vontade para fazer-lhe meu primeiro e último pedido – confie-me Vossa Excelência, nesta hora sagrada de união nacional, uma função qualquer – de preferência militar – onde acaso meus serviços possam ser úteis ao país." Vargas nomeou-o interventor no Banco Alemão Transatlântico. Virgílio, ao empossar-se, declinou o salário elevado do ex-gerente e as proporcionais de liqüidante, ao alegar que, "sendo serviço de guerra, como qualquer outro, minha nova função não terá remuneração, a nenhum título ou pretexto". Ofereceram-lhe, então, a companhia alemã Bayer, sem prazo de pagamento, e ele voltou a recusar. Vargas o demitiria do cargo quando Virgílio redigiu em parte, e assinou, o manifesto *Ao povo mineiro*.

Em 1945, ano em que teve papel preponderante na derrubada do Estado Novo, podia reiterar a Pedro Aleixo: "Não quero, não pleiteio, nem aceitarei nada, de ninguém. (...) Estou convencido de que um traço do meu caráter é, justamente, essa tendência para a colaboração desinteressada. Presto, há quinze anos, meu modesto concurso à luta pela emancipação política do Brasil, dando-lhe todo meu esforço. Consumi minha mocidade num esforço hercúleo de sacudir a árvore para que os outros colhessem os frutos; escrevi na imprensa; fiz discursos; escrevi livros; fiz revoluções e expus a vida e a liberdade; sofri prisões e constrangimentos de toda ordem; achei-me em tudo e em toda parte, menos na hora de colher os frutos."

O grande escritor católico francês Georges Bernanos se refugiara no Brasil durante a guerra. Virgílio tentou estabelecê-lo, sem sucesso, numa fazenda em Pirapora, e, afinal, encontrou para o amigo pequena propriedade rural nos arredores de Barbacena, próxima à sua Granja das Margaridas. Ao casal Melo Franco, Bernanos ofereceria o livro *Les enfants humiliés*, com a seguinte dedicatória, dele constante a partir da segunda edição: "*Pour Monsieur et Madame Virgílio de Melo Franco. Chers amis, je vous offre ces pauvres cahiers d'écoliers (...). Même sans les lire, votre amitié y trouverait sans doute encore, grace au doux miracle de la sympathie, les mêmes qualités qu'elle croit trouver en leur auteur et que je voudrais être sûr de posséder réellement, ne fût-ce que par affection et gratitude pour vous. (...) Votre vieil et fidèle ami, G. Bernanos.*"

Possuo um retrato de Bernanos dedicado "*A Virgílio e Dulce Melo Franco, l'honneur, le charme et la douce amitié du Brésil.*" Honneur, honra — palavra-chave, princípio informador da vida, ação e morte de Bernanos e de Virgílio. Pedro Nava disse-me, um dia, que meu tio e padrinho optara, sempre, pela vereda escarpada e pedregosa, pela porta estreita.

E tenho outra foto mostrando Virgílio com a farda de major comissionado do Exército, junto ao chanceler Afrânio de Melo Franco, na varanda da casa paterna de Copacabana, com legenda manuscrita pelo fotógrafo. "Fotografia tirada na manhã de 29 de outubro de 1930, por ocasião da chegada do major Virgílio de Melo Franco do campo de batalha, vendo-se ao lado seu venerando pai, o ministro Melo Franco." Em 29 de outubro de 1945, Getúlio Vargas foi deposto por uma rebelião na qual Virgílio atuou como coordenador incansável. A 29 de outubro de 1948 — quando, por ocasião do terceiro aniversário do fim do Estado Novo, seria homenageado com a inauguração do seu retrato na sede do partido que fundara para combater a ditadura, a União Democrática Nacional —, ele tombou, ferido de morte pelo tiro do sicário.

RIO, 24 DE JULHO DE 2001 | — No lusco-fusco daquela antemanhã de outubro, um antigo empregado, despedido tempos atrás, voltou a invadir a residência de Virgílio – que já violara dias antes, enquanto o dono da casa viajava por Minas Gerais com Afonso Arinos –, e o matou com sua espingarda de caça, caindo, também morto, no tiroteio trocado. Um vizinho de Virgílio escreveu a Afonso dizendo ter visto um homem que fugia da residência, logo após os estampidos. Maria do Carmo, irmã de ambos, foi informada, por pessoa amiga, de que esta ouvira, dias antes, ameaças de liquidá-lo.

Desde 1945, ano no qual o ditador foi deposto por uma articulação entre militares e civis que teve Virgílio entre os seus principais promotores, a corja de marginais protetora de Getúlio mantinha Virgílio na alça de mira. Narrou Góes Monteiro ao jornalista Lourival Coutinho, conforme testemunho publicado no livro *O general Góes depõe*: "O sr. Virgílio de Melo Franco e vários líderes oposicionistas eram especialmente visados. Ele, certa noite, chegou à minha residência para comunicar-me que vinha sendo perseguido por elementos da guarda pessoal do presidente, e pedia o meu testemunho, pois, defronte de minha própria casa, estava um automóvel que o perseguira até ali, fazendo ameaças, do que eu poderia, se quisesse, certificar-me. Imediatamente, desci à rua e pude ver o referido carro, que logo se pôs em movimento ao me divisar."

Só estive uma vez com a viúva, em casa da cunhada Maria do Carmo Nabuco, irmã de Virgílio. As janelas e cortinas do quarto permaneciam hermeticamente cerradas. Minha doce tia Dulce, sombra do que fora, recusando alimentar-se, mal se fazia notar, de tão descarnada, sob as cobertas da cama. Agarrava-me pelo braço, repetindo: "– Seu tio gostava tanto de você... Seja como ele, siga o seu caminho. Virgílio! Virgílio!" Antes, quando lhe perguntavam algo, voltava-se para o marido. "– Diga como foi, Virgílio. Você conta muito melhor do que eu." Matou-se na casa da irmã, em Santa Teresa, ao se deixar cair do alto de uma varanda, após desvencilhar-se da acompanhante com um pretexto, no dia mesmo em saiu da residência da cunhada.

Mas não se esqueceu de enviar-me, antes, a baixela de prata que ficara com o marido, presente do presidente peruano a Afrânio de Melo Franco pela mediação entre o Peru e a Colômbia na questão de Letícia. Virgílio dizia que ela me pertenceria, por ser eu "o morgado da família". Recebi-a no meu aniversário, treze dias após a sua morte.

Ao criar, em 1945, a União Democrática Nacional (assim batizada por Afonso Arinos), Virgílio de Melo Franco, seu primeiro secretário-geral, definiu o que esperava da agremiação: "O país necessita de um grande partido popular, um partido de centro, inclinado para a esquerda, e, se a UDN não se converter nesse partido, surgirá um outro, fiel aos ideais de renovação espiritual e econômica da democracia."

Na convenção da seccional mineira do partido, que então presidia, legou, em 1946, um testamento político: "Se a UDN quiser tornar historicamente eficaz sua superioridade moral, deve, na ordem econômica, aceitar o que prega a moral socialista, como uma verdadeira e inadiável necessidade. (...) Só a disciplina social completa a liberdade. (...) A prosperidade não pode ser circunscrita; só repartindo-a se transformará em boa vontade a hostilidade dos deserdados."

Quando, fatigado, interrompeu a redação de um discurso, na madrugada em que seria morto, Virgílio deixou escrita — ao relembrar a revolução de 1930, para cujo sucesso exercera ação decisiva — a súmula final do desencanto com o seu país injusto: "Os mais moços dos condutores daquela memorável campanha — inclusive eu próprio — branqueamos a cabeça (*tinha 51 anos*) e guardamos no coração as cicatrizes de todas as decepções. (...) Diante de vós, diante das classes e gerações aqui representadas, se estende a vida brasileira, dividida, nos seus fundamentos, pelo contraste entre a extrema pobreza, a privação de tudo, o sofrimento desesperado de uns e a opulência poderosa e egoísta de outros."

Carolina Nabuco, no seu livro de memórias, *Oito décadas*, se lembrava "de uma ocasião em que a conversa voltou-se para as semelhanças entre o assassínio de Virgílio de Melo Franco e a tentativa frustrada de morte contra Carlos Lacerda, na qual morreu o seu acompanhante, major Rubens Vaz. Concordavam todos que os dois crimes vinham dos mesmos autores, isto é, de um bando de baixos apoiadores de Getúlio Vargas (sem conhecimento deste, é claro)." E acrescentou que "o assassínio de Virgílio era caso que as autoridades não mostravam interesse em esclarecer, pelo receio de que tivesse aspetos políticos e que se lhe descobrisse um mandatário."

Porém a mesma Carolina, biógrafa do grande político assassinado, concluíra sua bela *Vida de Virgílio de Melo Franco* imaginando que ele "tinha, desde menino, o senso do destino, de uma missão a cumprir (...). Sonhou com uma influência baseada no caminho mais árduo do sacrifício (...). O destino que lhe coube, inclusive o da vida prematuramente cortada, após um labor escondido, mas decisivo, e deixando um exemplo inexcedível de bravura cívica, talvez tivesse sido o que ele escolheria para si."

RIO, 7 DE AGOSTO DE 2001 | — A repercussão na imprensa, no rádio, na televisão, nas conversas de rua, com familiares e empregados domésticos, da morte, ontem, de Jorge Amado, revela o modo insuperável como, dentre os vivos, ninguém buliu mais que ele com o imaginário do povo brasileiro. E não só do brasileiro, conforme pude testemunhar quando da sua passagem por Portugal, em 1978.

Eu servia, então, como cônsul-geral do Brasil no Porto. E o sucesso do seu romance *Gabriela, cravo e canela*, adaptado como telenovela e transmitido pela televisão portuguesa, era tal que transtornou hábitos solidamente implantados. As recepções sociais, os eventos culturais, os leilões de antigüidades, tiveram seus horários noturnos transferidos para meia hora após o término da transmissão da *Gabriela*, sob pena de parco comparecimento dos convidados ou interessados. A própria cidade ficava, naquele horário, com as ruas sensivelmente mais desertas, como as do Rio de Janeiro durante os jogos da seleção nacional na Copa do Mundo. Autores e críticos digladiavam-se nos suplementos culturais e literários adotando posturas, e mesmo nomes, dos personagens da novela.

Tempos depois, Jorge e Zélia passaram uns poucos dias no Porto, hospedando-se em nossa casa. Esta bela quinta fora legada ao governo brasileiro por um português agradecido, que enriquecera entre nós e morrera sem deixar herdeiros, para ser a residência oficial do cônsul do Brasil. A condição, única e tocante, da doação fora que o Consulado se responsabilizasse pela conservação do seu túmulo no cemitério local. E era de ver-se os colegas de meus filhos no liceu vizinho a rondar pelo amplo parque, buscando meios e modos de, pelo menos, entrever e – quem sabe? – trocar dois dedos de prosa com o criador de personagens que tanto os haviam atraído e encantado.

Foi então que Jorge contou-me haver sido a insistência dos seus companheiros comunistas para que o autor modificasse aquela história, por eles considerada pequeno-burguesa, um dos fatores responsáveis pelo seu afastamento do partido.

Os escritores Jorge Amado e Afonso Arinos, por volta de 1930, já se encontravam nas livrarias do Rio, e mantinham relações cordiais. Deputados federais na primeira legislatura após a queda do Estado Novo, Afonso defendeu, energicamente, os mandatos de Jorge e dos seus correligionários do Partido Comunista, cassados ao arrepio das normas constitucionais –

pois emanavam do eleitorado, e não da agremiação partidária, cujo registro fora cancelado pelo Judiciário.

Por outro lado, Arinos não deixou de demonstrar-me desagrado pela forma autoritária pela qual, no Congresso de Escritores efetuado na capital paulista em 1945, vira Amado, com o simples movimento de um dedo, fazer calar e sentar-se o eminente físico Mário Schemberg, que se levantara e pedira a palavra sem autorização do escritor, seu superior hierárquico no partido.

Quarenta anos depois, Jorge Amado daria valiosa colaboração a Afonso Arinos na Comissão Provisória de Estudos Constitucionais — para cuja presidência Afonso fora nomeado pelo presidente-eleito Tancredo Neves, que não chegaria a tomar posse, e confirmado por José Sarney —, que tinha por finalidade preparar um anteprojeto de constituição democrática a ser encaminhado à Assembléia Nacional Constituinte, convocada após mais de duas décadas de ditadura. Mas Sarney acabou por engavetar o projeto, que estabelecia um sistema parlamentarista de governo, ao qual se opunham fortemente chefes militares comprometidos com o regime autoritário ainda recente.

O que mais me agradava em Jorge era a forma humana, natural, espontânea como se identificava e irmanava com as camadas mais simples do nosso povo. Daquele povo autêntico, barulhento, sensual, generoso, hospitaleiro, que ele retratou com tanta autenticidade em seus romances. Jorge Amado era, realmente, a cara do Brasil. Ótimo amigo, solidário, afetuoso, cordial. Fiquei feliz ao receber seu voto para a Academia, um dos últimos que ele, já muito enfermo, pôde enviar de Salvador.

O Quincas Berro d'Água, a Gabriela, a Dona Flor, o Vadinho, a Tieta, o Pedro Arcanjo (herói de *Tenda dos milagres* — para Afonso Arinos o melhor romance de Jorge Amado) entraram na memória popular adulta como o Pedrinho, a Narizinho, a dona Benta, a tia Anastácia, a Emília, o visconde de Sabugosa, o marquês de Rabicó, personagens queridos de Monteiro Lobato, se apossaram da nossa imaginação infantil. Mas permanecerão aqueles, na literatura brasileira, como Capitu, de Machado de Assis, Vitorino Papa Rabo, de José Lins do Rego, ou Diadorim, de Guimarães Rosa? A longo prazo, não creio.

Rio, 27 de agosto de 2001 | – Hoje, faz onze anos da morte de Afonso Arinos. E, há três dias, sua irmã Maria do Carmo também nos deixou. Desde crianças, eram muito próximos – ela, logo abaixo dele em idade, e Sílvia Amélia (Amelinha) acima. Assim, Afonso foi criado, em Belo Horizonte, entre meninas, cuja amizade e doçura o marcou por toda a vida. Maria do Carmo (Miminha) lembrava-se de ficar esperando, sentada no terceiro degrau da escada fronteira na casa paterna, o casal de irmãozinhos que vinham do Colégio Cassão, subindo, de mãos dadas, a Avenida da Liberdade (hoje João Pinheiro, onde Afrânio morava, e Afonso nasceu). "Maria do Carmo foi, num certo momento, uma companheira quase que inseparável. Ela aprendeu a ler comigo, muito pequenininha", ele conta no livro-entrevista *O intelectual e o político – Encontros com Afonso Arinos*. Sobre Sílvia Amélia, reconhece, na mesma obra, que "a presença de Amelinha, na minha infância, foi tão importante que, de certa forma, condicionou a minha maneira de ser (...). Mais velha, no terreno das ações, praticamente ela me levava pela mão, na vida". Acompanhou-o, inclusive, quando se preparavam para a primeira comunhão, no curso de catecismo, onde ele era o único aluno varão, do Colégio da Imaculada Conceição, ainda hoje existente, com a igreja contígua, na Praia de Botafogo. Dessa irmã, Arinos diria ainda: "Se, pelas forças misteriosas de Deus, eu merecer encontrá-la de novo em outra vida, gostaria que o nosso encontro se parecesse muito com a visão que dela guardo, sentada na cestinha de palha, sob a jabuticabeira do Colégio Cassão, ou no mocho do piano, na sala de Nenê Nogueira da Gama" ("uma flor de educação, de finura", segundo Afonso, descendente da nobreza imperial, bisneta do marquês de Baependi e sobrinha-neta do duque de Caxias, professora dos dois irmãos no ensino primário, na instrução religiosa, e de música para Amelinha).

Bem mais tarde, já no Rio, Maria do Carmo também aguardaria a chegada de Afonso quando este regressava, de bonde, do Internato Pedro II, para passar os fins de semana em casa. Miminha não se recordava de Afonso aficionado a nada além de livros e revistas, por ele guardados na cristaleira da sala. E se lembrava de como o irmão vivia freqüentando livrarias, e também lia muito, na Suíça, nos anos vinte, quando o pai era embaixador do Brasil junto à Liga das Nações, e Afonso, já fraco dos pulmões, seguiu com ela para Villars (como se refugiaria mais tarde, com Amelinha, em Valmont), para fugir da *bise*, o vento frio de Genebra. Nas memórias, Afonso Arinos conta o que foi, então, sua convivência próxima e constante com Maria do Carmo: "Ficamos, minha irmã e eu, no luxuoso Palace daquela estação. Ela, muito bonita e cheia de vida, fazia grande sucesso, mas não esquecia o irmão enfermo, a quem tratava com carinho especial. Certa vez, uma jovem americana chamada Peggy (...), despachada como soem ser as *yankees*, explicou-me que, durante dois dias, não sabia o que éramos um do outro, minha irmã e eu. Casados não são, dizia, pois em tal idade ninguém casa. Então são noivos, pensou, embora achasse estranho que noivos viajassem sós. 'Por que você não cuidou logo que éramos irmãos?' – indaguei da bela Peggy. E ela: 'Nunca vi irmã ser tão amável assim'."

Foi-se, agora, aquela que era, um pouco, a segunda mãe de toda a minha geração em nossa família (sua irmã caçula, Anah, já se aprestava a herdar e assumir esse papel carinhoso e generoso, quando a saúde de Maria do Carmo declinou). O bondoso marido José Tomás, filho caçula de Joaquim Nabuco, dava-lhe os meios materiais para isso. E ela os empregava sem medida, com generosidade e energia só comparáveis aos da piedosa irmã Zaíde (que, certa vez, ao surpreender um ladrão em sua casa, conversou com ele, e acabou por obter-lhe um emprego). Mas esta, tímida e de caridade irradiante, também sempre apoiada pelos recursos do cônjuge, Jaime Chermont, falecera relativamente moça.

Sobre Zaíde, Arinos, então à frente da Missão do Brasil à Assembléia Geral das Nações Unidas, me escreveu, de Nova York, cinco dias após sua morte, em outubro de 1961: "Tenho saído para a ONU e a Missão, conversado, lido, recebido gente, mas a lembrança dela não me larga. É uma lembrança dolorida e suave, um sofrimento constante, cheio de ternura. Acompanho-a, pela memória, desde menina, na sua graça simples, na sua incomparável espiritualidade. A sua presença, que não ocupa lugar, invade, no entanto, tudo. (...) Sentia que Nova York não era o lugar melhor para lembrar dela, e isto me amargurava. Depois, fui tendo a impressão, que ainda conservo, de que a presença de Zaíde é de natureza a se desprender de todos os ambientes e circunstâncias. A força de sua alma delicada não é bem de nenhuma parte da terra, ou melhor, é de todas as partes, situa-se num plano ao mesmo tempo tão íntimo e tão geral que dispensa qualquer outra lembrança, a não ser a dela mesma. Creio que isto mesmo é que se chama espiritualidade. Ela me disse: '– Se eu não morrer, quero oferecer a minha cura à conversão dos que não acreditam.' Acho que a sua morte tem a mesma força e capacidade. Seria absurdo não haver Deus se há pessoas como ela."

Já Maria do Carmo, essencialmente gregária e politizada, levava a solidariedade com a família a ponto de se lhe poder aplicar, adaptado, o lema que adotara o primeiro Afonso Arinos, substituindo o *right or wrong my country* do tio por *right or wrong my family*. Qualquer restrição a um parente estimado podia contar com réplica imediata, com retaliação fulminante. O que ocorria, freqüentemente, em reuniões sociais, onde sua pugnacidade era temida e respeitada. Orgulhosa da mineiridade familiar, não gostava que lhe lembrassem ser carioca de Ipanema, onde nasceu em uma casa grande da praia, pertencente ao conde Modesto Leal, amigo da família, quando o pai viajou à Alemanha para cuidar da saúde de Caio, o irmão primogênito, acometido de coxalgia.

No tocante à vida pública, o núcleo político familiar se concentrara, antes, no pai, Afrânio de Melo Franco. Depois, no irmão Virgílio. Morto este, Afonso Arinos passara a ocupar o centro. Mas, um dia, João Neves da Fontoura, então ministro do Exterior do último governo Vargas, disse a Afonso, entre jocoso e sério, conformar-se com a liderança da oposição na Câmara pelo amigo, mas lhe pedia, encarecidamente, que obtivesse o silêncio da irmã combativa.

Maria do Carmo encarnava o cerne social e afetivo da família. Temo sinceramente que, com sua morte, tal qual na profecia evangélica, abatida a pastora, o rebanho se disperse.

Era a solidariedade em pessoa. Sua casa e sua mesa abriam-se, dia e noite, a parentes e amigos. Eu brincava com minha tia dizendo-lhe como, habituado profissionalmente a enfrentar problemas decorrentes de asilo diplomático, via que, além dessas categorias, ela instituíra, também, o asilo conjugal. Não foram apenas políticos e funcionários que, perseguidos ou ameaçados durante crises atravessadas pela vida pública brasileira, encontraram, no casarão de Botafogo, guarida e apoio incondicionais. Pois o mesmo ocorria com matrimônios em dificuldades.

Dos políticos, de Juscelino Kubitschek a Fidel Castro, de Carlos Lacerda a Tancredo Neves, quem não usufruiu da sua larga hospitalidade? Manuel Bandeira, autodenominando-se "poeta oficial da família", fazia-lhe quadrinhas para filhas e sobrinhas; Gilberto Freire a freqüentava assiduamente; Portinari retratou-a, como a todos os filhos, e lhe ornou as paredes da sala de jantar com telas de estilo e beleza comparáveis às por ele pintadas para ilustrar a Biblioteca do Congresso em Washington; Burle Marx decorou-lhe os jardins. Lá conheci grandes nomes da literatura e das artes plásticas americanas, como o escultor Alexander Calder e o escritor John dos Passos. Lembro-me deste a indagar-lhe "qual o nome daquele fruto amarelo que estraga todas as saladas de frutas em seu país". Era o mamão tradicional, anterior à voga da doce papaia.

Murilo Mendes me disse, um dia, que o século XIX terminara em 1922, com a morte de Marcel Proust. Afonso Arinos, gracejando com a irmã, referia-se à sua casa como o *côté de Guermantes*. Findo o século XX, o eixo da elite social, cultural e, às vezes, política, do Rio de Janeiro se partiu com o desaparecimento de Maria do Carmo de Melo Franco Nabuco.

RIO, I DE OUTUBRO DE 2001 | — Talvez agora, passados vinte dias da avalanche terrorista que abateu quatro aviões com passageiros sobre as duas torres do *World Trade Center* de Nova York, o Pentágono de Washington, e a Pensilvânia, se possa tentar uma primeira visão, não distanciada, mas com um mínimo de perspectiva, da tragédia e suas conseqüências. Não há fanatismo religioso, aspiração política ou ressentimento social que justifique aquele massacre de três mil vítimas inocentes. O primeiro castigo se auto-aplicou – a sentença de morte decretada pelos executores contra si mesmos.

Neste caso, o islamismo não pode alegar um preconceito prévio dos Estados Unidos. Não faz muito, os americanos bombardearam a Bósnia e o Kosovo, em nome da Organização do

Tratado do Atlântico Norte, justamente em defesa dos muçulmanos, que lá sofriam toda sorte de arbitrariedades, violências e crueldades por parte dos sérvios ortodoxos.

A Igreja Católica reagiu como seria lícito esperar-se da sua doutrina de paz e amor. No próprio dia da tragédia, os bispos norte-americanos rezaram, "também, pelas pessoas cujo ódio se tornou tão grande a ponto de levá-las a cometer crimes contra a nossa comum humanidade. Possam elas compreender que tal violência não engendra justiça, mas uma injustiça maior." O arcebispo de Washington, cardeal Theodore McCarrick, exortou, nessa mesma data, o povo americano, a fim de que, "na busca contínua da paz e da justiça, resistamos à tentação de agir por vingança ou represália". Simultaneamente, o arcebispo de Denver manifestava que "a violência de hoje nasceu do ódio. A nossa responsabilidade é responder ao ódio com justiça e com amor."

No dia seguinte, João Paulo II se unia "a quantos, nestas horas, expressaram sua condenação indignada, ao reafirmar, com vigor, que os caminhos da violência jamais conduzem a soluções verdadeiras para os problemas da humanidade", qualificando os atentados como "terrível afronta à dignidade do homem". Pouco depois, ao receber as cartas credenciais do novo embaixador dos Estados Unidos, auspiciava que os ataques pudessem suscitar, em todos os povos da Terra, "a determinação firme de recusar a violência e combater tudo o que semeia ódio e divisão no seio da família humana, e de trabalhar para o surgimento de uma nova era de cooperação internacional, inspirada nos ideais mais altos de solidariedade, justiça e paz". E, ontem, invocou o "dever de construir um futuro de paz para a família humana. Decerto, a paz não se separa da justiça, mas deve ser alimentada pela clemência e o amor". A Santa Sé espera justiça sem espírito de vingança, significando, sobretudo, que não se pode matar inocentes como retaliação contra a morte de outros inocentes.

Não há, por outro lado, como analisar os atentados monstruosos num vácuo de causas e efeitos, isolados em si mesmos. A devastação vitimou milhares de pessoas inermes. Porém o crime horrendo tampouco justifica injustiças cometidas, há tanto tempo, contra tantos. Então, cumpre saber a razão pela qual todo o empenho das autoridades e de grande parte da mídia americana e britânica se restringe a perguntar quem, como e onde, sem inquirir por que. Pouco depois, a escritora Susan Sontag chegava a indagar, na revista *New Yorker*, "onde está o reconhecimento de que esse não foi um covarde ataque à civilização, ou à liberdade, ou à humanidade, ou, sequer, ao mundo livre, mas um ataque à autoproclamada superpotência mundial, praticado em conseqüência de alianças e atos específicos da América? (...) Unamo-nos no luto, mas não na estupidez. Uns poucos traços de consciência histórica bastariam para nos ajudar a entender o que vem de ocorrer, e pode continuar ocorrendo." *Le Figaro*, de Paris recolheu, no dia 17, declarações de James Schlesinger, ex-diretor da CIA, segundo as quais "estamos colhendo os frutos de um problema que não foi identificado, porque nos contentamos sempre em denunciar os terroristas como maus elementos, sem nos interessarmos mais de perto por suas motivações. E a política externa americana se arrisca muito a alimentar a cólera no mundo árabe."

RIO, 2 DE OUTUBRO DE 2001 | — O objetivo dos atentados contra o *World Trade Center* e o Pentágono era óbvio — alvejar as imagens visíveis do poder econômico e militar dos Estados Unidos. As explicações para o plano terrorista, executado com determinação implacável, também são claras, embora, de forma alguma, aceitáveis. O provável inspirador, Osama bin Laden, se empenha na derrubada dos regimes pró-americanos do Oriente Próximo, a começar pelo da sua pátria, a Arábia, domínio feudal da família saudita, e sede das duas principais cidades santas do Islã, Meca e Medina. Os Estados Unidos ajudaram o milionário Osama a lutar, apoiado pela *Central Intelligence Agency*, contra a ocupação soviética do Afeganistão, mas ele jamais se conformou com a presença, no solo pátrio, dos "infiéis" da América, que ali permaneceram após a campanha do Golfo, contra o Iraque.

A guerra santa do Islã, de caráter religioso, se trava, simultaneamente, como uma espécie de luta de classes dos pobres muçulmanos contra os ricos ocidentais, cristãos ou judeus. Há outros regimes visados por sedições populares fundamentalistas. E, como sabe Bin Laden, a motivação mais eficaz para levantar aqueles povos sofridos contra seus dirigentes oligárquicos seria um ataque dos Estados Unidos ao mundo islâmico, que ele faz tudo para provocar.

O presidente George Bush declarou que a "América foi visada pelo ataque porque somos o farol mais luminoso para a liberdade e oportunidade no mundo". Está certo sob o ponto de vista interno americano, mas bem que egípcios, sauditas, árabes do Golfo, gostariam de provar daquela liberdade, em lugar de se acharem submetidos aos governos autoritários que os reprimem, apoiados pelos Estados Unidos em troca de concessões estratégicas e energéticas (o próprio Bush é pessoalmente interessado na indústria do petróleo).

Os mesmos Estados Unidos, ao combaterem o totalitarismo comunista, suscitaram regimes convenientes aos seus interesses, mas sufocaram liberdades políticas, direitos civis e humanos na Ásia, na África e na América Latina, patrocinando ditaduras geradoras de opressão e violência, de injustiça social e dependência externa.

Por outro lado, todos os meios servem aos americanos no combate ao terrorismo, tornando-se importante o apoio dos adversários de ontem, como a Rússia e a China. Para alcançar trampolins de penetração no Afeganistão através das antigas repúblicas da União Soviética na Ásia Central, eles não hesitaram em obter o apoio do presidente russo, Vladimir Putin, que terá, em troca, sinal verde para prosseguir no banho de sangue há anos infligido à Chechênia, em sua luta pela independência da Federação Russa. As facções étnicas ora em conflito contra o atual governo afegão, reunidas na Aliança do Norte, são as mesmas que povoam aquelas ex-repúblicas da URSS, e favoreceram a ocupação soviética do Afeganistão. A Rússia espera, com tal atitude, voltar a influir nesse país, de importância estratégica decisiva para ela, por situar-se na rota de escoamento do petróleo do mar Cáspio. E teme muito o crescimento do poderio chinês. Ao passo que a China terá mais liberdade para reprimir os bolsões muçulmanos do oeste, próximos à fronteira afegã.

Na antiga Palestina, o apoio sistemático que os Estados Unidos prestam a Israel encontra motivações claras na sua política interna. O percentual de judeus, relativamente pequeno na população nacional, se concentra em estados-chave no processo eleitoral americano para a escolha do presidente da República, como Nova York, Califórnia, Flórida e Nova Jersey. Ali, o eleitorado israelita constitui, verdadeiramente, o fiel da balança, num sistema em que uma vantagem mínima na votação popular de determinado estado carreia, para o lado do candidato nele vencedor, todos os votos eleitorais com que conta aquele estado no cômputo global do Colégio Eleitoral, correspondentes ao número dos seus representantes no Congresso. A demonstração mais nítida dessa possibilidade, como vimos, ocorreu nas eleições presidenciais americanas do ano passado, quando alguns poucos votos a mais obtidos pelo candidato republicano na Flórida, em pleito acusado de fraude, deram-lhe a vitória nacional, por um voto, na

Suprema Corte, apesar de claramente derrotado na eleição popular. Existe, ademais, grande influência judaica na orientação das principais cadeias de televisão e da imprensa escrita dos Estados Unidos.

Por isso, Israel condiciona a política externa americana, fazendo-a aceitar a expansão dos assentamentos de colonos nos territórios árabes ocupados ilegalmente há mais de três décadas, e a situação intolerável do povo palestino, frustrado e violentado em suas aspirações legítimas de irredentismo territorial, apoiadas pela Assembléia Geral da ONU através de várias resoluções e sistematicamente descumpridas pelos israelenses — sobretudo a Resolução 242, de 1967, que os condena a se retirarem dos territórios ocupados para fronteiras seguras, e reconhecidas por um acordo de paz. Há anos, um chefe da inteligência militar israelense já argumentava que "oferecer uma solução honrada aos palestinos com respeito a seu direito de autodeterminação (...) é a solução para o problema do terrorismo. Quando o pântano desaparecer, não haverá mais mosquitos."

Os Estados Unidos não têm como justificar, sob o ponto de vista ético, a política externa de dois pesos e duas medidas que aplicam, há mais de meio século, no Oriente Próximo, em detrimento dos povos árabes. Seu apoio praticamente incondicional levou-os a não tomar em conta o fato do chefe atual do governo israelense, Ariel Sharon, ser o mesmo militar que permitiu a suas tropas, então ocupantes do sul do Líbano, cruzarem os braços enquanto milícias falangistas cristãs massacravam muitas centenas de muçulmanos, entre homens, mulheres e crianças, nos campos dos refugiados palestinos de Sabra e Chatilla — motivo pelo qual Sharon foi indiciado, perante a justiça belga, como criminoso de guerra.

A incursão provocadora de Sharon à esplanada onde se encontram os lugares sagrados para o Islã em Jerusalém ocasionou, ainda, a atual revolta da população palestina ocupada e oprimida, rebelião já responsável por mais de mil mortes. O objetivo do presente governo de Israel, ao associar-se à campanha ora em curso contra o terrorismo internacional, é justificar, dessa forma, a repressão brutal que pratica contra a aspiração legítima dos palestinos à independência, classificando como terrorista aquele povo, o qual, submetido a um regime de verdadeiro *apartheid* no próprio país, peleja contra a ocupação ilegal do seu território.

Os métodos de Osama Bin Laden são alucinados, mas seus objetivos políticos gozam de larga aceitação no Islã, e, mesmo, fora. Ele afirmou, por exemplo, que "não haverá estabilidade, nem fim do terrorismo, enquanto o povo palestino se encontrar sob ocupação". Tampouco se deve, política ou moralmente, equiparar terroristas a guerrilheiros que lutam pela libertação nacional, na resistência à ocupação ou contra diversas formas de opressão. A própria nação judaica, após dois mil anos de diáspora, conseguiu assegurar-se uma pátria livre em campanha à qual não faltaram atos de terrorismo, como a explosão do hotel onde se instalava, em Jerusalém, o estado-maior das forças britânicas, ali estacionadas conforme mandato de ocupação recebido da Liga das Nações. Essa mesma pátria livre, Israel nega, hoje, ao povo palestino.

Sem que tal problema se solucione de uma vez por todas, haverá sempre brasas acesas sob as cinzas fumegantes do Oriente Próximo, prontas para incendiar, uma vez mais, aquela região tão sofrida. William Pfaff, do *Los Angeles Times* – talvez, hoje, o jornalista americano mais respeitado –, salientava, no dia seguinte aos atentados terroristas de Nova York e Washington, que, por mais de trinta anos, "os Estados Unidos se recusaram a fazer um esforço verdadeiramente imparcial a fim de encontrar uma solução para o conflito" israelense-palestino.

Na conjuntura atual, circunstância a ser observada favoravelmente é a do secretário de Estado norte-americano, Colin Powell, ser um general negro. Calejado na campanha desastrosa do Vietnã, e, mais tarde, planejador principal da guerra que livrou o Coveite da invasão iraquiana, ele conhece, por experiência própria, o custo humano das campanhas militares. Como membro de uma minoria discriminada na sociedade do seu país, compreende os sofrimentos das classes e etnias oprimidas. O que, aliás, se pode dizer, igualmente, da negra Condoleezza Rice, secretária de Segurança Nacional dos Estados Unidos, e muito próxima ao presidente Bush. Mas tanto Powell quando Condoleezza são vozes e presenças minoritárias em um governo extremista, do qual o poder econômico e financeiro é o real dirigente.

RIO, 6 DE OUTUBRO DE 2001 | — A tragédia americana tem todos os ingredientes para levar-nos a repensar a injustiça global numa escala mais ampla. A violência assassina dos aviões de passageiros transformados em mísseis letais, causadora da morte de milhares de pessoas, horrorizou-nos a todos. É que ela ocorreu à luz do dia, sob as câmaras da televisão, num país ocidental e de etnia majoritariamente branca. Mas quando, há poucos anos, hutus e tutsis se empenharam, em Ruanda, numa guerra genocida que fez cerca de um milhão de vítimas, suas notícias dificilmente alcançavam as primeiras páginas dos jornais.

A administração republicana está levando os Estados Unidos a um unilateralismo exacerbado na condução da sua política externa. Por se recusarem a ver conterrâneos seus submetidos a instâncias judiciárias supranacionais, eles negaram-se a aderir à Corte Penal Internacional, cujo estatuto foi aberto para assinaturas, em Roma, em julho de 1998, mas só passará a vigorar quando sessenta dos estados signatários do tratado o houverem ratificado. O Brasil firmou-o em fevereiro de 2000. Até agora, as jurisdições penais vigentes no âmbito internacional se limitam a dois tribunais criados pelo Conselho de Segurança da ONU, para a Iugoslávia e o Ruanda.

Esta relutância norte-americana a aderir a instrumentos multilaterais que os vinculem judicialmente vem de longe. Em 1948, a Declaração Universal dos Direitos Humanos foi recebida explicitamente pela representante dos Estados Unidos que a firmou, Eleanor Roosevelt, como formulação de princípios ideais, não uma obrigação jurídica. Quarenta e cinco anos depois, em 1993, a Conferência Mundial dos Direitos do Homem, reunida em Viena, proclamaria direitos econômicos, sociais e culturais aceitos por todos, com exceção dos americanos.

A América se absteve, ainda, de apoiar o Protocolo de Kioto, que tentou impor limites modestos à devastação do meio ambiente global. Não pretende aderir ao tratado internacional contrário à fabricação e uso de minas terrestres explosivas. Retirou-se recentemente, acompanhada apenas por Israel, da Conferência contra o Racismo e a Intolerância, atitude da pior repercussão simbólica. Tenciona afastar-se do acordo que veda a construção de uma rede de mísseis balísticos defensivos, firmado com a União Soviética em 1972, o qual representa, até hoje, a principal garantia jurídica da proteção mútua dos Estados Unidos e da Rússia contra ataques nucleares devastadores. Recusa-se a ratificar o tratado que proíbe a realização de testes nucleares. E rejeita um projeto de protocolo destinado a reforçar a convenção sobre armas biológicas.

Os americanos querem apoio global contra o terrorismo, flagelo que desconhece fronteiras. Mas devem recordar-se de que a solidariedade entre as nações é uma via de mão dupla, pedindo contrapartida. Os Estados Unidos tendiam sob o governo atual, até o fatídico 11 de setembro, a avançar sempre na defesa dos mais estreitos e estritos interesses nacionais. Agora, pretendem defender-se apelando para o mundo exterior. Há, porém, um preço a pagar por essa cooperação externa. É o de colaborem a fim de promover a paz e a justiça sociais onde as populações não desfrutam de atendimento às necessidades básicas mais elementares. É o de não contribuírem para que povos e etnias inteiras sintam-se oprimidos e injustiçados por uma política externa dedicada, quase exclusivamente, à defesa e imposição dos interesses da sua comunidade de negócios. É o de reavaliarem o "destino manifesto", que há um século se atribuem, de buscar a dominação política, militar, econômica, financeira e cultural do planeta. E já pensam na Lua, em Marte, etc.

Quanto aos desejosos de demonizar o islamismo, recordemos que este conta com um bilhão e duzentos milhões de seguidores em todo o mundo. Dentre os quais as quatro nações com maior número de muçulmanos – Indonésia, Paquistão, Índia e Bengala – não são árabes.

Cumpre analisar, ainda, a imprópria e apressada declaração de guerra ao terrorismo, anunciada pelos Estados Unidos logo após o atentado insano. Guerra que, uma vez declarada, não se pode dar por concluída. Pois, quem se arriscará a predizer o fim do conflito, a derrota do terror, sem correr o risco de saber que, no dia seguinte, assassinaram um líder político, ocorreram seqüestros, tomaram reféns, uma bomba explodiu, armas químicas foram utilizadas ou bactérias disseminadas? O terrorismo pode ser controlado, mas não extinto. Ele nunca deixará de existir, assim como jamais serão eliminados totalmente o roubo e o homicídio. Só se poderá proclamar sucesso contra a onda terrorista – e, assim mesmo, relativo – quando a atual repressão bélica se converter em ação política e policial, não permanecendo como operação militar de duração ilimitada, insuscetível de extinguir, de uma vez por todas, o adversário informe e invisível.

Fora da retórica, a guerra tem uma conceituação precisa no Direito Internacional. O mestre penalista Evandro Lins e Silva, que já foi ministro das Relações Exteriores, julga que "guerra contra um bandido ou um grupo de delinqüentes terroristas há de ser feita como o combate a um crime hediondo, como o definem a nossa Constituição e as leis penais de punição ao terror. Era imperativa a convocação de uma reunião da Organização das Nações Unidas, que tem estudos completos sobre a matéria, e, até, um projeto de resolução com exaustiva e detalhada convenção contra a criminalidade organizada, relatado por uma comissão especial, designada pela própria ONU." O jurista ilustre espera que ainda haja "tempo de se reverter a situação, reunindo a ONU incontinenti, e a ela deixando a incumbência de encontrar a forma capaz de fazer cessar uma guerra extravagante, que começa a causar gravíssimas conseqüências para o mundo inteiro".

É verdade que, pelo artigo 51 da Carta, nada "prejudicará o direito inerente de legítima defesa individual ou coletiva, no caso de ocorrer um ataque armado contra um membro das Nações Unidas". Isto, porém, "até que o Conselho de Segurança tenha tomado as medidas necessárias para a manutenção da paz e da segurança internacionais. As medidas tomadas pelos membros no exercício desse direito de legítima defesa serão comunicadas imediatamente ao Conselho de Segurança, e não deverão, de modo algum, restringir a autoridade e a responsabilidade que a presente Carta atribui ao Conselho para levar a efeito, em qualquer tempo, a ação que julgar necessária à manutenção ou ao restabelecimento da paz e da segurança internacionais."

Os atentados terroristas praticados contra os Estados Unidos constituíram ameaça clara à paz e à segurança internacional. Logo, caberiam, primordialmente, às Nações Unidas as providências necessárias para combater a agressão. Mas, como lembra Henry Kissinger no seu livro *Diplomacy*, "impérios não têm o menor interesse em operar num sistema internacional; aspiram a ser o sistema internacional".

Assim foi quando os americanos, sem se encontrarem em guerra contra os nicaragüenses, minaram-lhes os portos ao intervir no conflito civil que assolava aquele país, num exemplo claro de terrorismo de Estado. A Nicarágua recorreu à Corte Internacional de Justiça. Esta, em 1986, lhe deu ganho de causa, ordenando aos Estados Unidos porem fim àqueles atos de uso ilegal da força, e pagarem as indenizações devidas. Washington recusou-se a acatar a sentença, e deixou de reconhecer a jurisdição da Corte. A Nicarágua se dirigiu ao Conselho de Segurança da ONU, pedindo-lhe para adotar uma resolução no sentido de que todos os estados respeitassem o Direito Internacional. Os americanos a vetaram. Os nicaragüenses recorreram, então, à Assembléia Geral. Ali, os Estados Unidos voltaram a se opor, apoiados, apenas, por Israel.

No ano passado, Robert Kagan e William Kristol escreveram, na revista *National Interest*, que "o sistema internacional, hoje, não está construído em torno de um equilíbrio de poder, mas em torno da hegemonia americana. As instituições financeiras internacionais foram modeladas pelos americanos, e servem os interesses dos EUA. As estruturas de segurança internacional são, basicamente, uma coleção de alianças lideradas pelos EUA. Como, atualmente, as circunstâncias relativamente benévolas são produto da nossa influência hegemônica, qualquer diminuição dessa influência permitirá a outros desempenhar um papel maior na constituição do mundo, para que obedeça a seus interesses. (...) A hegemonia americana, portanto, precisa ser ativamente mantida, da mesma forma como foi ativamente conseguida." Isto é o que se chama falar claro.

O ilustre Oliveira Lima, grande historiador, diplomata e acadêmico, dizia do Direito Internacional em suas memórias, há mais de sete décadas, que "o pior é que esse direito, que é o que mais apela à imaginação, porque deve constituir o arcabouço de concórdia humana, por assim dizer não existe, não tanto porque lhe falte uma codificação, como porque as nações o suprimem quando entram em guerra".

Rio, 8 de outubro de 2001 | – A intervenção armada contra o Afeganistão começou ontem, afinal, com os bombardeios aéreos, pelos Estados Unidos e Grã-Bretanha, do país desgraçado que deu asilo a Osama bin Laden, o principal acusado da hecatombe terrorista desfechada contra Nova York e Washington, e ao seu bando terrorista da Al Qaeda (A Base). Pulverizar uma das nações mais pobres do mundo, matando, talvez, milhares de inocentes, para retaliar o assassinato de outras tantas vítimas inermes por algumas dezenas de lunáticos homicidas, corresponde à mesma lógica vergonhosa dos terroristas fanáticos, que praticaram a chacina selvagem nos Estados Unidos a fim de vingar populações de correligionários oprimidos na Palestina.

O Afeganistão, nos últimos trinta anos, já teve cerca de um milhão de mortos nas guerras e guerrilhas ali travadas. Por isso, há um percentual altíssimo de menores de idade entre os seus mais de treze milhões de habitantes, os quais sobrevivem graças à ajuda humanitária que lhes chega através de organizações internacionais, como a Cruz Vermelha e os Médicos Sem Fronteiras.

No último dia 25, o papa afirmou, na capital da Armênia, que "a paz só pode ser construída sobre os fundamentos sólidos do respeito recíproco, da justiça nas relações entre comunidades diversas, e na magnanimidade por parte dos fortes". E o presidente Fernando Henrique Cardoso ressalva que "nosso país, onde vivem pacificamente árabes, judeus e seus descendentes, tantas raças e religiões diferentes – católicos, protestantes, muçulmanos –, não deixará de cobrar uma solução racional para o conflito entre israelenses e palestinos, que, há tanto tempo, fugiu da racionalidade".

Aos bombardeios aéreos deverá suceder a invasão militar por terra, sem a qual não será possível extrair os guerreiros talibãs e os terroristas do grupo Al Qaeda, que eles protegem, das grutas e túneis escavados nas montanhas pouco acessíveis do Afeganistão. Para isso, os americanos tencionam valer-se da Aliança do Norte, principal resistência armada aos fundamentalistas islâmicos, que ainda ocupa uma área reduzida do país. Mas aquela Aliança é dominada por representantes das etnias tadjiques, hazaras (xiítas, como os vizinhos iranianos, inseridos em uma nação de maioria sunita) e uzbeques. Tais etnias são minoritárias com relação aos pachtos, que constituem a base de apoio dos talibãs, majoritários no Afeganistão e fortemente representados no Paquistão. O próprio secretário de Estado norte-americano reconhece que a Aliança representa apenas cerca de quinze por cento da população afegã. Por essas e outras, o Paquistão sunita, país fronteiriço mais influente no Afeganistão, se opõe energicamente a um predomínio eventual da Aliança do Norte na formação de um futuro governo afegão, pois a considera simples instrumento para a dominação, tanto da Índia, sua inimiga tradicional, quanto da Rússia, aliada da Índia, e também do Irã, de maioria xiíta. Enfim, é de esperar-se que o governo resultante da solução final do conflito seja formado e garantido sob os auspícios das Nações Unidas, atenda às normas do Direito Internacional, respeite a integridade territorial do país, os direitos humanos do seu povo, e assegure aos refugiados a possibilidade de voltarem para casa.

Rio, 10 de outubro de 2001 | – A imprensa de hoje revela ser uma das grandes preocupações do governo brasileiro, ao elaborar anteprojeto de lei sobre o nosso sistema de radiodifusão, o conteúdo da programação televisiva, especialmente cenas de sexo e violência. Seu texto, que o Executivo deverá encaminhar ao Congresso até o fim do ano, prevê a criação de um conselho, formado por representantes da sociedade, a fim de estabelecer critérios, conceitos e formas de controle do conteúdo dos programas assistidos pelas crianças na televisão.

A propósito, um livro impressionante de John Naisbitt, intitulado *High tech high touch*, foi publicado, há dois anos, nos Estados Unidos, onde teve grande repercussão. Dele traduzo os breves excertos a seguir.

"Na América, as crianças estão sendo convocadas para a guerra com cerca de sete anos. O complexo industrial-militar, contra o qual o presidente Eisenhower preveniu, está-se tornando um complexo militar-nintendo, de conseqüências insidiosas para as nossas crianças e a nossa sociedade. Ações militares americanas se assemelham a jogos eletrônicos de alta tecnologia, enquanto, em nosso próprio terreno, estamos testemunhando outra guerra: os soldados são crianças, suas escolas os campos de batalha, e seus encontros se assemelham aos mesmos jogos eletrônicos violentos que treinam os nossos militares e 'entretêm' as nossas crianças. (...) O complexo militar-nintendo (em grande parte financiado pelos dólares dos nossos impostos) cria jogos, aos quais nossas crianças têm acesso, que anunciam: 'Aniquilamento total, a nova paisagem da guerra'; 'Tal qual o verdadeiro Exército, exceto quanto à sífilis'; 'O cheiro do napalm'; 'A alegre sensação de cavalgar e guiar seus mísseis diretamente contra os alvos inimigos'; 'O bonito som do seu arsenal explodindo tanques e derrubando helicópteros em combate frente a frente'; 'Melhor apertar os seus cintos de segurança militares, você está iniciando a corrida de adrenalina da sua vida'. Crianças jovens praticam os mesmos jogos que os militares dos Estados Unidos usam para treinar soldados. Crianças 'jogam' com mais freqüência e despendem mais horas que o pessoal militar, mas sem a reconhecida disciplina que acompanha o treinamento de um soldado. Operações militares 'reais' de alta tecnologia, combatidas em telas e dissociadas de soldados inimigos e civis, resultam em poucas perdas americanas. Batalhas 'virtuais' de alta tecnologia, combatidas em telas, dessensibilizam nossas crianças para a violência, e as treinam para matar. (...) O jogo está-se tornando mais semelhante à guerra, e a guerra se assemelhando mais ao jogo. (...) Se a simulação em computadores levou os militares dos Estados Unidos a um novo nível de profissionalismo, de que forma o mesmo treinamento afeta uma criança? A Academia Americana de Pediatria relata que cerca de mil estudos confirmam a correlação entre o comportamento agressivo nas crianças e a violência na mídia. A vasta maioria desses estudos conclui que há uma relação de causa e efeito entre a violência na mídia e a violência na vida real. (...) Vivemos numa cultura eletrônica da violência, cuja realidade negamos, e que acreditamos constitua entretenimento. Crê-se que jogos eletrônicos sejam brinquedos benignos, quando eles, de fato, representam campos de treinamento para a violência. Estamos tão imersos numa cultura de violência que, mesmo enquanto lamentamos suas conseqüências, usamos, inconscientemente, o idioma e as imagens da violência."

Televisão – onde até desenhos animados são agressivos –, cinema e jogos eletrônicos propagam o vírus da violência, ensinando os jovens da América, do Brasil e do mundo inteiro a bater e matar. Os primeiros, agora, se aprestam a utilizar esses predicados no Afeganistão, para vingar os crimes pavorosos cometidos em Nova York e Washington. Atrocidades, por sinal, copiadas dos filmes de ação violentos produzidos nos Estados Unidos, cujas explosões enormes e tiroteios sem fim infestam as telas dos cinemas e as telinhas domésticas.

A identificação dos culpados deve preceder seu julgamento e punição. A responsabilidade penal é pessoal; não pode estender-se a nações, etnias ou religiões. Nem se faz justiça praticando a injustiça, trucidando ou ferindo inocentes, e violando direitos humanos. Daí a aura de tragédia que cerca essa nova campanha militar anglo-americana. Certamente, alvos serão destruídos, e objetivos estratégicos alcançados. Porém os malfeitores da Al Qaeda se dispersarão, embrenhar-se-ão em desfiladeiros inatingíveis, se ocultarão em grutas, afundarão em túneis, se dissolverão, irreconhecíveis, no mar de barbas e turbantes. Enquanto o horror das multidões de refugiados tangidos feito gado, morrendo de fome, sede e frio, se exibe ante os nossos olhos na televisão, homens, mulheres, velhos e crianças, desprovidos de tudo, serão as vítimas habituais dos que, caso empregassem, na luta global contra a fome, as doenças e a ignorância, uma pequena fração do que despendem em armamentos, fariam a verdadeira revolução social, e criariam o mundo novo, sempre prometido pela sua retórica, e sempre desmentido posteriormente. Em lugar disso, a continuação dos bombardeios, com o número crescente de civis mortos e feridos, esgarça simpatias e apoios alcançados pelos Estados Unidos no início da crise, e ameaça despertar um sentimento geral antiamericano sem precedentes na vida da grande nação, à qual a humanidade tanto deve em sua história e seu progresso.

Esperemos, apesar da retórica dominante, e mesmo de perigos reais e ameaçadores, que seja transitória a obsessão atual com o terrorismo. O presidente Bush já disse que o maior antídoto contra o terror é mais democracia, e, não por acaso, equiparou esse alargamento do âmbito democrático ao comércio livre, isto é, desimpedido de obstáculos à expansão ilimitada das corporações americanas. O resto do mundo, ao qual a América pede apoio na luta antiterrorista, tem agora, em contrapartida, uma ocasião sem precedentes para reivindicar das grandes potências um tratamento eqüitativo nas oportunidades comerciais, uma ordem internacional mais justa. Os proponentes da competição como motor social pregam a vitória sobre o adversário, mas a meta da sociedade deve ser a colaboração. A opção decisiva acabará por situar-se, doutrinariamente, entre a teologia do mercado e a doutrina social cristã, contida nas encíclicas papais. Entre globalização liberal e globalização solidária.

RIO, I DE NOVEMBRO DE 2001 | —Só hoje tomo conhecimento de carta que o bispo Robert Bowman, de Melbourne Beach, na Flórida, dirigiu ao então presidente Clinton em 1998, quando as embaixadas dos Estados Unidos no Quênia e na Tanzânia foram alvos de atentados terroristas que fizeram centenas de vítimas. O bispo combatera no Vietnã como piloto militar, antes de fazer-se sacerdote católico.

A carta foi publicada no *National Catholic Reporter*, transcrita e traduzida pela *Agenda Latino-Americana 2001*. Ela poderia ter sido enviada, agora, ao presidente Bush, após os atentados que mataram milhares de pessoas em Nova York e Washington, e foram seguidos pelos bombardeios americanos ao Afeganistão, já responsáveis por outros milhares de mortos inocentes, tendo atingido, reiteradamente, instalações da Cruz Vermelha e do Crescente Vermelho. Ei-la: "O senhor disse que somos alvos de ataques porque defendemos a democracia, a liberdade e os direitos humanos. Que pilhéria! Somos alvos de terroristas porque, em boa parte do mundo, nosso governo defende a ditadura, a escravidão e a exploração humana. Somos alvos de terroristas porque nos odeiam. E nos odeiam porque nosso governo faz coisas odiosas. Em quantos países agentes de nosso governo destituíram líderes escolhidos pelo povo, trocando-os por ditaduras militares fantoches, que queriam vender seu povo para sociedades multinacionais norte-americanas! Fizemos isso no Irã, quando os fuzileiros navais norte-americanos e a CIA destituíram Mossadegh porque ele queria nacionalizar a indústria do petróleo. Nós o trocamos pelo xá e armamos, formamos e pagamos sua odiada guarda nacional, a Savak, que arrasou e cometeu brutalidades contra o povo do Irã. Podemos achar estranho que haja no Irã quem nos odeie? O mesmo fizemos no Chile e no Vietnã. Mais recentemente, tentamos fazer no Iraque. Quantas vezes não o fizemos na Nicarágua e no resto das 'repúblicas das bananas' da América Latina? Muitas vezes, expulsamos líderes populares que queriam a divisão das riquezas da terra entre as pessoas que nela trabalham. Nós os substituímos por tiranos criminosos, para que vendessem seu povo e para que a riqueza da terra fosse levada pela Domino Sugar, United Fruit Company, Folgers e Chiquita Banana. País após país, nosso governo se opôs à democracia, sufocou a liberdade e violou os direitos do ser humano. Essa é a causa pela qual nos odeiam em todo o mundo. Essa é a razão de sermos alvos dos terroristas. Em vez de enviar nossos filhos e filhas pelo mundo inteiro para matar árabes e, assim, termos o petróleo que há sob a sua terra, deveríamos enviá-los para reconstruir sua infra-estrutura, beneficiá-los com água potável e alimentar as crianças em perigo de morrer de fome. Em vez de treinar terroristas e esquadrões da morte, deveríamos fechar a Escuela de las Americas. Em vez de patrocinarmos a rebelião, a desestabilização, o assassinato e o terror no mundo inteiro, deveríamos abolir o atual formato da CIA, e dar dinheiro para as agências de ajuda. Essa é a verdade, senhor presidente. Isso é o que o povo norte-americano deve compreender."

Foi-nos dado o dúbio privilégio de viver em uma época onde nos pedem que tomemos partido entre terroristas ou torturadores, entre praticantes do terrorismo individual, de grupo ou de Estado, entre fundamentalistas islâmicos, fundamentalistas judeus ou fundamentalistas cristãos (a palavra "fundamentalismo" nasceu nos Estados Unidos, para designar as seitas protestantes que preconizam leitura literal do Livro da Gênese, no Velho Testamento). Não, não quero saber de cristãos ou judeus que matam bombardeando. Nem de islâmicos fanáticos que se suicidam matando. No meio deste mundo ensandecido por conflitos religiosos, quando a humanidade ingressa em um século XXI de tristes presságios, a Igreja Católica, pregoeira incessante da "paz na terra entre os homens de boa vontade", permanece como estrela polar daqueles para quem o seu Fundador é a fonte única da esperança humana.

Rio, 5 de dezembro de 2001 | — Há duas semanas, Beatriz soube que sofre de uma enfermidade neurológica, não mortal, mas irreversível, progressiva e incurável pelos meios atuais da medicina.

Não obstante a vida sobrecarregada de filhos, de trabalhos e graves crises de saúde física e psíquica, a perda irreparável do primogênito, inquietações e angústias constantes, sempre pensando nos outros e quase nunca em si, dando-se e dando o tempo todo, a inocência nunca deixou de aflorar através do seu sorriso, da espontaneidade alegre e ingênua de quem nunca perdeu o espírito de infância. Compreendo, agora, o significado profundo da promessa de que seríamos, para sempre, um só corpo. Vivo, por ela e com ela, o mistério do sofrimento do justo. Adentramos, juntos, um túnel iluminado apenas pela fé, pela esperança e pelo amor. A luz ao fim do túnel vem do Homem das Dores.

Virgílio e Beatriz conduziram-me, como a Dante, pelo inferno, purgatório e paraíso.

RIO, 14 DE DEZEMBRO DE 2001 | – Hoje fui à missa de sétimo dia da morte do meu velho amigo Gladstone Chaves de Melo. E percebo, com o tempo, que cada um de nós, cristãos, pode imaginar um paraíso oficioso, onde colocamos aqueles espíritos privilegiados que dificilmente não estarão desfrutando da eterna paz e bem-aventurança. O de Gladstone é um deles.

Conquanto fragilizado pela idade e pela mesma enfermidade que atingiu Beatriz, Gladstone passava bem de saúde. Mas, embora sempre reservado no tocante à manifestação de sentimentos e pensamentos íntimos, confidenciou a uma das filhas na véspera do desenlace, ao aludir à esposa já falecida: "Cordélia está-me chamando." No dia seguinte, engasgou e morreu.

Mineiros ambos, ficamos amigos na Assembléia Constituinte e Legislativa do Estado da Guanabara, e, pouco depois, nos tornamos correligionários, quando me incompatibilizei de vez com o radicalismo de Carlos Lacerda, governador eleito pelo meu partido, a União Democrática Nacional, e ingressei no Partido Democrata Cristão, cuja bancada passou a ser composta por Gladstone e por mim.

Como homem público, ele não se diferenciou do cidadão privado, oblato beneditino de caridade vicentina, cônjuge e pai de família tão exemplar quanto se considerava indigno e pecador, na sua humildade consumida pela angústia. Embora solidário com o governo estadual, não compactuava com as concessões, por vezes inevitáveis, e beirando ou assumindo a corrupção, que se fazem no regime presidencialista brasileiro, para permitir a governabilidade do Executivo, através da formação e manutenção de uma maioria estável no Legislativo.

Acredito que a prudência do colega mais velho e a experiência parlamentar do professor ilustre tenham moderado um pouco os ímpetos agressivos com que eu atuava, então, na política. Por outro lado, penso haver, talvez, contribuído para evitar, com o nosso convívio constante, sua adesão incondicional ao macartismo então em voga entre os lacerdistas mais exaltados, que explodiu, incontido, após o golpe de Estado de 1964, quando às cassações de mandatos e suspensões de direitos políticos se seguiriam prisões arbitrárias, exílios e banimentos, torturas e assassinatos.

Naquela época, como na guerra civil espanhola, boa parte dos católicos militantes julgava, às vezes de boa-fé, que a ditadura militar parafascista então vigente no Brasil defenderia sua Igreja mais seguramente contra a ameaça do comunismo que o regime democrático. Gustavo Corção, ex-comunista, era o representante principal dessa mentalidade. E Gladstone lhe foi sempre muito próximo. Inclusive topograficamente, como quase vizinho no Cosme Velho.

Alceu Amoroso Lima, principal oponente ideológico de Corção no laicato católico (embora sempre houvesse declinado responder-lhe às objurgatórias), reconheceu haver também vivido essa fase de fanatismo do cristão-novo durante a década compreendida entre o fim dos anos vinte e o dos anos trinta, após a qual se reconverteria, aos poucos, às atitudes mais humanas do cristão-velho. Sentia-me solidário com sua defesa das posições mais avançadas da Igreja, quando esta começou, sob o pontificado de João XXIII, a dissociar-se de posturas até então habituais das altas hierarquias católicas, pelo menos solidárias, senão caudatárias, do poder político e do poder econômico. E concordava com a resistência inabalável que ele ofereceu, até o fim da vida, à ditadura militar.

Pela mesma ocasião, outra alma eleita ascenderia ao meu céu particular — a da querida Anna Di Renzo, que se ocupava, em Roma, da nossa casa e dos nossos filhos mais velhos, na segunda metade dos anos cinqüenta. Alegre, inteligente e perceptiva, foi uma das pessoas mais bondosas que conheci na vida. Externava opiniões firmes, claras, justas e engraçadas. Sem ser bonita, Anna tinha muita graça, mas eu nunca soube de algum namorado seu. Jamais se casou, e vivia sempre dedicada ao próximo, à família, aos irmãos numerosos, à irmã mais moça, por cuja beleza exótica demonstrava admiração incontida, às sobrinhas e sobrinhos.

Aos nossos dois pequenos, ensinou uma oraçãozinha graciosa em italiano. Mas, chocada com a suntuosidade das cerimônias vaticanas, sentia-se marginalizada pelos eclesiásticos distantes: "— *Non fanno caso della povera gente*", disse-me certa vez. E assistia à festa anual do Partido Comunista, a 1ª de maio.

Quando perdemos o filho criado por ela, a generosa Anna mandou-nos, da Itália para o Brasil, um longo telegrama, que deve ter consumido boa parte dos ganhos mensais do seu novo emprego como zeladora de um prédio escolar. Lembrava-se sempre de nós nas festas de fim do ano, e, quando tornávamos a Roma, nunca deixou de nos visitar. Na última vez, presenteou Beatriz com uma blusa artesanal, de confecção dispendiosa. Agora, foi reunir-se a Virgílio. Ficou encantada, como diria Guimarães Rosa, no Reino Encantado que é a última esperança de todos os cristãos.

Anteontem, cumpriu-se o centenário do nascimento de Lúcia Miguel Pereira. Prima de minha mãe, a grande dama da literatura brasileira, crítica ilustre, biógrafa primorosa de Gonçalves Dias e Machado de Assis, era solteira quando se ligou ao desquitado Otávio Tarqüínio de Sousa, historiador eminente. Então, a legislação civil não admitia o divórcio entre nós. No começo do namoro, Afonso Arinos quis brincar com o amigo, mas Otávio advertiu-o de que não o fizesse, pois aquele seria o acontecimento mais importante da sua vida. Não tiveram filhos. Eu os considerava um pouco tios, e deles recebia o tratamento de um sobrinho. Dedicava grande amizade a Otávio, e muito carinho a Lúcia. A proximidade de ambos com meus pais fazia com que nos freqüentássemos amiúde, no Rio de Janeiro e em Petrópolis.

Sem terem podido unir-se na Igreja, não conheci casal de convivência mais exemplarmente cristã que a deles. É-me impossível pensar em um dos dois sem recordar o outro. E me lembro da atenção devotada e da bondade com que se tratavam mutuamente. Sua sobrinha, afilhada, excelente pintora e minha irônica prima Teresa Nicolao dizia-me que, para a *madinha* (sic), "tudo que ele faz é dourado", como quando ao contar-lhe, com admiração e enlevo, que "Otávio come mamão de manhã." Na casa de campo da Samambaia, nos arredores de Petrópolis, ambos embutiram, na parede lateral do escritório, duas grossas tábuas contíguas, a mais alta para Otávio, a mais baixa para Lúcia, onde escreviam lado a lado, trocando textos, idéias e opiniões.

Estiveram conosco, em Roma, por cerca de uma semana. Certo dia, passávamos defronte a um cinema que exibia *Guerra e paz*, baseado no romance de Tolstói. Lúcia perguntou-me se eu já havia lido o livro, ao que respondi negativamente. No dia da partida, presentearam-me com a edição da *Pléiade*, acompanhada da carta que transcrevo, carta estranha, de excepcional bondade e carinho, escrita por Otávio e firmada por ambos. Parecia uma despedida, e era — a frase final demonstra-o claramente. Pois nunca mais os vi, até o acidente aéreo que os levou juntos no ano seguinte, como juntos passaram a vida inteira, desde a sua união. "Creia — afirmava o grande historiador — que a sua companhia em Roma fez a nossa estada aqui mais agradável e bela, porque a sua gentileza e o seu amável convívio se somaram aos prodígios desta cidade sem igual. Cresceu o seu lugar em nosso afeto e é do íntimo do coração que desejamos a realização de todos os seus ideais, de todos os seus sonhos. A propósito do filme *Guerra e paz* você nos disse que ainda não lera o romance. Ei-lo aqui. Que você se lembre um pouco de nós sempre que este livro estiver ao alcance dos seus olhos."

De Roma eu seria, pouco depois, transferido para Viena. O Itamarati já havia feito copiar, a pedido de Otávio, 319 cartas da nossa imperatriz Leopoldina ao pai. O biógrafo ilustre de Pedro I me escrevia, em dezembro de 1959, que já tivera "durante alguns dias as fotocópias em casa e pude examiná-las. Estão sendo traduzidas e serão publicadas em breve com longa introdução minha. Mas o assunto não está esgotado. Há mais e há talvez mais e melhor. No arquivo da imperatriz Maria Luísa (...), que seria vendido em leilão, em Munique, em abril ou maio do ano passado, mas não o foi por intervenção do governo da Áustria, há 310 cartas de D. Leopoldina à sua irmã. São cartas seguramente mais importantes do que as escritas ao pai, pelo abandono entre irmãs, pela necessidade de confidência da irmã mais moça a abrir-se com a mais velha e experiente. As cartas pertencem a três senhoras, duas das quais vivem em Viena, descendentes do conde de Montenuovo. (...) O arquivo consta de 8.000 documentos e a parte relativa à nossa ex-imperatriz é a menos valiosa para a Europa. E você, querido Afonsinho, poderá dar boa ajuda. Aguardo ansioso sua resposta."

Mas a resposta não chegou a ser-lhe enviada. Nos últimos dias daquele mês e ano, colegas de trabalho tentaram evitar-nos o choque, que entristeceria a festa de Natal preparada por Beatriz para os companheiros de Embaixada e os jovens brasileiros estudantes de piano em Viena (eu estava encarregado de entregar-lhes, na chancelaria, o auxílio modesto que recebiam todos os meses do nosso governo). Porém chegou-nos, afinal, a notícia terrível do desastre com o avião que transportava Lúcia e Otávio de São Paulo para o Rio, literalmente abatido por pequena aeronave de treinamento da Força Aérea, quando se preparava para pousar. Sérgio Buarque de Holanda — co-autor, com Otávio Tarqüínio de Sousa, do melhor livro sobre História do Brasil para o ensino médio que conheço — e sua mulher Maria Amélia (outra prima, esta de Afonso Arinos, com prerrogativas de tia) tinham levado os amigos ao aeroporto. Ao chegarem em casa, receberam a informação trágica pelo rádio. E eu, que já soubera do paradeiro das cartas de Leopoldina nas mãos de senhoras idosas residentes em Viena, desisti da pesquisa, entristecido e desestimulado com o desaparecimento do seu destinatário.

Rio, 26 de dezembro de 2001 | — O Natal de ontem foi triste, em todo o mundo. Em Roma, porque mal se ouvia o fio de voz do papa, prostrado pelo mal de Parkinson, pela idade e pelos acidentes físicos que já sofreu, a pedir que o santo nome de Deus (ou Iavé, ou Alá) nunca mais seja usado para justificar o ódio. Que nunca mais sirva de razão para a intolerância e a violência. A clamar pela paz para os pequenos inocentes que sofrem em toda a Terra. Para as crianças palestinas e as israelenses. Para as afegãs e as americanas. Para as tutsis e as hutus. Poderíamos acrescentar as iraquianas e as cubanas, que se esvaem com o boicote econômico praticado pelos americanos; as católicas, perseguidas pelos protestantes na Irlanda do Norte; e tantas outras mais, como as brasileiras miseráveis, desalojadas pelas enchentes destes últimos dias.

O século começou mal. O secretário da Defesa dos Estados Unidos ameaça violentar arbitrariamente a soberania de qualquer país à cata de terroristas, reais ou imaginários. Aproveita, assim, a oportunidade oferecida pelos atentados terríveis de 11 de setembro a fim de, substituindo o terrorismo pelo comunismo como o adversário a ser combatido, expandir a presença militar americana no mundo, para defender os próprios interesses políticos, econômicos e estratégicos. O número de afegãos inocentes, dizimados pelos bombardeios dos que se autoproclamam justiceiros, já equivale ao dos destroçados pela chacina sinistra de Nova York e Washington.

O Menino nasceu num cocho, não num coche. Entre operários e pastores, numa estrebaria, distante dos palácios de ricos proprietários e negociantes. Adulto, Ele afirmou que sempre haveria pobres entre nós. E indagou se, quando voltasse, ainda encontraria fé na Terra. Ao dar a vida em troca da nossa redenção, apoiou a cabeça na madeira da cruz, não em uma almofada.

Em dois mil anos de cristianismo, pouco mudou. Apesar de tudo, nossa obrigação é fazer cada qual, humildemente, o que puder para modificar esse estado de coisas, pela palavra, pela ação e pela autodoação. Frei Beto definiu como "a mais feliz experiência humana a de entrar no céu antes de morrer, pela porta da oração e, sobretudo, da ação amorosa que engendra a vida. Isso é um dom divino, uma tarefa política e uma experiência mística." Devemos tentá-lo, embora conscientes da pouca utilidade dos nossos pobres esforços, e de que as injustiças permanecerão até o fim dos tempos. Pois quem manda por aqui é o príncipe deste mundo.

RIO, 30 DE DEZEMBRO DE 2001 | – O meu caro colega e velho amigo Rubens Ricupero – ex-ministro da Fazenda, atual secretário-geral, em Genebra, da Conferência das Nações Unidas para o Comércio e o Desenvolvimento (UNCTAD), presença moral e intelectual a honrar o Itamarati no Brasil e no mundo — surpreendeu-me, hoje, no artigo sempre substancioso e oportuno com que costuma enriquecer as colunas da *Folha de S. Paulo*. Isso ao lembrar, quando tratava da "série de reviravoltas justificadas pelo anticomunismo, com apoio americano ostensivo ou implícito, que iria marcar a exacerbação da guerra fria", ter sido "a culminação desse intervencionismo (...) o atoladouro do Vietnã, que só não engoliu vidas de soldados brasileiros graças, em boa parte, à coragem do então deputado Afonso Arinos Filho, e à ação oportuna do presidente da Câmara, Bilac Pinto, mobilizado por Afonso".

A memória de Ricúpero traz à colação episódio quase esquecido, pois, na época, não chegou a emergir dos bastidores para conhecimento da opinião pública. Sobre ele, possuo cópia de documento, manuscrito de próprio punho, mas sem assinatura, pelo presidente Castelo Branco, datado de 17 de janeiro de 1966, e intitulado "DIRETRIZ particular e íntima para o Ministro Juracy Magalhães", do qual transcrevo, com uma frase truncada e *ipsis litteris*, o item "1 — O caso do VIETENAM (*sic*) está repercutindo em cheio sobre o Governo do Brasil. O Embaixador Gordon, em sua última conferência comigo, antes do Natal, me transmitiu o pedido do Presidente Johnson para o nosso país colaborar no esforço norte-americano. Disse-me que em 1966 será considerável o montante de efetivos (mais de 400.000 homens). Sugeriu, então, que enviássemos meios de guerra (tropas terrestres, navios ou aviões), médicos ou mesmo enfermeiras. Veio a ofensiva de paz, e isso suspendeu as conversações. Eu lhe pediria que retomássemos (...) trocada a respeito de nossa cooperação nas negociações de paz (a nossa resposta parece fraca)."

Em 1964, eu regressara da Holanda, onde servia na Embaixada da Brasil, para ocupar, como primeiro suplente, a cadeira que me estava reservada na Câmara, vaga com a designação do deputado Juarez Távora para o ministério do presidente Castelo Branco, e, tão logo assumi o mandato, entrei a fazer oposição ao regime implantado pelo golpe militar daquele ano. Criticava, sobretudo, a política externa de total submissão aos americanos, então praticada pelo Itamarati (um chanceler chegara a dizer: "o que é bom para os Estados Unidos é bom para o Brasil"). Mas preservava sólidas amizades no meio governista, dentre as quais a do deputado Bilac Pinto, amigo da mocidade de Afonso Arinos e seu companheiro na União Democrática Nacional, partido do qual os dois haviam sido fundadores durante a luta em oposição à ditadura do Estado Novo. Foram ambos, aliás, os que mais se empenharam (Afonso como líder do partido) para que a UDN tornasse mais estrito o monopólio estatal do petróleo quando da criação da Petrobrás, pois a mensagem inicial, enviada ao Congresso pelo presidente Getúlio Vargas, ainda permitia, em certos casos, a participação de capitais estrangeiros.

Divergindo, às vezes, de Bilac, respeitava-o e o estimava, sentimentos que ele sempre retribuiu. Quando se candidatou à presidência da Câmara dos Deputados, em pleito disputado, procurou-me para pedir apoio, e justificar-se quanto ao conceito que, a seu ver, eu formaria dele como de um reacionário. Embora hesitante pela minha condição de oposicionista, acabei por dar-lhe o meu voto. De fato, o anti-subversivo ferrenho era também político íntegro, jurista ilustre e patriota vigoroso. Esta última condição vinha à tona cada vez que julgava ameaçados os mais lídimos interesses nacionais.

Um dia, ele me surpreendeu ao apresentar, do seu posto na presidência da Câmara, projeto de resolução negando ajuda de custo aos deputados convidados a visitar países submetidos a regime comunista, com os quais o Brasil mantinha relações diplomáticas. Subi à Mesa, e o adverti, pessoal e reservadamente, que sua proposta era inconstitucional. "– Inconstitucional por que?", indagou. Argumentei que, pela Constituição, era prerrogativa do Executivo manter relações internacionais, e o Legislativo não poderia distinguir onde o Executivo não o fazia. Neste momento, senti que Bilac, com sua integridade habitual, me dava razão, porque me disse: "— Levante este problema como questão de ordem. Manterei a proposta, mas você, pelo artigo (*que me citou*) do Regimento, dela poderá recorrer à Comissão de Justiça." Fizemos conforme o combinado, o presidente manteve a iniciativa, dela recorri, ele deferiu o meu recurso, e nunca mais se falou daquele projeto de resolução.

Tanto no tocante ao pedido de que contribuíssemos com forças armadas para a intervenção americana no Vietnã quanto por ocasião da remessa de tropas brasileiras à República Dominicana, ordenada pelo presidente Castelo Branco para acobertar e legitimar a ocupação daquele país pelos Estados Unidos, Bilac Pinto reagiu contra. Nas duas oportunidades, quis conversar comigo a respeito, pediu-me opiniões e subsídios diplomáticos. No segundo caso, a fim de expedir nota sobre o assunto, em sua qualidade de presidente da Câmara.

O Vietnã acabou não passando de sondagem. Já na crise dominicana de 1965 — ocasionada pela invasão daquela República por fuzileiros navais americanos para sufocar um levante popular que visava a restauração, na chefia do Estado, do presidente Juan Bosh, legitimamente eleito e depois afastado por golpe militar (sob a alegação, claramente falsificada, de que, no movimento, haveria infiltração comunista de origem cubana) —, fiz três discursos em plenário sobre o assunto, aparteei seguidamente pronunciamentos alheios e encaminhei a votação contrária em nome da oposição. Pela bancada do governo, falou o ex-chefe integralista Plínio Salgado.

Além do episódio recordado por Ricúpero, houve outro em que agi, como deputado, com discrição que, dadas as circunstâncias, devia ser absoluta. Passados trinta e cinco anos, creio poder narrá-lo agora.

Chegaram-me ao conhecimento rumores, cada vez mais insistentes, de que um desvairado coronel brasileiro planejava incursionar ao Uruguai, à frente de comandos armados dentro de helicópteros, para seqüestrar Leonel Brizola na sua fazenda em Atlântida. Colegas do Itamarati informavam-me sobre o radicalismo reinante na Embaixada do Brasil em Montevidéu, onde três representantes do nosso governo, entre diplomatas e militares, viriam a ser expostos publicamente anos depois, por um ex-agente da CIA, como ligados à central de inteligência dos Estados Unidos. Fui ao líder do governo, Pedro Aleixo, ao presidente da Câmara, Adauto Cardoso, ao presidente do Supremo Tribunal Federal, Álvaro Ribeiro da Costa, advertindo-os de que uma ocorrência símile ocasionaria desastre sem precedentes para as relações internacionais do Brasil, ao levar por água abaixo meio século da nossa política de boa vizinhança no Prata, desde que o barão do Rio Branco firmara generosos tratados de fronteira com o Uruguai.

Os rumores, todavia, chegaram ao líder da oposição. Então, Doutel de Andrade disse-me que não se poderia omitir sobre assunto de tal gravidade. Mas encareci-lhe que não o fizesse, que confiasse nas minhas gestões reservadas, pois, se havia tema insuscetível de ser tratado de público, era aquele. Doutel, generosamente, se absteve de falar. E eu nunca soube qual dos meus interlocutores conseguiu torpedear o projeto do energúmeno.

RIO, 14 DE MARÇO DE 2002 | — A morte de Jonas Savimbi em combate liqüidou com um chefe guerrilheiro que, neste último quarto de século, subsidiado pelos Estados Unidos e pela África do Sul do *apartheid*, trucidou mais de meio milhão de pessoas em Angola, aleijando milhares de outras, entre adultos e crianças, com explosões de minas terrestres. O presidente Reagan, durante a guerra fria, ousara defini-lo como o Abraham Lincoln angolano.

Da mesma forma, os americanos apoiaram regimes criminosos na República Dominicana, na Nicarágua e noutros países que consideram integrantes do seu *back yard*, encabeçados por bandidos do porte de Trujillo e Somoza. Sobre este, o grande presidente Franklin Roosevelt definiu, com cinismo exemplar, não só o aliado escolhido como a ética da política externa de seu país, ao dizer do ditador militar que "ele é um filho da puta, mas é nosso filho da puta".

Hoje, o presidente Bush, que se especializara em negar clemência a mais de trezentos criminosos condenados à morte no Texas quando ele governava aquele Estado, após ascender à chefia da República em pleito de legitimidade mais que suspeita, já liquidou, pelo menos, tantos inocentes no Afeganistão quantos os terroristas da Al Qaeda trucidaram nos atentados do ano passado em Nova Iorque e Washington. Os americanos descartam este morticínio asiático como "perdas colaterais", como se vidas humanas "centrais" – isto é, ocidentais – fossem mais preciosas. Então, os mortos do *Trade Center* e do Pentágono também seriam vítimas periféricas, pois o que terroristas visavam eram os símbolos do poder financeiro e militar americano, Mamon e Marte. Lembra-me ter ouvido na televisão, quando servia na Embaixada em Washington, nos anos setenta, o general Westmoreland, comandante-chefe das forças americanas no Vietnã, descartar as mortes infligidas por seus comandados naquele país (foram mais de dois milhões, contra cerca de cinqüenta e oito mil americanos), com a alegação de que orientais sofreriam menos com tais perdas. Enquanto isso, assinalou João Paulo II em seu mais recente discurso ao corpo diplomático acreditado no Vaticano, "o grande perigo é que outras situações passem inobservadas, e contribuam a fazer com que povos inteiros sejam abandonados ao seu triste destino".

O influente colunista americano William Pfaff escreve que "os Estados Unidos são, de alguma forma, o primeiro estado protomundial. Eles têm capacidade de encabeçar uma versão moderna do império universal, um império espontâneo, cujos membros se submetem, voluntariamente, à sua autoridade." Bush assume, sem qualquer apoio no Direito Internacional, as funções de acusador, juiz e chefe de polícia no tribunal do mundo. Mas assiste impassível, de olho na mídia, nas finanças e no eleitorado judaicos, ao massacre de civis na Cisjordânia e na faixa de Gaza, abusivamente ocupadas por Israel. Contudo, é possível que só um governo como o de Sharon, insuscetível de ser ultrapassado pela direita, tenha condições de fazer a paz com os árabes. Como o general De Gaulle manobrou para retirar os colonos franceses da Argélia e aceitar a independência daquele país, e o direitista Nixon foi o único capaz de entabular relações com a China comunista, e extrair os Estados Unidos do sangrento lodaçal vietnamita, onde tinham criminosamente penetrado. Os generais Anwar Sadat, egípcio, e Itzak Rabin, israelense, pagaram com a vida a audácia de se haverem tornado pacifistas.

Na Palestina, tornam-se rotineiros, por parte dos israelenses, os bombardeios de áreas residenciais, os assassinatos seletivos, as torturas infligidas a prisioneiros e a demolição de casas em grande escala. A contrapartida são os atentados terroristas por suicidas fanáticos. A propósito, o papa afirmou, ainda, que "só o respeito do outro e das suas aspirações legítimas, a aplicação do Direito Internacional, a evacuação dos territórios ocupados, e um estatuto garantido internacionalmente para os lugares mais sagrados de Jerusalém, são capazes de encaminhar um processo de pacificação nessa parte do mundo, rompendo a cadeia infernal do ódio e da vingança".

O governo americano verbera o comunismo na pequena Cuba, mas não na China, onde os seus empresários esperam fazer "negócios da China". Em Washington, um subsecretário da Defesa já teve a honestidade de dizer que a marca registrada da política externa do seu país era o *double standard*, o sistema de dois pesos e duas medidas. Os cubanos são instados, com razão, a respeitarem os direitos e garantias individuais constantes da Declaração Universal dos Direitos Humanos (texto ao qual os Estados Unidos, por sinal, sempre recusaram atribuir caráter vinculativo), mas a mesma exortação não se aplica, por exemplo, aos príncipes sauditas, que controlam o mar subterrâneo de petróleo na Arábia, explorado pelas empresas americanas. Sauditas, aliás, estreitamente ligados, por interesses financeiros, ao clã dos Bush.Os índios plantadores de coca nos países andinos são implacavelmente reprimidos, o que não ocorre com os consumidores da cocaína nos Estados Unidos. Isso faz desse país a meta privilegiada da droga produzida no planeta, e, em conseqüência, o principal responsável pelo estímulo aos traficantes internacionais. Como são os maiores poluidores atmosféricos, enquanto insistem, também com razão, em que a devastação da floresta amazônica seja controlada.

Para nós, os Estados Unidos e a Inglaterra sempre foram exemplos a seguir em matéria de organização institucional democrática. A Itália é o espelho das artes plásticas. A França, o modelo da criação intelectual e literária. E, no terreno religioso, a salvação nos veio dos judeus, pelo judeu Jesus Cristo.

Pois, hoje, o governo italiano tem à frente o primeiro magnata do país, Sílvio Berlusconi, dono, entre outros grandes conglomerados econômico-financeiros, das três principais redes privadas de televisão, e que trabalha febrilmente para controlar os três canais públicos. Indiciado por corrupção ativa em dezenas de processo penais, que se esmera em fazer caducar por decurso de prazo, gostaria de ser um novo Mussolini. O presidente da República Francesa, Jacques Chirac, se atola até o pescoço em acusações de corrupção passiva e financiamento partidário ilegal quando era prefeito de Paris. O primeiro ministro britânico, Tony Blair, recomendou por carta a governo estrangeiro um empresário amigo que o favorecera.

No Brasil, Fernando Henrique Cardoso goza do oitavo e último ano de um governo devido a emenda constitucional permitindo a reeleição, que ele patrocinou, em causa própria, no Congresso, com votos cuja compra, confessada por deputados vendidos, nunca foi apurada. Mas, feitas as contas, tem acertado mais do que errou. A inflação sob controle, a lei de responsabilidade fiscal, são aspectos positivos da sua administração. Reconheça-se ainda que, ao apagar das luzes do governo, assume atitudes mais consentâneas com a independência nacional e com os interesses comerciais brasileiros. Entretanto, o presidente parece não perceber que o prestígio externo do Brasil (não o seu, pessoal) é proporcional a uma postura autônoma nas relações internacionais. Temos tamanho e recursos para isso. Deveríamos buscar, em alianças com outros grandes países, como a Rússia, a Índia, a China e a África do Sul, o contrapeso necessário à potência hegemônica norte-americana. Apesar do permanente ressentimento argentino para conosco, aprofundar a integração do Mercosul, no sentido de estendê-lo a todo o continente austral, com adoção, no futuro, de uma moeda única, conforme o exemplo do euro na União Européia.

Por outro lado, a polícia brasileira só age com sucesso na apuração dos delitos que atraem a opinião pública. Com ela, pobre não tem vez, ou sofre em suas mãos. Contudo, o Ministério Público, atuando com independência e coragem, reacende fortes esperanças de que a ética volte a prevalecer na atividade política. Está mais do que na hora dos inquéritos policiais se subordinarem à magistratura, sendo o Ministério Público o único setor dos três poderes onde se pode apontar um progresso institucional positivo, ao denunciar e enquadrar, na lei penal, oligarcas convencidos, até então, da própria impunidade.

RIO, 1 DE MAIO DE 2002 | — Se fosse vivo, Oto Lara Resende completaria, nesta data, oitenta anos. De poucos amigos sinto, hoje, tanta falta quanto a dele. Na minha própria família, uma prima disse-me, certa vez, que Oto fazia a ponte entre nós todos.

Eu tinha uns doze anos quando Israel Pinheiro alugou uma casa defronte à nossa, em Copacabana. Seu pai, João Pinheiro, fora grande amigo e sucessor, no governo de Minas Gerais, de Cesário Alvim, avô de Afonso Arinos, pronunciando-lhe, à beira do túmulo, o elogio fúnebre. Israel, experiente político mineiro, era velho companheiro e colega de Afonso na Câmara, e costumava dizer que, se o seu partido, o Social Democrático, e o de Arinos, a União Democrática Nacional, não os atrapalhassem, eles resolveriam os problemas públicos ali mesmo, na rua Anita Garibaldi. Daí a intimidade entre seus nove filhos e filhas, meu irmão e eu, nos longos anos em que lá residimos como vizinhos.

Dentre as graciosas meninas de Israel, Helena se fazia notar pela beleza tímida e suave. Jovens admiradores não lhe faltavam no Rio e em Belo Horizonte, até que por lá começou a aparecer, com insistência, um moço magro, moreno e falante. Era o Oto.

O noivado seguiu as regras de praxe das tradicionais famílias mineiras. Com freqüência, os irmãos de Helena os acompanhavam, e, certa vez, coube-me este papel. Ocasião inesquecível, pois Helena pedira emprestado o automóvel de um tio, para passearem. Com Oto ao volante, dobramos a primeira esquina e, ao empreendermos a segunda, o carro desgovernou-se e abraçou o poste à nossa frente, para total desolação e constrangimento dos jovens noivos.

Casaram-se em bela cerimônia no mosteiro de São Bento. Quando chegou a nossa vez, em 1955, Beatriz e eu adquirimos, por coincidência, um pequeno apartamento quase fronteiro àquele onde moravam Helena e Oto, na Gávea. E, ali, a casa de Oto se tornou o centro constante das palestras inesgotáveis daquele incansável fazedor de amigos.

Entre os visitantes freqüentes de Oto encontravam-se Fernando Sabino, Paulo Mendes Campos, Hélio Pellegrino, sempre romântico e exaltado, Marco Aurélio Matos, Carlos Castelo Branco, também casado, havia pouco, com a bela e voluntariosa Élvia, Luís Edgar de Andrade, José Carlos de Oliveira, Nelson Rodrigues, Rubem Braga, Armando Nogueira, Wilson Figueiredo, Murilo Rubião, José Aparecido de Oliveira, e tantos outros amigos e jornalistas. Estes últimos, vindos de todos os cantos do Brasil, mas sobretudo de Minas, compunham a nata da imprensa carioca de então.

Nos dias dos dois golpes de Estado sucessivos com que os generais Lott e Denys depuseram os presidentes Café Filho e Carlos Luz, lá nos encontrávamos quando Nelson Rodrigues, admirador maníaco do Oto, lhe telefonou, mas quem atendeu foi Hélio Pellegrino. Que, incontinenti, se pôs a deblaterar contra os militares golpistas. Nélson, cauteloso, recomendou prudência, pois o outro falava da casa do genro de um político influente, e o telefone bem poderia estar censurado. Foi quando Hélio, teatral, entrou a desafiar o censor imaginário, declinando a própria identidade, profissão e endereço. O bravo dramaturgo emendou então: "— Isso mesmo, Hélio! A gente deve assumir as próprias opiniões, enfrentar as conseqüências." E anuía ao interlocutor, provocando a censura: "— Eu também arrosto qualquer ameaça, senhor censor. Me chamo Djalma de Sousa, moro na rua Riachuelo..."

Mais tarde, Nelson Rodrigues chegaria a denominar *Bonitinha mas ordinária ou Oto Lara Resende* uma peça de teatro que, levada às telas de cinema, teve grande sucesso de bilheteria. Seu *leitmotiv* foi um dito de Oto, o inigualável frasista, que o fascinara: "– O mineiro só é solidário no câncer." Fernando Sabino, como outros amigos, julgou o título da peça desmoralizante, instando Oto a reagir. Este, embora preferisse não polemizar, acabou concordando em queixar-se ao autor. Mas Nelson redargüiu, com seu vozeirão cavernoso: "– Humilhante nada, Oto! Ele queria é que a peça se chamasse *Bonitinha mas ordinária ou Fernando Sabino*."

Já era considerável a experiência jornalística de Oto Lara Resende quando Adolfo Bloch chamou-o para assumir a chefia da redação de *Manchete*, que fundara ambicionando disputar com *O Cruzeiro*, de Assis Chateaubriand, a preferência dos leitores cariocas. Oto convidou-me para colaborar na seção internacional da revista, o que fiz até partir para o meu primeiro posto diplomático, redigindo longas matérias com o pseudônimo de Gil Cássio. Este, herdara-o do meu tio-avô e homônimo Afonso Arinos, por ele adotado quando escrevia no *Estado de Minas*, pois a carreira diplomática veda aos que a seguem publicar, sem autorização superior, artigos sobre política externa. Eu preferia dizer o que pensava. E de fato, ao tratar, um dia, da situação peruana, Gil Cássio, que criticara duramente a ditadura do general Odria, então vigente naquele país, recebeu pronta resposta do embaixador do Peru.

Aprestava-me, então, a assumir meu primeiro posto diplomático, o de secretário da Embaixada em Roma (de onde passei a enviar, sob o mesmo pseudônimo, crônicas para o *Jornal do Brasil*, a convite de Odilo Costa, filho), e surgira para Oto a oportunidade de trabalhar como adido cultural na Bélgica. Mas ele, hesitando muito, indagava sobre a capital belga, e consultava os amigos sem cessar. Um dia, confidenciou-me que, se não viajasse logo, acabaria por tornar-se um daqueles tipos populares então em voga no Rio, sentado numa sarjeta, enquanto os passantes o apontariam: "— Olha ali o Bruxelas."

Seguimos ambos para o exterior, onde nos visitamos mutuamente. Por suas mãos, Beatriz e eu conhecemos a Bélgica, onde passamos uns poucos dias, hospedados no apartamento em que ele e Helena residiam na capital. Por lá fizemos incursões deslumbrantes pelos canais, palácios e museus de Bruges, e passeamos por Gand, encantados com o Cordeiro Místico de Jan van Eyck na catedral de Saint-Bavon.

Isto foi em 1957. No ano seguinte, chegou a vez dos nossos amigos virem por um mês à Itália, onde alugamos casa no balneário de Fregene, a uns vinte quilômetros da capital. Oto viajou de Bruxelas a Roma ao volante do seu carro, pelas atravancadas rodovias peninsulares (a *Autostrada del Sole* ainda não existia). Egresso da Bélgica ordeira e silenciosa, espantou-o a desordem, a indisciplina, a gritaria e a movimentação incessantes encontradas por onde quer que passasse. Ao chegar, comentou nunca haver visto um povo tão parecido com a caricatura de si mesmo quanto o italiano.

Na praia de Fregene, encontrávamos o meu amigo de mocidade, Antônio de Teffé, filho do diplomata e ex-campeão brasileiro de automobilismo Manuel de Teffé. O belo Antônio era, então, astro dos chamados *spaghetti-western*, filmes em grande moda naquela época, onde atuava com o nome artístico de Anthony Stephen. E estava acompanhado por uma estrela que então brilhava entre as de primeira grandeza no firmamento do cinema italiano, Franca Bettoja. Ao emergir das águas azuis do Mediterrâneo, a deusa dourada dava a Oto e a mim a impressão de assistirmos a uma *reprise* do Nascimento de Vênus, de Sandro Botticelli.

Dali excursionávamos incessantemente pelos arredores. Levei-os, um dia, a Castelgandolfo para verem o papa, que lá veraneava, e, quando Pio XII apareceu no balcão, a pequenina Cristiana, surpresa, interpelou Oto: "— Ué, papai, o papa é gente?"

Outro período de férias, em 1968, passamos juntos em Portugal. Oto lá se encontrava como adido cultural, e eu vinha por via aérea de Genebra, onde servia na qualidade de cônsul do Brasil. Ele esperava-me, com Helena, no aeroporto de Lisboa, e dali mesmo subimos para a quinta de nossas primas no Minho. Íamos comendo os deliciosos pastéis mineiros preparados pela boa Geralda, enquanto Helena trazia ao colo a caçulinha recém-nascida e ainda sem nome, que o pai apelidara Maria-pão-de-queijo, por lembrar-lhe uma figura popular da sua São João del Rei. Foi uma temporada deliciosa, com excursões ao Douro e à Galícia. Já conhecíamos o norte de Portugal, mas a nova oportunidade reforçou o prazer com o qual aceitei o Consulado-Geral no Porto, posto que, anos mais tarde, me seria oferecido.

Oto era um conversador brilhante, incansável, e um correspondente compulsivo. Pajem que fui do seu namoro com Helena, escreveu-me incontáveis vezes, para diversos postos diplomáticos, mas suas primeiras cartas que encontro datam dos anos sessenta. E uma deles, de princípios de setembro daquele ano, descreve seu regresso da vilegiatura na quinta em Gondarém, trazendo para Lisboa nossos dois filhos menores, e, ao mesmo tempo, demonstra a graça incomparável do escritor: "Depois de uma viagem estafante, chegamos às onze horas da noite. Estrada sobrecarregada de trânsito, um inferno. Cheguei arrasado e já havia aqui um bilhete me convocando para a despedida (...). Melancolia terrível, meu caro, é a 'adidal cultural'... Imagine que, logo depois de Viana, encontramos a estrada barrada, tudo parado, por motivo de uma... festa. Não é espantoso? Tivemos de dar uma volta imensa. Fiquei indignado e na maior admiração por este país que bloqueia a sua principal rodovia para soltar foguetes e buscapés – não é genial? A volta, para evitar o cortejo de inúmeros carros praticamente parados, me levou de novo a Barcelos, etc. Fui sair na Povoa (sempre o Eça). Estava uma tarde bonita, um céu lavado (...), Portugal todo endomingado – um espetáculo digno de ver-se e até de escrever-se, se eu escrevesse. Isto é apenas a simpática soma de muitas aldeias. Que país rural, que século XIX!"

Lembro-me, ainda, do pasmo de Afonso Arinos, quando Oto, eleito para a Academia Brasileira de Letras, ao convidá-lo para o receber em 1979, concitava-o, em cartas sucessivas e prementes, a aproveitar o ensejo do discurso para um pronunciamento significativo sobre Minas Gerais e os mineiros, mas deixando o mais possível de lado o recipiendário. Afonso, em suma, deveria acolher Oto Lara Resende, mas sem falar nele. E isso em nome do bom senso mineiro.

Eu poderia escrever, aqui, páginas e páginas, recordando Oto, a humanidade, a integridade, a lealdade e generosidade para com amigos, que o caracterizavam. Eram legendárias suas tiradas humorísticas, sempre desconcertantes. As crianças o fascinavam. Os contos de *Boca do inferno* estão entre os mais pungentes que já li, narrando dramas e tragédias da infância. Grande jornalista, entrevistador de televisão, romancista, contista, cronista, escritor infatigável (inclusive de cartas), dele ficará, sobretudo, entre os que tiveram o privilégio de desfrutar-lhe da amizade e companhia, a lembrança de um conversador sem igual, pela inteligência fulgurante de sua presença, espalhando idéias e frases, verdadeiras gemas preciosas, como se fossem pedras sem valor. Contudo, este jorro de espírito escondia uma profunda angústia existencial. E ele acreditava na redenção.

Preocupado com a idade e a idéia da morte, evitou comemorar as sete décadas, fugindo para o exterior. Explicava-me, ao escrever para a Holanda em maio de 1992, que "sou agora, nem dá para disfarçar, um velho. Ou um velhinho, como do Castelo digo eu. O mesmo ele poderá dizer de mim. 70 anos. Jamais pensei que chegasse a isto, idade do meu avô." Chegou, porém não os ultrapassaria. "Entrementes, morre muita gente e o mundo vira um deserto pra um sujeito da minha velhice. Fora o Rob (*Roberto*) Marinho, todo mundo morreu ou está com o pé na cova. A começar por mim." Mas ainda pude visitá-lo quando passei as férias anuais no Rio, e o deixei muito feliz ao assegurar-lhe, com sinceridade, que, de todas as moças por mim vistas naquela estada, a mais bonita fora sua filha temporã, Helena Cristina, a Maria-pão-de-queijo, sobre quem ele, um dia, me escrevera contando que lhe enchia "a casa, o mundo, a vida".

Um dia — faz já dez anos —, eu me encontrava na chancelaria da nossa Embaixada na Haia quando minha mulher telefonou-me de casa, chorando. Oto se fora, de forma totalmente inesperada, em conseqüência de intervenção cirúrgica banal. Tínhamos uma convidada diplomata para o almoço, mas Beatriz não conseguia conter o pranto. Apoiá-la naquela emoção me ajudou a disfarçar a minha.

RIO, 11 DE JULHO DE 2002 | — Ao aprestar-me, hoje à tarde, para participar de sessão acadêmica, eu me despedia de uma prima que almoçara conosco, quando ela perguntou: "— Você já telefonou a tia Maria Amélia?" "— Por que?", indaguei. "— Porque hoje é o centenário do tio Sérgio."

Há cem anos, Sérgio Buarque de Holanda nascera, neste mesmo dia de julho, em São Paulo, mas a ocasião por pouco não me passava despercebida. E, no entanto, criado entre escritores e políticos que freqüentavam a casa de meus pais, dele fui bastante próximo. A convivência mais constante se dificultava pelo fato de Sérgio residir em São Paulo, onde me hospedei em sua casa quando lançamos juntos (*excusez du peu*) livros nossos numa feira no Ibirapuera. Sérgio era casado com Maria Amélia Cesário Alvim, prima de meu pai e contraparente de minha mãe (porque neta de Álvaro de Carvalho, casado com uma Rodrigues Alves em segundas núpcias, e, portanto, tio de Anah). Com Prudente de Morais Neto e tendo Afonso Arinos como colaborador, ele publicara, em 1924, a revista *Estética*, primeiro periódico decisivamente modernista do Rio de Janeiro.

Sérgio Buarque de Holanda escrevia numa língua ao mesmo tempo rica e cristalina, de clareza sem jaça, livre dos refolhos, volutas e arrebiques dos desejosos de fingir um conhecimento que não têm, e de turvar as águas para dar aos incautos impressão de profundidade e erudição. Escolhia palavras, engastando-as no seu texto como jóias.

O historiador buscava fontes inéditas e interpretações originais da vida nacional. Não olhava o passado com visão saudosista, como Gilberto Freire, que, apesar da revolução que a sua *Casa grande e senzala* provocou na sociologia brasileira, bem como do grande destaque positivo por ele dado à miscigenação do nosso povo, sempre pareceu mais à vontade no papel de senhor da casa grande de Apipucos, no alto da colina, a observar, protetor, a senzala trabalhando para ele lá em baixo. Ou, com a mesma lógica, como defensor do colonialismo salazarista em terras africanas.

Gilberto combateu com bravura o fascismo de Vargas, para submeter-se depois, apaziguado em vaidades e condecorações, ao fascismo português. Já Sérgio, que tomara horror ao nazismo ao viver na Alemanha, entre 1928 e 1930, defendeu a democracia constitucional desde a revolução paulista de 1924, quando chegou a ser preso. Anos depois, integrou a Esquerda Democrática da União Democrática Nacional durante a luta contra o Estado Novo de Getúlio Vargas. Aquela se transformaria no Partido Socialista Brasileiro, do qual ele foi fundador, como o seria, muito mais tarde, do Partido dos Trabalhadores. Sérgio esmiuçava, mas não defendia, a história de um Brasil injusto. Estudava para mostrar suas carências, a fim de mudar o país.

O crítico inovador, sempre a par da produção histórica e literária brasileira, enriquecia-a com a cultura ampliada e aperfeiçoada na Alemanha e na Itália, onde, de 1952 a 1954, precedeu Murilo Mendes como professor de literatura brasileira na Universidade de Roma.

Creio haver sido Sérgio a pessoa mais erudita que conheci. Sua informação universal e formação intelectual eram inexcedíveis. Mas deixo assinalados, apenas, uns poucos traços da extraordinária figura humana, e do grande companheiro para todas as gerações que com ele conviveram.

As posses modestas nunca impediram que sua porta estivesse sempre aberta aos colegas e estudantes, parentes, amigos seus e de seus filhos. Interessava-se por tudo, sabia tudo, das letras clássicas às dos clássicos da música popular (dentre os sete filhos, quatro compositores e cantores, a começar pelo grande Chico, o testemunham). Simples, alegre e inventivo, amando a vida, encarnava sob esse ponto de vista, com perfeição, o homem cordial que descreveu em *Raízes do Brasil*, o seu primeiro livro, nascido clássico. Interpretava de forma hilariante, com gestos largos e passos curtos de malandro, o hino da Força Expedicionária Brasileira na Itália, transformando-o em marcha carnavalesca.

Era otimista, extrovertido, boêmio. Maria Amélia controlava-lhe o uísque, mas não o meu. Quando seus afazeres afastavam-na da sala, ele me sinalizava para que lhe reforçasse a dose. Passeando comigo pelo jardim, apontou: "— Tropeço rotineiramente neste degrau." Levou a primogênita adolescente, Miúcha, a um bar em São Paulo, onde a estimulou a cantar ao microfone, para grande contrariedade materna. Começava assim a carreira profissional da futura artista.

E a espontaneidade... Jantávamos uma noite, os dois casais, numa cantina de São Paulo para onde nos tinham levado, quando, de repente, voltou-se para minha mulher e desabafou: "– Estou com vontade de chorar." "– Pois chore, Sérgio." Chorou.

Em 1966, desiludido de qualquer possibilidade de atuar com proveito no Congresso em sentido contrário à ditadura militar que se expandia, eu desistira de pleitear a renovação do meu mandato de deputado, e aceitara convite de Adauto Lúcio Cardoso, presidente da Câmara, para representá-la, como observador parlamentar, na Assembléia Geral das Nações Unidas. Em Nova York, Sérgio ministrava, na Universidade de Columbia, um curso que depois estenderia às de Harvard e da Califórnia. Meu irmão me conduziu até o aeroporto, e, no caminho, contou-me que a marcha *A banda*, de Chico Buarque, estava sendo vendida à razão de três mil discos por hora. Ao chegar à América, telefonei a Sérgio, para nos encontrarmos. Ele propôs almoço num restaurante freqüentado pela Máfia, que por isso mesmo, a seu ver, deveria servir comida da melhor qualidade. Então, contei-lhe o que soubera sobre o sucesso de vendas do disco do filho. Seu entusiasmo foi tocante. Entornávamos volumes ponderáveis de excelente vinho tinto italiano, e Sérgio brindava, exultando: "– Eu sou o avô d'*A banda*!"

RIO, 12 DE JULHO DE 2002 | – O convívio brilhante dos velhos amigos sempre correu solto na *Paulicéia desvairada*. Foi assim que, após uma ceia irrigada por generosas libações, os dois maiores intelectuais do Brasil (na opinião do próprio destinatário) e respectivas esposas haviam escrito a Afonso Arinos para Nova York, onde ele chefiava a Missão do Brasil junto às Nações Unidas, a propósito do seu livro recém-publicado:

"São Paulo, 7/8 de outubro de 1961
A Afonso Arinos de Melo Franco.
Primeira Epístola de São Paulo aos Mineiros.
Reunidos à volta de um Rheinpfälzer Naturwein 1949er, e de um Clos de Vougeot 1947, vimos saudar o admirável autor da grande *Alma do Tempo*, que de longe supera a clássica *Minha Formação* e é também a culminância de sua carreira de escritor até o presente. Passamos esta noite e meia a falar sobre o dito livro, o dito autor e a dita inspiradora, sem opiniões discrepantes. Tudo do maior nível. Ao queijo bebeu-se à saúde de todos e do mundo lá evocado, *du côté* de Belo Horizonte, de Copacabana, de Genebra, etc. Invejamos os membros da ONU, que têm no momento a ventura de ouvir a prosa de *Alma do Tempo* e de usufruir a presença humana de seu autor. Grande abraço com os cumprimentos mais sinceros.
   Maria Amélia Buarque de Holanda
   Gilda Rocha de Mello e Souza
   Sérgio Buarque de Holanda
   Antônio Cândido de Mello e Souza
   Nesta sua casa (*residência de Antônio Cândido*), à Rua Frei Caneca, 1121, 4º andar, São Paulo, Brasil."

RIO, 5 DE SETEMBRO DE 2002 | – É delicado abordar qualquer tema de forma que pareça implicar na defesa de um bandido. Sobretudo se este malfeitor oprime há décadas, da forma mais brutal, um país inteiro. Assim, como aumenta a cada dia o rufar dos tambores de guerra nos Estados Unidos contra o Iraque, sob a alegação de que cumpre afastar do poder o ditador Saddam Hussein, transcrevo a opinião do ex-advogado-geral (ministro da Justiça) americano Ramsey Clark, exposta por carta aos representantes dos países-membros do Conselho de Segurança da ONU: "Se as Nações Unidas não forem capazes de deter os Estados Unidos, que são membros permanentes do Conselho de Segurança, de impedir que cometam crimes contra a paz e a humanidade, bem como crimes de guerra contra uma nação que já sofreu além de todos os limites em conseqüência de agressões americanas, então para que servem as Nações Unidas? A oposição a todo ataque ou tentativa de derrubar o governo iraquiano pela força deve, e isso é o mínimo que se exige, ser expressa publicamente pelas Nações Unidas. Os Estados Unidos possuem mais armas nucleares do que todas as nações do mundo reunidas. Os Estados Unidos denunciaram os tratados que controlam armas nucleares e a sua proliferação; votaram contra o protocolo que permite a execução das convenções reguladoras das armas biológicas; rejeitaram o tratado que bane as minas terrestres contra pessoas, o Tribunal Penal Internacional, e virtualmente todos os outros esforços internacionais para limitar guerras; a guerra americana contra o terrorismo é uma proclamação do direito dos Estados Unidos de atacarem não importa quem, não importa onde, à simples suspeita, sem desculpa, unilateralmente. Que outro governo representa maior ameaça para a paz, globalmente, ou para a Mesopotâmia e os seus vizinhos: o dos Estados Unidos ou o do Iraque?"

Os advogados da Casa Branca alegam, como pretextos para um ataque sem qualquer mandato internacional ou respaldo legal: a) que três dias após a investida terrorista de 11 de setembro passado contra Nova York e Washington, o Congresso autorizou o presidente a contra-atacar quem este indicasse como responsável por aquelas agressões; porém, até agora, ninguém apontou qualquer prova de que o Iraque estivesse implicado nos atentados; b) que ainda se encontraria em vigor uma diretiva, aprovada pelo Congresso em 1991, endossando resolução do Conselho de Segurança da ONU, segundo a qual "todos os meios necessários" podem ser utilizados para "restaurar a paz e a segurança internacionais na área"; mas, por um lado, o Legislativo estaria, neste caso, a delegar, de forma permanente, autoridade ao Executivo para declarar guerra, o que a Constituição proíbe; de outra parte, a resolução se referia ao Coveite, invadido pelo Iraque na época, e que hoje não está em causa; c) que o presidente é o comandante-chefe das forças armadas, podendo dirigi-las para onde entender, contanto que não haja declaração de guerra; todavia, a Constituição autoriza o presidente a "repelir ataques súbitos", não a desencadeá-los. O ataque atribuído aos vietnamitas contra uma belonave americana no golfo do Tonquim, que escalou e aprofundou a participação dos Estados Unidos na guerra do Vietnã, fora — soube-se depois — pura fabricação do governo Lyndon Johnson.

Já se constatou que o Iraque possui, de fato, armas de destruição em massa? Até hoje, foram os Estados Unidos a utilizá-las da forma mais devastadora, com o bombardeio genocida das cidades japonesas de Hiroshima e Nagasaki, onde não havia objetivos militares, transformando em cinzas calcinadas ou espectros ambulantes a sua população civil, mas, em compensação, pondo termo à segunda guerra mundial.

Vemos, desde o último 11 de setembro, a justa preocupação e revolta dos americanos contra os atentados que devastaram o *World Trade Center* em Nova York e o Pentágono em Washington se transformar em neo-macartismo sem disfarces, no qual o terrorismo substitui o comunismo como pretexto para ataques a qualquer alvo onde os americanos julguem os seus interesses ameaçados.

É, de fato, dramático o destino dessa grande nação. Em duas guerras mundiais, os Estados Unidos salvaram a civilização da tirania militarista e totalitária. Durante os anos que passei em Washington, do final de 1969 a meados de 1974, como chefe do setor político da Embaixada do Brasil, tive o privilégio de testemunhar os momentos mais exaltantes da democracia americana em ação. Correspondentes da rede de televisão CBS em Washington, meus amigos, mantinham-me a par dos bastidores do drama do século na política interna americana.Foi a época em que a pressão crescente da opinião pública conseguiu forçar a retirada das suas forças armadas do Vietnã, pondo fim à guerra selvagem e injustificável. Ao mesmo tempo, uma imprensa livre desvendava, no *New York Times,* a inanidade daquele conflito, preparado, desencadeado e mantido durante as presidências de Truman, Eisenhower, Kennedy, Johnson, Nixon e Ford, com base em falsidades e dissimulações, que seriam expostas pela publicação dos *Pentagon Papers.* E, através das reportagens corajosas do *Washington Post* sobre o escândalo Watergate, a mesma liberdade de opinião levava um Judiciário e um Legislativo independentes a derrubar o governo fraudulento de Richard Nixon.

Hoje, aquele país glorioso, que foi a esperança e a garantia de um mundo livre, infringe sem disfarces o Direito Internacional, desrespeita os direitos humanos, faz da ganância pelo poder e pela riqueza seu objetivo global, da mentira oficial e da competição selvagem a forma de adquiri-los. Contudo, não será desse modo que a superpotência vai conquistar a ambicionada liderança democrática da humanidade, sua meta declarada. Pois esta só se obtém, de forma estável, pela justiça, a ética, a razão e a liberdade, mas nunca através da força bruta.

Rio, 21 de setembro de 2002 | – Agora, o desrespeito à lei que rege as relações entre os estados, a arrogância e a prepotência nacionais, tornaram-se doutrina oficial dos Estados Unidos da América. Em mensagem ao Congresso, explicitando os parâmetros determinantes da sua política externa, o presidente Bush acaba de rasgar a Carta das Nações Unidas, ao proclamar o direito unilateral americano de fazer guerra preventiva, baseando na pura força os princípios destinados a reger a atuação do seu país no mundo. "Não podemos deixar nossos inimigos atacarem primeiro", diz o documento. "Defenderemos os Estados Unidos, o povo americano e nossos interesses em casa e no exterior, identificando e destruindo a ameaça antes que ela alcance as nossas fronteiras. (...) Embora os Estados Unidos pretendam constantemente buscar o apoio da comunidade internacional, não hesitaremos em agir sozinhos, se necessário. (...) Nossas forças serão suficientemente fortes para dissuadir potenciais adversários de buscarem um poderio militar na esperança de ultrapassarem ou igualarem o poder dos Estados Unidos."

Ora, não existe, no Direito Internacional, o conceito de guerra preventiva. A carta da ONU, em seu capítulo I, prescreve que "todos os membros deverão evitar em suas relações internacionais a ameaça ou o uso da força contra a integridade territorial ou a independência política de qualquer estado". E que "nenhum dispositivo da presente Carta autorizará as Nações Unidas a intervirem em assuntos que dependam essencialmente da jurisdição interna de qualquer estado", excetuadas as medidas coercitivas constantes do capítulo VII. Este prescreve que "o Conselho de Segurança determinará a existência de qualquer ameaça à paz, ruptura da paz ou ato de agressão, e fará recomendações ou decidirá que medidas deverão ser tomadas (...) a fim de manter ou restabelecer a paz e a segurança internacionais". As mais radicais dessas medidas adotariam, "por meio de forças aéreas, navais ou terrestres, a ação que julgar necessária para manter ou restabelecer a paz e a segurança internacionais. Tal ação poderá compreender demonstrações, bloqueios e outras operações, por parte das forças aéreas, navais ou terrestres dos membros das Nações Unidas."

Assim, o conflito externo potencialmente mais grave para a humanidade acaba de ser explicitado: é o dos Estados Unidos contra as Nações Unidas. Porque estas constituem a maior esperança de que a comunidade mundial possa repousar sobre a lei, e ser por ela contida e orientada. Entre as pessoas, como entre os países, a maior garantia dos seus direitos repousa no respeito às normas jurídicas, internas ou internacionais. Mas, doravante, os Estados Unidos se arrogam o direito de interpretá-las conforme os próprios critérios, a fim de estabelecerem no mundo a *pax americana*. Eles nos asseguram, entretanto, que seu poderio incontrastável seria sempre usado em favor do bem, da ética e da justiça universais. Isso promete Bush, o novo Moisés, ao proclamar, desde Washington, esse décimo primeiro mandamento da lei de Deus, a ser posto em prática pelo novo povo eleito.

Foi ao promover a ordem jurídica internacional que os Estados Unidos se impuseram ao respeito do mundo, não pela hegemonia da força econômica, política e militar, mas, sobretudo, pela autoridade moral. A Liga das Nações após a primeira guerra mundial (mesmo apesar do Senado americano ter rejeitado o seu pacto constitutivo), e a Organização das Nações Unidas depois da segunda, são obras suas. Hoje, o presidente Bush ameaça aplicar ações de força ilegais contra todos os que não concordem com suas ameaças unilaterais. Disse, com todas as letras, que quem não formasse com ele seria tratado como inimigo. Essa América, que converte o desrespeito ao Direito Internacional em doutrina política e norma jurídica interna, não representa os Estados Unidos de George Washington,

Thomas Jefferson, Abraham Lincoln, Woodrow Wilson ou Franklin Roosevelt.

A esperança da redenção de suas melhores tradições repousa na própria sociedade americana. Foi ela quem pôs paradeiro ao morticínio do Vietnã. Eu tive o privilégio de estar em Washington por ocasião do conflito, e de presenciar gigantescas demonstrações populares contra a guerra.

Os Estados Unidos, provavelmente, atacarão e vencerão. Mas como disse, pouco antes de morrer, Miguel de Unamuno, então reitor da Universidade de Salamanca, quando rebentou a guerra civil espanhola, e o grande humanista tomou posição contra o general Franco em fins de 1936: "Vencereis, mas não convencereis. Vencereis porque vos sobra força bruta. Mas não convencereis, porque convencer significa persuadir. E, para persuadir, necessitais de algo que vos falta: razão e direito de luta."

Enquanto isso, na outrora orgulhosa Inglaterra, que hoje se compraz em passar de metrópole a protetorado da América, Richard Cooper, assessor do primeiro ministro Tony Blair, publica, no *London Observer*, ensaio intitulado "*The new liberal imperialism*", onde reabre, saudoso, o jogo do velho colonialismo britânico, buscando tirar algumas castanhas do fogo estadunidense: "Precisamos acostumar-nos a dois pesos e duas medidas (*como se essa fosse uma postura nova, e não habitual, da diplomacia anglo-americana*). Entre nós, devemos agir dentro da lei e no quadro de um sistema aberto à cooperação. Quando se tratar de estados situados fora do continente europeu pós-moderno, voltemos aos mais duros métodos de uma era anterior: a força, o ataque preventivo, o embuste, em resumo, tudo o que se requer para tratar com aqueles que vivem na guerra de todos contra todos do século XIX (*guerra de que os ingleses eram devotos praticantes*). Entre nós, respeitaremos a lei. Mas, quando agirmos na selva, devemos utilizar a lei das selvas."

Rio, 25 de setembro de 2002 | – O presidente da Conferência dos Bispos Católicos dos Estados Unidos, Wilton D. Gregory, escreveu, este mês, ao presidente Bush: "Baseando-nos sobre os fatos que conhecemos, chegamos à conclusão de que o uso da força preventiva e unilateral é dificilmente justificável neste momento. Temermos que recorrer à força, nestas circunstâncias, não preencheria as condições estritas do ensinamento católico para poder invalidar a forte presunção contra o uso da força militar. Os critérios tradicionais da guerra justa apresentam preocupação especial: autoridade apropriada, probabilidade de sucesso, proporcionalidade e imunidade para os não-combatentes."

Eu fazia, hoje, minha caminhada matinal na praça fronteira quando um pobre preto apareceu-me na frente. Raras vezes tenho visto alguém tão sujo, de aparência tão miserável. Com uns calções compridos e molhados, ele cheirava mal. Despido da cintura para cima, na manhã fria e enfarruscada desse princípio chuvoso de primavera, trazia uma velha mala murcha equilibrada na cabeça, e uma sacola de papel na mão. Pousou a mala por terra, retirou da sacola um pão dormido e pôs-se a dividi-lo, fraternalmente, com os pombos que logo se reuniram ao seu redor.

Se há algo sobre o que não tenho a menor dúvida, é quanto à primazia dos últimos. Maria já proclamava que sua "alma exaltou o Senhor, pois Ele (...) dispersou os homens de coração soberbo. Ele derrubou os potentados dos seus tronos e elevou os humildes. Ele saciou de bens os famintos e despediu os ricos com as mãos vazias."

Rio, 30 de outubro de 2002 | –Vivemos, realmente, fase sem paralelos na história política do Brasil, com a eleição, para a presidência da República, de antigo operário, mutilado por acidente de trabalho, ex-retirante nordestino, que enfrentou toda sorte de carências materiais, e cuja esposa foi empregada doméstica.

Isso após disputa eleitoral excepcionalmente qualificada. Por um lado, José Serra, o candidato governista, com belo passado de resistência à ditadura militar nos meios estudantil e político. Escapou de perder a vida em Santiago do Chile, onde, exilado, foi surpreendido pelo setembro sangrento de 1973 e pela ditadura brutal de Pinochet, e não recebeu qualquer proteção da Embaixada do Brasil, vergonhosamente mancomunada com o golpe de Estado. Eficiente secretário de Planejamento da admirável administração que Franco Montoro pôs em prática em São Paulo, excelente ministro da Saúde, era, sem dúvida, candidato muito preparado. Mas a cruz da política econômico-financeira do governo anterior, que alienou grande parte do nosso patrimônio, favoreceu a especulação em lugar da produção, gerando desemprego e endividamento crescentes, foi pesada demais para ele carregar durante a campanha, sem poder desvencilhar-se, embora não concordasse com ela em muitos pontos.

De outra parte, Lula representava o futuro, a esperança de dezenas de milhões de brasileiros muito sofridos; o direito do andar de baixo a tomar em mãos o próprio destino, já que, durante meio milênio, o de cima, praticamente, só cuidou de si mesmo. A candidatura Serra não estaria longe do ideal, se acoplada ao programa de Lula. Assim como a de Lula, caso ele contasse com a formação teórica e a experiência funcional de Serra. O conhecimento que Serra tem do Brasil não é maior que a vivência de Lula. Mas o ideal não existe, em política ou fora dela. Estamos todos condenados às imperfeições do criado, neste mundo onde Cristo não é o rei.

Os candidatos evitaram, cuidadosamente, ataques pessoais mútuos. As urnas eletrônicas propiciaram um resultado sem contestações, tão diferente do que aconteceu na Flórida, por exemplo, durante o último pleito americano. O presidente Fernando Henrique (no fundo, pouco desejoso de ser sucedido por alguém da sua mesma estirpe) foi de isenção impecável. Enfim, eleição exemplar, de primeiro mundo. Agora, o futuro, que a Deus pertence, foi posto, pela primeira vez, nas mãos do povo brasileiro, simbolizado pelo primeiro presidente feito à sua imagem e semelhança. E que, por isso mesmo, lhe suscita tantas esperanças. Esperanças, porém, a serem cultivadas com cautela, já que por tantas vezes foram desfeitas ao longo da nossa história republicana, repleta de enganos e frustrações.

RIO, 12 DE DEZEMBRO DE 2002 — Nada mais previsível que a boa química resultante do encontro inicial entre os presidentes Lula e Bush, ocorrido nesta semana. A embaixadora americana, Donna Hrinak, definiu-a com franqueza incomum, ao justificá-la pelo fato de nenhum dos dois ser um intelectual. O que, de outra parte, explica também o complexo de inferioridade mal disfarçado que o simplório mandatário americano sempre demonstrou pelo sofisticado Fernando Henrique Cardoso, e a antipatia prevalecente entre ambos. O problema é serem as divergências que separam o Brasil dos Estados Unidos, sobretudo no âmbito comercial, ásperas e intratáveis como o cacto de Manuel Bandeira. Discordâncias decorrentes de interesses contraditórios, que não podem ser acomodados por retórica diplomática.

Dentre elas, sobressai a iniciativa da Associação de Livre Comércio das Américas, a ALCA, único projeto de vulto que os americanos mantêm, hoje, com relação ao Brasil. Eles a propõem como a panacéia destinada a assegurar o desenvolvimento e a democracia na América Latina. Mas que, se concretizada, inviabilizaria o Mercosul — passo inicial de uma integração sul-americana a que o nosso presidente-eleito já declarou conferir prioridade central —, cuja tarifa externa comum seria eliminada pela adesão à ALCA.

Esta é apresentada como visando instituir regime de livre comércio, através da supressão de barreiras alfandegárias. Sabe-se, porém, que as tarifas, em geral baixas nos Estados Unidos, estão longe de totalizar os instrumentos de que os americanos dispõem para proteger, como protegem, seu mercado. Eles ainda contam com regime de quotas, declarações unilaterais de *dumping*, precondições fitossanitárias e subsídios agrícolas.

A Autorização para Promoção do Comércio (TPA), recém-aprovada pelo Congresso dos Estados Unidos, é-nos apresentada como a providência que faltava para a criação da ALCA. Mas a TPA reserva 350 produtos "sensíveis" — aqueles onde a produção americana se encontra em desvantagem competitiva —, no tocante aos quais o representante do Comércio (o mesmo que recomendou ao Brasil negociar com a Antártida, se não estivéssemos satisfeitos com a ALCA) deverá consultar as comissões de Agricultura e de Comércio da Câmara e do Senado sobre "se seria apropriado fazer qualquer concessão adicional, levando em conta o impacto de tal concessão na indústria do referido produto nos Estados Unidos".

Ora, a Câmara dos Deputados daquele país já excluiu da pauta da concorrência o aço, açúcar, sucos cítricos, couro, têxteis e outros. Tais obstáculos não podem, legalmente, ser levantados. A lei agrícola recém-aprovada prevê subsídios elevados aos seus produtores até 2011; a importação de uma lista de mercadorias está sujeita à aprovação do Senado; e veda-se a renegociação das leis de defesa comercial.

Então, não há, de fato, autoridade negociadora. Nesse caso, o Executivo dos Estados Unidos não deveria negociar com o Brasil, porém com o seu Congresso, para induzi-lo a aceitar a supressão das barreiras não-tarifárias e das quotas de importação, o que Bush não fará, por motivos óbvios. Os obstáculos parlamentares têm origem em *lobbies* poderosos, de influência eleitoral decisiva. Os interesses da Flórida, por exemplo, dificultam a importação dos sucos cítricos brasileiros. E, dentro do sistema eleitoral americano, foi o pleito na Flórida, acusado de fraudes e validado por um voto partidário da Suprema Corte, que permitiu a eleição do atual presidente.

Por tudo isso, não deveríamos estimular a ALCA, nos termos ora em pauta. Na sua vigência, o deficit comercial brasileiro com os Estados Unidos se expandiria, e as nossas exportações para o Canadá e a América Latina não teriam maior incremento, inclusive por causa da concorrência americana.

A agenda para implementá-la, que os Estados Unidos tentam impor ao resto do continente, não se resume à aplicação de barreiras restritivas ao comércio, mas inclui temas como serviços, compras governamentais, investimentos e propriedade intelectual. Sua abrangência, caso se concretizasse nos termos propostos pelos americanos, seria de amplitude capaz de inviabilizar a execução de projetos autônomos de desenvolvimento entre nós – objetivo declarado do futuro governo Lula.

RIO, 19 DE DEZEMBRO DE 2002 | – Abalou-me a notícia da morte de Evandro Lins, que estourou a cabeça contra as pedras do meio-fio, ao sair do aeroporto, no Rio, quando regressava de Brasília, onde fora receber o título de conselheiro da República. Impossibilitado pela viagem de comparecer à sessão de encerramento da Academia, ele fizera questão de visitá-la antes, cumprimentando todos os presentes, desde os diretores aos funcionários mais modestos. Seria a última despedida.

Hoje, na sessão de saudade, eu disse algumas palavras em sua lembrança: "Prefiro falar pouco sobre alguém cuja falta sinto muito. Cá estamos para honrar a memória de quem foi um modelo, um padrão e um exemplo de cidadania. Na ação pública como na privada, na vida profissional como na familiar, Evandro Lins e Silva buscou, sempre, as melhores opções, sobrepondo o bem comum ao interesse particular. Com as suas nove décadas tão bem vividas, ele talvez fosse, espiritualmente, o mais jovem dentre nós. Pelo menos, o demonstrava, no convívio estuante de calor humano, de simpatia solidária, de alegre generosidade. Mas, ao agir de tal forma, tinha plena consciência da força de vontade para tanto necessária. Dizia-me sustentar, com a possível galhardia, o peso dos seus noventa anos. E confidenciou-nos a todos quando, objeto, neste recinto, de uma mesa redonda em sua homenagem, que o velho, como o poeta de Fernando Pessoa, era um fingidor. A Providência o colheu no ápice da glória, ao ser feito conselheiro da República, pelos seus méritos indiscutíveis e indisputáveis de grande brasileiro. Esta Academia empobreceu muito com a sua ausência. Aqui, ele será sucedido, mas nunca substituído."

R<small>IO</small>, 20 <small>DE DEZEMBRO DE</small> 2002 | — Faz uns dez anos, eu me encontrava na Holanda como embaixador do Brasil. Minha mulher viajara para o Rio, e minha filha, aproveitando o feriado dedicado aos Finados, viera de Roma, onde vivia e trabalhava, a fim de passar comigo o fim de semana esticado. Convidei-a para irmos até à Bélgica, almoçando em Bruxelas, onde eu servira três décadas antes. Ocorreu-me levá-la a uma *rotisserie* que, no passado, me fora muito recomendada pelo colega e amigo Gil Ouro Preto, então meu predecessor no posto.

Passei a viagem contando-lhe casos do Gil, que fez história no Itamarati. Histórias donjuanescas e chaplinianas, pouco usuais em famílias de tradições diplomáticas, acadêmicas e políticas como a sua, bisneto que era do último presidente do Conselho de Ministros do Império, o visconde de Ouro Preto. Eu conversara com ele, pela última vez, dois anos antes, no Rio, em uma festa de aniversário. Atingido por cirrose letal, com o ventre inchado, dizia-me que não podia beber, enquanto entornava tranqüilamente uma garrafa de champanhe na mesa onde nos aboletáramos.

Chegados à *rotisserie*, Sílvia e eu entramos pela cozinha, através de um corredor ladeado por imensas panelas, e nos instalamos em um dos salões onde Beatriz costumava devorar terrinas de *moules marinières* quando ali morávamos. Passou-me, então, pela cabeça a idéia de que Gil, então vivendo com uma belga, mas cujo paradeiro eu ignorava, pudesse surgir por lá. Cheguei a levantar-me e procurá-lo na sala ao lado, com a longínqua esperança de que ali se encontrasse. Meses depois, vim saber que, naquele mesmo dia, Gil Ouro Preto falecera em Liège, na Bélgica.

Acabo de trazer Beatriz de uma consulta médica. Ao sair de casa, preparava matéria, para o *Jornal do Comércio*, sobre a difícil situação política por que passa a Venezuela. Recordava-me da primeira vez quando lá estive, em 1954, como secretário da Delegação do Brasil à Décima Conferência Interamericana (voltaria quase três décadas mais tarde, na condicção de embaixador).

Então, pensei intensamente no diplomata Lauro Escorel, com quem partilhara, por um mês, hospedagem no mesmo hotel da capital venezuelana. Pouco antes de embarcarmos do Rio de Janeiro, prevendo vicissitudes na missão, ele escrevera, para o *Correio da Manhã*, um tópico não assinado sobre as perspectivas da conferência. Lauro publicaria, mais tarde, uma boa interpretação de João Cabral de Melo Neto, *A pedra e o rio*. Sempre lembrando o amigo, cheguei a pensar em atribuir à matéria o mesmo título do seu tópico de quase meio século atrás, que não esquecera ("Nuvens negras sobre Caracas"). O médico de Beatriz, cunhado de diplomata, recebeu-me com notícia triste sobre um paciente: "– Morreu hoje o seu colega Lauro Escorel".

Contei-lhe então que, naquela manhã, me lembrara de Lauro ao preparar um artigo, e ele narrou-me fato ocorrido com seu irmão menor, quando este tinha seis anos. Um dia, a família se encontrava reunida no Rio, para o almoço, e o pequeno começou a gritar da janela: "– Olha o vovô dando adeus e mandando beijos!" "– Que é isso, menino? Seu avô está na Bahía." Mas o garoto insistia, tão excitado que os demais acabaram por acorrer e acenar para o avô imaginário, a fim de acalmá-lo. Naquela tarde, o telefone tocou para informar que o avô falecera em Salvador.

Rio, 29 de dezembro de 2002 | – Uma empregada pediu-me licença para fazer ligação telefônica interurbana, pois, ao cochilar, sonhara com a mãe, e se preocupava com ela. Mas não conseguiu falar-lhe, pois a mãe estava no velório do patrão, que morrera, deixando-a sem trabalho.

A mesma doméstica me contou que, um dia, enveredara com a mãe adotiva, esposa de um pastor evangélico, por caminho mal iluminado, onde ambas foram assaltadas. De valor só possuíam as alianças, que o ladrão tomou, mas reclamando ser o produto do roubo muito pouco para alimentar oito crianças. Tempos depois, foram orar na residência de uma correligionária, e reconheceram o meliante. Era seu filho. E havia, de fato, oito meninos e meninas na casa. Elas se calaram.

Já outra serviçal narrou-me que, garotinha pobre caminhando pela estrada, em Pernambuco, viu um cajueiro com belo caju maduro a despertar-lhe a fome mal satisfeita. "Seria tão bom se aquele caju caísse...", pensava. Ao chegar embaixo, o caju tombou a seu lado.

Lembra-me, ainda, episódio ocorrido, certa noite, em nossa casa de Copacabana, eu menino, deitado no chão, como gostava de ler, virando as páginas de um livro tirado da biblioteca paterna, com reproduções de pinturas famosas. Detive-me no retrato que me recordou um vizinho de Belo Horizonte na minha primeira infância. "— Este homem tem a cara do doutor Jarbas", observei. Minha mãe concordava, quando a campainha da porta tocou. Ela foi abrir, e recuou, assombrada. "— Doutor Jarbas!" Era o próprio, que não víamos desde que nos mudáramos de Minas Gerais, fazia uma década, e cuja presença no Rio de Janeiro ignorávamos.

Foi tudo acaso? Nelson Rodrigues dizia que "Deus está nas coincidências".

RIO, 1 DE JANEIRO DE 2003 | — Que espetáculo mais brasileiro, a posse do presidente Luís Inácio da Silva! O popular irresponsável pulando e agarrando-lhe o pescoço com o carro em movimento, sem um gesto seu de repúdio nem qualquer reação dos seguranças. O choro incontido do empossado, ao observar que o primeiro diploma por ele recebido na vida era o de presidente da República. A imponente Rolls-Royce enguiçando ao tentar subir a ladeira do Congresso, e sendo empurrada pela guarda presidencial. O povo a correr, pular e dançar livremente, na chuva e ao sol.

Resta saber o que o espera, e nos aguarda. Lula conhece o Brasil melhor que qualquer outro candidato, após percorrê-lo, de ponta a ponta, em quatro campanhas presidenciais. Por outro lado, os donos do poder oligárquico, que nos governam há cinco séculos, pouco ou nada fizeram para minorar a pobreza, as dificuldades e o sofrimento da grande maioria do povo brasileiro.É obscena a dívida da nossa elite para com a multidão de miseráveis que a sustenta, exposta por uma distribuição da renda *per capita* situada entre as mais injustas do mundo.

Contudo, governar um país-continente não significação o mesmo que a liderança de um sindicato. Nem o hábito de dirigir assembléias de trabalhadores supre a total inexperiência no exercício de cargos executivos. Vivência legislativa Lula teve, mas sem gosto nem destaque: foi deputado à Assembléia Nacional Constituinte, onde o presidente da Comissão de Sistematização, senador Afonso Arinos, assegurou-me que ele era, pessoalmente, "uma grande figura". Mas será possível presidir um país com as dimensões do nosso sem haver recebido formação educacional ou dispor de estrutura cultural compatíveis com os desafios a enfrentar? Essa não é uma indagação elitista: os dirigentes dos partidos comunistas que assumiram o poder no mundo, por exemplo, sempre formaram entre seus membros mais informados e cultivados. Conseguirá Lula analisar e estudar, a sério e em profundidade, problemas do tamanho do Brasil, para dar-lhes soluções adequadas? Habituado ao palavrório interminável das reuniões do Partido dos Trabalhadores, ele deverá decidir, tomar posição concreta, em questões de complexidade muito maior que aquelas com as quais está habituado a lidar. E os que o cercam possuirão experiência administrativa e estrutura psicológica necessárias e suficientes para resistir às implacáveis pressões políticas, aos interesses econômico-financeiros sem entranhas, às tentações habitualmente desencadeadas sobre os detentores do poder de nomear e remunerar?

Sua vitória foi insofismável, mas, agora, o presidente deverá compor-se com o Senado, e, sobretudo, com uma Câmara dos

Deputados eleita pelo voto proporcional, sem que a fidelidade partidária seja obrigatória nas votações do Congresso, onde, por outro lado, se efetuam trocas promíscuas de agremiações. Tampouco há necessidade de percentual mínimo de votos para um partido ser representado, o que implica, necessariamente, em pulverização de legendas. A bancada do seu PT não é majoritária, caminho aberto para a negociação de cargos, dotações orçamentárias e favores pessoais em troca de apoio político, para a prevalência de interesses corporativos sobre a causa pública. Fui deputado estadual e federal, pude testemunhar tudo isso. E a influência do poder econômico nas eleições é, hoje, incomparavelmente maior do que quando exerci mandatos legislativos. Não existem normas rígidas disciplinando gastos nas campanhas políticas, maior fonte de corrupção da vida pública entre nós, onde é rotineira a fraude nas declarações dos gastos de campanha e das contribuições eleitorais. Nem interessa a candidatos ou empresários desvendar os financiamentos que levarão aqueles, uma vez eleitos, a trabalhar em benefício destes. Tudo isso torna utópica a realidade da nossa democracia, teoricamente reconquistada.

Em nenhum país do mundo o sistema presidencial de governo funciona nessas condições. Sarney, Fernando Henrique e Lula diziam-se parlamentaristas, ou simpatizantes, antes que a expectativa do poder mais forte obscurecesse, neles, a visão dos valores coletivos a alcançar, ou preservar.

Por outro lado, o Partido Social Democrático e a União Democrática Nacional da minha mocidade possuíam núcleos sólidos de dirigentes, que sabiam de onde vinham (o primeiro, das chefias estaduais do Estado Novo, o segundo da oposição contra a ditadura) e para onde desejavam caminhar, visando o estabelecimento de uma democracia conservadora. Já o Partido Trabalhista Brasileiro, nascido dos sindicatos criados para apoiar Getúlio Vargas, dependeu, sucessivamente, de caudilhos gaúchos. Um, muito experiente e astuto, Getúlio, e outro, João Goulart, primário, sem a sabedoria política e o conhecimento dos homens que eram apanágio do seu modelo político. Deu no que deu: suicídio do primeiro, deposição do segundo, respectivamente sob pressão e ação militares.

O PT, no fundo, corresponde a uma espécie de PTB nos seus dias de fastígio. Fundaram-no homens da estatura intelectual e substância cultural de Sérgio Buarque de Holanda, Antônio Cândido e Mário Pedrosa, mas, dentro dele, o poder de fato está nas mãos dos comandos sindicais, de que Lula é o símbolo maior. O partido carece de quadros com formação política consistente, dotados do hábito de governar. O presidente assume com enorme base de sustentação popular, mas, como os chefes populistas predecessores, sem alicerces doutrinários, ou apoio parlamentar.

Em todo caso, trata-se de homem muito inteligente, preparado, não pelos estudos, mas pela vida, e alçado ao cume do poder nacional após existência de lutas sofridas para sobreviver, e pelejas incessantes por justiça para os trabalhadores. Queira Deus seja bem sucedido, em benefício da nossa pobre gente.

RIO, 9 DE JANEIRO DE 2003 | — O presidente Lula surpreendeu com a extensão dada, no discurso de posse, à política externa que tenciona pôr em prática durante seu governo. Isso porque o tema pouco se destacara durante a campanha eleitoral. Mas, agora, volta, com toda força, a integrar-se nos parâmetros fixados há mais de quatro décadas, e que tanta oposição injusta e celeuma descabida suscitou na ocasião.

A postura anunciada se destaca pela perspectiva humanista, e por constituir-se, sobretudo, em fator de desenvolvimento nacional. O povo brasileiro tem direito soberano de escolher seu modelo de crescimento, sem restrições inaceitáveis. Em todos os foros internacionais, serão buscados objetivos flexíveis para consecução de tais metas.

Eles podem ser, ou não, negociações centradas na Organização Internacional do Comércio, relações do Brasil com a União Européia, ou visar à criação de uma Associação de Livre Comércio das Américas. Em todas as circunstâncias, deverá vigorar a reciprocidade. Combateremos o protecionismo, que está longe de ser apenas tarifário, e trataremos de obter regras mais justas e consentâneas à nossa condição de país em desenvolvimento.

A prioridade central caberá à América do Sul, partindo de um Mercosul revitalizado. É óbvio nosso desejo de ter um bom entendimento com os Estados Unidos, condicionado a "parceria madura, com base no interesse recíproco e no respeito mútuo".

O nível de prepotência de um lado, e subserviência do outro, no qual se processavam as relações diplomáticas entre norte-americanos e seus vizinhos latinos do sul é exemplarmente narrado em carta que Carolina Nabuco, então hóspede do irmão, Maurício, nosso embaixador em Washington, escreveu aos familiares no Rio de Janeiro a 30 de agosto de 1951, quando da assinatura do Tratado de Paz com o Japão. Maurício lhe contara que "o Dulles (*John Foster Dulles, secretário de Estado do presidente Eisenhower*) convocou os chefes de missão latino-americanos para um encontro no departamento de Estado. O Dulles só entrou na sala depois de estarem todos sentados; não falou com ninguém e, em tom exatamente igual ao de um mestre-escola, disse a todos esses embaixadores que lhes competia apenas assinar o tratado; que nenhum falasse; que ninguém propusesse nada. Findas essas instruções, retirou-se sem cumprimentar ninguém. Maurício ficou furioso; disse que os Estados Unidos estão tratando os latino-americanos como satélites (...)."

Foi exatamente o que senti, e não apenas no tocante aos Estados Unidos, quando o Itamarati me designou para um estágio nas Nações Unidas em 1953: nossa Delegação em Nova York recebia sempre instruções para votar com os americanos contra os soviéticos, ou com franceses e portugueses nas questões que dissessem respeito aos seus impérios coloniais, sem sequer analisar onde se encontravam os interesses brasileiros, e como deveriam ser defendidos. Era o alinhamento automático às antigas ou novas metrópoles, que perduraria até à chamada "política externa independente", posta em prática pelos chanceleres Afonso Arinos de Melo Franco e Francisco Clementino de San Tiago Dantas de 1961 a 1962, atitude que, desde então e felizmente, tornou-se antes norma que exceção no Itamarati.

O Brasil deverá manter – prossegue o presidente da República – diversificado seu relacionamento externo, fortalecendo entendimento e cooperação com a União Européia, Japão, e aprofundando intercâmbio com outras grandes nações em desenvolvimento, como China, Índia, Rússia e África do Sul. Os laços profundos que nos unem ao continente africano, pela história, etnia e cultura, serão reafirmados e estimulados.

O presidente salienta que "a democratização das relações internacionais, sem hegemonias de qualquer espécie, é tão importante para o futuro da humanidade quanto a consolidação e o desenvolvimento da democracia no interior de cada estado". Preconiza a valorização das Nações Unidas, "a quem cabe a primazia na preservação da paz e da segurança internacionais". Afirma que as resoluções do Conselho de Segurança devem ser fielmente cumpridas (inclusive, portanto, as relacionadas a Israel e à Palestina), e crises internacionais como a do Oriente Médio (onde a mais ameaçadora é, hoje, a do Iraque) resolvidas por meios pacíficos e pela negociação.

Como fazíamos desde a época da Liga das Nações – onde éramos representados por Afrânio de Melo Franco de 1924 a 1926, não tivemos atendida nossa justa aspiração a um assento permanente no Conselho, e nos retiramos da Liga –, pleiteamos, agora, a reforma e o alargamento do Conselho de Segurança das Nações Unidas, para que se torne, de fato, "representativo da realidade contemporânea, com países desenvolvidos e em desenvolvimento das várias regiões do mundo entre os seus membros permanentes", como a Alemanha, o Japão, a Índia e o Brasil.

Os desafios do presente, o terrorismo e o crime organizado, deverão enfrentar-se através de ampla cooperação multilateral, baseada no Direito Internacional.

Enfim, apoiaremos esforços para tornar a ONU e suas agências "instrumentos ágeis e eficazes na promoção do desenvolvimento social e econômico, do combate à pobreza, às desigualdades e a todas as formas de discriminação, da defesa dos direitos humanos e da preservação do meio ambiente".

Princípios análogos, apresentados, em 1961, pelo então chanceler Afonso Arinos, e reafirmados por San Tiago Dantas, conformavam a diplomacia independente, a forma de praticá-la, altiva e afirmativa, sem compromissos prévios, submissão a injunções descabidas ou a pressões espúrias de interesses alienígenas. Estou certo de que seus inspiradores e criadores de quarenta anos atrás subscreveriam, sem pestanejar, a política externa delineada nessa fala presidencial.

Rio, 23 de janeiro de 2003 | – A cada dia, aumenta o rufar dos tambores de guerra americanos contra o Iraque. Os fundamentos básicos do Direito Internacional, que obrigam todos os estados, podem-se resumir parcialmente, quanto ao tema em pauta, na Carta das Nações Unidas e nas resoluções dela decorrentes, votadas pelo Conselho de Segurança e pela Assembléia Geral, bem como nas sentenças da Corte Internacional de Justiça. Esses textos, todos firmados e ratificados pelos Estados Unidos, vedam a ameaça ou o uso da força, exceto em casos de legítima defesa contra um ataque armado, ou após autorização explícita do Conselho de Segurança, depois de constatada a inviabilidade da utilização de meios pacíficos para dirimir o conflito.

Observar essas normas é fundamental para que o relacionamento entre as nações seja harmonioso e pacífico. A manutenção da paz e da segurança internacionais repousa sobre o respeito efetivo à soberania de todos os estados do mundo e à igualdade jurídica entre eles, bem como à sua integridade territorial.

A 1º de janeiro deste ano, data tradicionalmente dedicada à paz, João Paulo II rogou para que fossem encontradas soluções em harmonia com o Direito Internacional no tocante ao conflito que se avizinha. E, ao dirigir-se ao corpo diplomático há dez dias, indagava "o que devemos dizer da ameaça de uma guerra que poderia atingir o povo do Iraque, a terra dos profetas, um povo já desoladoramente provado por mais de doze anos de embargo? A guerra nunca é apenas mais um meio a ser usado para dirimir divergências entre nações."

Pode-se, em sã consciência, dizer que o Iraque miserável, devastado por dez anos de bloqueio econômico e bombardeios rotineiros, constitui um perigo real para os Estados Unidos? Quando representou aquele país desgraçado ameaça concreta à segurança americana? A verdade é que a maior potência industrial do mundo não se conforma com o fato de reservas tão consideráveis de petróleo lá se encontrarem, hoje, fora do seu alcance. Como, também, as do Irã. Tal situação torna incômodo, para os Estados Unidos, dependerem essencialmente do petróleo da Arábia Saudita, de onde saíram, aliás, quase todos os terroristas que perpetraram os horrores dos ataques contra Nova York e Washington. Atentados entre cujos autores, por sinal, não havia um só iraquiano.

Por outro lado, o Partido Republicano não se esquece de que, no pleito presidencial de 1992, o eleitorado dos Estados Unidos já não trazia tão fresca na lembrança a vitória de George Bush pai ao repelir a invasão do Coveite pelo Iraque. E o candidato democrata, Clinton, derrotou-o na sua tentativa de reeleição. Bush filho não quer correr o mesmo risco. Vai, então, empurrando a guerra desejada para uma data mais próxima ao pleito de 2004, a fim de capitalizar a polarização patriótica do eleitorado em torno do presidente-candidato, que é, também, comandante-chefe das forças armadas. O que isso possa custar, em termos de milhares de vítimas inocentes, interessa menos que os votos, e o petróleo.

RIO, 6 DE FEVEREIRO DE 2003 | — Na Embaixada do Brasil em Washington, nos primórdios dos anos setenta, cabia-me estudar e expor ao Itamarati o pensamento do governo americano sobre a segurança nacional. Como agora, ele girava em torno de uma idéia fixa: então, a do comunismo; hoje, a do terrorismo.

Naquela época, o desafio comunista era real, palpável, consubstanciado nas centenas de divisões motorizadas soviéticas que, estacionadas na Europa oriental, ameaçavam as liberdades democráticas dos europeus ocidentais, além dos mísseis balísticos de curto, médio e longo alcance, apontados para o ocidente. Tratava-se, por um lado, de confrontar a influência soviética, verdadeira ou imaginária, em cada continente; e, pelo outro, de assegurar o que, de fato, representou, e representa ainda, a prioridade real, embora nunca abertamente explicitada, da política externa americana: o livre acesso às reservas petrolíferas, especialmente às do Oriente Médio.

Quanto ao terrorismo, seu horror manifestou-se por completo, diante dos nossos olhos pregados à televisão, no dia 11 de setembro do ano passado. Mas o tema único do terrorismo tampouco pode ser imposto à humanidade inteira como seu problema central, quando bilhões de seres humanos no mundo, e dezenas de milhões no Brasil, vivem abaixo dos limites mínimos aceitáveis de alimentação, saúde, habitação, saneamento e educação.

Há pouco, a Casa Branca emitiu diretrizes oficiais sobre a estratégia de segurança nacional dos Estados Unidos, em documento que patenteia a firme intenção de descumprir compromissos internacionais previamente assumidos. Informa que a América agirá (unilateralmente, entenda-se) contra os perigos emergentes, antes que esses se corporifiquem. (A propósito, o presidente Bush autorizou a Agência Central de Inteligência, CIA, a assassinar alegados terroristas dentro e fora do território americano – homicídios que, se praticados no exterior, configurariam, claramente, uma forma de terrorismo de Estado.)

A secretária de Segurança Nacional, Condoleezza Rice, escreveu que a política externa do governo Bush "deve partir da base firme do interesse nacional, e não do interesse de uma ilusória comunidade internacional". Ora, esse unilateralismo infringe frontalmente a Carta da ONU – firmada pelos Estados Unidos em 1945, na Conferência de São Francisco –, segundo a qual todas as medidas de força dependem da autorização prévia e expressa do Conselho de Segurança.

A sociedade americana, admirável sob tantos aspectos, formou-se e evolui no respeito quase religioso à Constituição e à lei. Mas é um respeito que se detém nas fronteiras daquele país. Com vistas aos seus efeitos externos – as diretrizes formuladas pela estratégia de segurança nacional dos Estados Unidos da América o demonstram claramente –, a lei vigente, para eles, é a lei do mais forte.

Rio, 20 de fevereiro de 2003 | – Em novembro de 2000, George Bush perdeu a eleição popular para a presidência dos Estados Unidos, houve um empate técnico no Colégio Eleitoral, e ele ganhou no tapete da Suprema Corte. Era, assim, um presidente legal, constitucional, mas não legítimo. Tal carência de legitimação o levaria à necessidade psicológica de afirmar-se, através de pressões abusivas e atitudes agressivas no cenário internacional. Mas faltava a oportunidade. Até que esta, literalmente, caiu do céu em setembro de 2001, com os monstruosos atentados suicidas em Nova York e Washington.

Os americanos, que não sabem viver em paz, sem um inimigo na alça de mira, têm, agora, novo adversário a ser vencido. Cuba, a Líbia, o Irã, a Coréia do Norte foram, provisoriamente, substituídos pelo Iraque. Que este país, embora dominado por ditador brutal e sangüinário, mas enfraquecido após doze anos de bloqueio econômico, não representa qualquer ameaça concreta à segurança nacional dos Estados Unidos, é óbvio. Mas é também óbvia sua importância geopolítica. Um Iraque forte seria o maior obstáculo às ambições expansionistas de Israel, virtual protetorado americano no Oriente Próximo. Mas, dominado pelos Estados Unidos, poderá neutralizar e paralisar o Irã, a Arábia e a Síria, seus vizinhos. E o Iraque repousa sobre reservas imensas de petróleo, presa irresistível para um país cuja dependência externa de combustível é cada vez maior, e tem, à frente do governo, políticos pessoalmente interessados nas indústrias petrolífera e armamentista, como o presidente Bush e o vice-presidente Cheney.

Por isso, Bush já optou pela guerra. Para justificá-la, a desinformação e o sofisma são muito mais importantes que a notícia objetiva. Assim, todas as declarações oficiais se fazem no condicional: o Iraque teria armas de destruição em massa, abrigaria terroristas, planejaria atentados, etc. Porém este será um conflito anglófono. Dos cinco membros permanentes do Conselho de Segurança da ONU – cuja Carta, que não prevê guerras preventivas, os Estados Unidos se aprestam, mais uma vez, a violar, sobrepondo, à força do direito, o direito da força –, só a Inglaterra, hoje virtual colônia política americana, apresenta seu primeiro ministro, Tony Blair, como subserviente ajudante de ordens de George Bush. França, Rússia e China (além da Alemanha, atual membro temporário do Conselho) são contrárias a um ataque não provocado, que hostilizará profundamente o mundo islâmico, e não só.

A postura desses três países tem o apoio do Brasil, em defesa da ordem jurídica internacional. E o papa, como sempre, pede paz, em exortações dirigidas aos homens de boa vontade, mas que constituem diretivas espirituais para todos os católicos. Pela primeira vez, a solidão moral e política ronda os Estados Unidos. Mas, para eles, pior será que a maior parte da humanidade passe a ver, nos atuais governos americano, britânico e israelense, um novo eixo do mal (como o que Bush atribui, fantasiosamente, a três governos não aliados entre si, como os do Iraque, Irã e Coréia do Norte), a bombardear, por frio cálculo econômico e geopolítico, povos miseráveis e inocentes, como o afegão, o iraquiano e o palestino.

Rio, 27 de fevereiro de 2003 | – A guerra não provocada que os Estados Unidos se aprestam a desencadear contra o Iraque representará uma ruptura sem precedentes na ordem jurídica vigente desde o fim da segunda guerra mundial.

Primeiro, além de infringir frontalmente a Carta das Nações Unidas, por não apoiar-se em qualquer norma do Direito Internacional, pois trata-se de ação preventiva, alegada e não prevista, sem a apresentação de um só indício de que a América esteja prestes a ser atacada pelo Iraque. Os repetidos estados de alerta a que a população americana é submetida não passam de pretextos e propaganda. Visam manter, ali, o clima de paranóia propício a estimular e suscitar a agressão externa, disfarçando, por outro lado, o fracasso da administração econômico-financeira, e os escândalos corporativos.

Uma vez rompida a legalidade, quem será a vítima da próxima agressão? Por que não o Brasil, por exemplo, quando um radical interesseiro qualquer, como tantos em torno de Bush, achar que Lula se apresta a constituir, com Castro e Chávez, mais um eixo do mal, e é hora de dar um basta a esse novo risco para os Estados Unidos? Ou se outro julgar em perigo a integridade da floresta amazônica, considerando tal situação contrária a interesses vitais de americanos e europeus, que, após destruírem sistematicamente as próprias matas, querem, agora, determinar o destino das nossas? Pretextos facilmente previsíveis seriam também o combate ao narcotráfico, ao terrorismo internacional, à proteção de minorias étnicas, à imigração ilegal.

Essas ameaças são tão graves que me permito, aqui, abrir um parêntese a fim de reproduzir declarações a tal propósito, já publicadas na imprensa em diversas oportunidades, por influentes líderes mundiais: "O Brasil precisa aceitar uma soberania relativa sobre a Amazônia" (François Mitterrand, presidente da França, em 1989); "Ao contrário do que os brasileiros pensam, a Amazônia não é deles, mas de todos nós" (Al Gore, futuro vice-presidente dos Estados Unidos, no mesmo ano); "Devemos estender a lei ao que é comum a todos no mundo. As campanhas ecológicas sobre a Amazônia já deixaram a fase da propaganda para dar início à fase operativa, que pode ensejar operações militares diretas na região (John Major, primeiro-ministro da Grã-Bretanha, em 1992); "O Brasil deve delegar parte dos seus direitos sobre a Amazônia aos organismos internacionais" (Mikhail Gorbatchev, ex-primeiro secretário do Partido Comunista da União Soviética, também em 1992); "Caso o Brasil resolva fazer um uso da Amazônia que ponha em risco o meio ambiente dos Estados Unidos (*o país que mais ameaça o clima do mundo, cuja indústria é responsável por um quarto da poluição global*), temos de estar prontos para interromper esse processo imediatamente" (general Patrick Hughes, chefe de informações das forças armadas americanas, em 1998).

Mas voltemos à agressão que os americanos preparam abertamente contra o Iraque, indiferentes à sua escandalosa ilegalidade internacional. Alegam que aquele país não cumpre resoluções da ONU há doze anos, o que é verdade. Em trinta e cinco anos, porém, já estimularam Israel a desrespeitar trinta e duas dessas mesmas resoluções. Quanto às armas de destruição em massa, quem as possui em maior número, ou mais diversificadas, do que eles?

Enquanto o Brasil luta para encontrar recursos destinados a atender às necessidades mais urgentes dos quarenta milhões dentre os nossos cidadãos que vivem abaixo do nível da pobreza, o orçamento americano acaba de alocar quase quatrocentos bilhões de dólares ao Pentágono para despesas bélicas. E este é um orçamento de paz, não inclui os gastos da guerra anunciada contra o Iraque. O novo Departamento de Segurança Interna, fruto e motor da paranóia ali reinante, receberá perto de quarenta bilhões de dólares.

Metade da população do Iraque está desempregada, devido às sanções econômicas e comerciais. Metade tem menos de quinze anos de idade. As Nações Unidas estimam que, em caso de guerra, multidões de iraquianos necessitarão de auxílio externo. A Organização Mundial da Saúde faz planos de contingência para tratamento emergencial de feridos por bombardeios, e para outros que possam necessitar de ajuda médica, se não dispuserem de abrigo, alimentação e água potável.

Estas são estimativas para algumas conseqüências da guerra do petróleo, em que americanos e ingleses se aprestam a bombardear populações indefesas. Decerto, sem Saddam como chefe de Estado e de governo, o mundo seria um lugar melhor para se viver. Como sem Bush, que, ao assumir a presidência da República, elevou consigo, à cúpula do poder mundial, a extrema direita imperialista e militarista dos Estados Unidos.

RIO, 6 DE MARÇO DE 2003 | — A ofensiva bélica, preparada abertamente pelos Estados Unidos para assaltar o Iraque, prenuncia tantos malefícios que se torna difícil enumerá-los. Sob o ponto de vista humanitário, sobressaem os sofrimentos, as mortes de homens, mulheres, velhos e crianças inocentes, a exacerbação da miséria e da fome de um povo já tão sofrido, a destruição da infra-estrutura material do país. Mas, além das crueldades que os valentes anglo-americanos, armados até aos dentes, se aprestam a infligir àquela pobre gente desgraçada e praticamente indefesa, o prejuízo mais abrangente, de conseqüências mais nefandas e duradouras, será o da ruptura da ordem jurídica internacional.

A primeira tentativa concreta de organizar os estados em nível mundial partiu, justamente, de um presidente americano, Woodrow Wilson. Terminada a primeira grande guerra, o ilustre estadista encarnou a principal força motriz a impulsionar a criação, em 1919, da Liga das Nações e da Corte Permanente de Justiça Internacional. Mas a recusa do Senado dos Estados Unidos de ratificar o ingresso do país na Liga significou um golpe fatal contra esta, reduzindo-a a pouco mais que um clube europeu, impotente para conter as agressões nazi-fascistas, causadoras, afinal, da sua derrocada.

Com o fim da segunda guerra mundial, novamente os americanos — inspirados na ação e no pensamento do presidente Franklin Roosevelt, então recém-falecido, e do primeiro ministro britânico Winston Churchill, que haviam firmado em 1942, durante o conflito, a Declaração das Nações Unidas — foram instrumento essencial para constituir a ONU em 1945.

A Carta das Nações Unidas visa, primordialmente, "manter a paz e a segurança internacionais". Antes da primeira guerra mundial, as relações entre os estados eram conduzidas por processos puramente diplomáticos. O Pacto da Liga das Nações tentou conferir-lhes base jurídica, e falhou. Agora, a comunidade global se rege, em suas relações mútuas, pela Carta da ONU. Sem ela, o Direito Internacional voltará a ser impotente. E, desrespeitado o Direito, a Carta perderá eficácia e significação.

Pois o governo americano está prestes a violar o Direito e a Carta simultaneamente. O Direito Internacional, porque desconhece o conceito de guerra preventiva, não provocada pelo Iraque. A Carta, por só autorizar ação bélica unilateral em caso de legítima defesa, e isso mesmo enquanto o Conselho de Segurança, ao constatar a violação da soberania ou da integridade territorial dos Estados Unidos pelos iraquianos, não tomar as providências nela previstas.

Foi neste último caso que o presidente George Bush, pai, agiu quando o Iraque invadiu o Coveite há doze anos. Reverteu a situação através de uma ofensiva militar endossada pelo Conselho de Segurança, e amplamente sustentada pela opinião pública internacional. Mas Bush filho, apesar de todos os sofismas da sua retórica, não consegue demonstrar que o Iraque ameaça a segurança nacional dos Estados Unidos.

Agora, o mandatário americano acusa a ONU de irrelevância, e o Conselho de Segurança de impotência, se não apoiarem a agressão que premedita contra o Iraque. Quer esse apoio de qualquer modo, contra a letra expressa da Carta das Nações Unidas. Se não o obtiver, e insistir no ataque, será ele o culpado de tornar a ONU impotente e irrelevante. Será ele, governante de um país que tanto se orgulha de apresentar ao mundo uma sociedade baseada na Constituição e na lei, o causador da destruição dos fundamentos jurídicos que regulam as relações entre os estados. Será ele o algoz do Direito Internacional. Atitude talvez deliberada, visto que a nova Lei de Segurança Nacional dos Estados Unidos prevê, expressamente, a violação da Carta e do Direito, sempre que isso atender a certos interesses nacionais americanos, definidos unilateralmente. Mas os julgamentos da opinião pública e da história não pouparão os responsáveis por esse atentado contra a paz.

RIO, 13 DE MARÇO DE 2003 | — Conforme o dogma da Igreja, o papa só é infalível quando se pronuncia, *ex-catedra*, sobre assuntos de fé e de moral. Mas a sua direção espiritual deve ser respeitada e seguida por todos os católicos. E esse rumo tem sido o mais claro possível. "— A violência, o terrorismo, a guerra só fazem levantar novos muros entre os povos." "— Violência nunca mais! Guerra nunca mais! Terrorismo nunca mais! Em nome de Deus, toda religião traga à terra justiça e paz, perdão e vida, amor!", brada João Paulo II desde o ano passado, ao elevar-se contra os defensores do conflito armado. E conclui agora: "A guerra no Iraque será um fracasso para a humanidade." A Secretaria de Estado do Vaticano expediu comunicado para afirmar que uma guerra contra o Iraque, desencadeada com violação da Carta das Nações Unidas, isto é, sem ser em legítima defesa ou não autorizada pelo Conselho de Segurança, constitui "um crime contra a paz".

Na apresentação de credenciais dos últimos embaixadores acreditados junto à Santa Sé, o papa reiterou que "a paz é um dos bens mais preciosos para as pessoas, os povos e os estados. (...) Sem paz, não pode haver um desenvolvimento autêntico dos indivíduos, das famílias, da sociedade e da economia. A paz é um dever para todos. Querer a paz não é um sinal de fraqueza, mas de força. Essa se realiza no respeito da ordem internacional e do Direito Internacional, que devem ser a prioridade de todos os responsáveis pelo destino das nações."

A mensagem pontifícia *Urbi et Orbi*, dirigida à cidade e ao mundo pelo Ano Novo, expressou que "os crentes de todas as religiões, junto aos homens de boa vontade, repudiando toda forma de intolerância e discriminação, são chamados a construir a paz: na Terra Santa primordialmente, para frear, enfim, a inútil espiral de violência cega, e no Oriente Médio, a fim de apagar os clarões sinistros de um conflito que pode ser superado".

Ao receber o corpo diplomático na primeira audiência coletiva deste ano, João Paulo II insistiu em que "a guerra nunca é uma fatalidade; é sempre uma derrota da humanidade. O Direito Internacional, o diálogo leal, a solidariedade entre os estados, o nobre exercício da diplomacia, são meios dignos do homem e das nações para resolver seus contenciosos. Digo isso pensando nos que ainda confiam no armamento nuclear, e nos conflitos demasiados que ainda mantêm nossos irmãos em humanidade como reféns." E deixou bem claro seu pensamento: "A guerra nunca pode ser considerada um meio, como outro qualquer, a utilizar-se para regular os contenciosos entre as nações. Como recordam a Carta da Organização das Nações Unidas e o Direito Internacional, não se pode recorrer à guerra, mesmo quando se trata de assegurar o bem comum, senão como possibilidade extrema e no respeito de condições bem rigorosas, nem se podem ignorar suas conseqüências para as populações civis, durante e após as operações militares." Os episcopados católicos de todo o mundo – inclusive os dos Estados Unidos e da Grã-Bretanha – já endossaram esta orientação.

Os americanos pretextam basear sua ação internacional em princípios morais, mas sempre deram prioridade ao lucro. Desde o início do século passado, o general Smedley Butler, ativo participante das pressões e agressões militares que respaldaram os interesses econômico-financeiros dos Estados Unidos na América Latina, exemplificou, com clareza, a preponderância dos negócios sobre a ética na ação internacional daquele país: "Durante trinta e três anos e quatro meses, fui membro do Corpo de Fuzileiros Navais. (...) Passei a maior parte do tempo como leão-de-chácara de luxo para os grandes capitalistas. (...) Ajudei, em 1914, a tornar o México seguro, especialmente Tampico, para os interesses petrolíferos americanos. Ajudei a tornar Cuba e Haiti lugares seguros para os lucros do National City Bank. (...) Ajudei a limpar a Nicarágua para a casa bancária internacional dos Brown Brothers em 1909 e 1912. Iluminei a República Dominicana para os interesses açucareiros americanos em 1916. Ajudei a fazer de Honduras, em 1906, um lugar seguro para as companhias bananeiras dos Estados Unidos."

Hoje, esta busca incessante do lucro externo se processa através da apropriação do petróleo iraquiano por empresas americanas, com a produção de armamentos para a guerra e a posterior reconstrução do Iraque pelas suas empreiteiras. Não por acaso, o presidente George Bush conduziu a Bush Energy/Bush Exploration de 1978 a 1984, e a Harken de 1986 a 1990; o vice-presidente Dick Cheney comandou a Halliburton de 1995 a 2000; a secretária de Segurança Condoleezza Rice dirigiu a Chevron de 1991 a 2000. E o secretário da Defesa Donald Rumsfeld já vendeu armas ao próprio Saddam Hussein. Nos Estados Unidos, o poder econômico não está no governo; o governo é delegado do poder econômico.

Os membros da sua cúpula, em atitude do mais interesseiro fundamentalismo, pregam a guerra aos muçulmanos do Iraque a fim de se enriquecerem com ela, e favorecerem o *lobby* sionista, poderoso na finança, na mídia e no Colégio Eleitoral dos Estados Unidos. Sempre de olho no petróleo, aspiram extraí-lo de um país pobre para entregá-las aos magnatas americanos, entre os quais se incluem. Condenar essa opção iníqua é dever moral de todos os católicos.

Rio, 20 de março de 2003 | – Comecemos do princípio, para sermos justos. Em 1980, o déspota sanguinário do Iraque atacava o Irã numa guerra em que não hesitou em usar armas químicas, inclusive contra os habitantes curdos do seu país. Aqueles armamentos foram obtidos graças à colaboração de americanos e ingleses. Em 1990, Saddam invadiu o Coveite, provocando, sob a bandeira das Nações Unidas, vitoriosa reação internacional, que o derrotou facilmente. Nessa guerra do Golfo, os Estados Unidos usaram dezenas de toneladas de urânio enriquecido em suas munições, aumentando de 700% a incidência de câncer no Iraque entre 1991 e 1994.

Desde então, esta nação infeliz está submetida a um regime férreo de sanções comerciais, na linha da tradicional obsessão americana de julgar e punir, não só pessoas, mas também outros estados. Daí, a mortalidade infantil, que era de 38 para cada mil nascidos vivos no Iraque em 1989, subir a 131 em 1999, com acréscimo de 345%.

Enquanto isso, Washington, dotada de mais de dez mil ogivas nucleares, e havendo arrasado duas cidades japonesas com seus artefatos atômicos no fim da segunda guerra mundial, quer atacar – alegando a posse de armas de destruição em massa pelos iraquianos – Bagdá, que não tem nenhuma bomba. Jerusalém conta com centenas, e os americanos calam.

O presidente Bush afirma, sem provas, que o Iraque abriga terroristas. Mas os Estados Unidos protegem Israel, que mantém postura agressiva, e vetam resoluções da ONU visando reverter aos legítimos possuidores as regiões árabes ilegalmente ocupadas pelos israelenses.

Os americanos acusam a França de tornar as Nações Unidas irrelevantes e o Conselho de Segurança impotente, ao se opor à guerra. Sabem, porém, que a maioria do Conselho – não apenas a França – era contra a invasão do Iraque. E a França apenas manifestou, em defesa do Direito Internacional e da Carta da ONU – que veda expressamente ameaças ou uso da força sem autorização prévia e expressa do Conselho –, a intenção de exercer o veto ao qual tem direito. Veto que os americanos já utilizaram mais de setenta vezes – inclusive em causa própria, quando, em 1986, foram condenados pela Corte Internacional de Justiça por prática de terrorismo de Estado, ao minar, sem encontrar-se em estado de guerra contra a Nicarágua, os portos daquele país, que levou o caso ao Conselho de Segurança.

Os povos judeu e americano acham-se entre os que trouxeram maiores benefícios à humanidade, através de contribuições religiosas, culturais, científicas e tecnológicas. Os Estados Unidos, ademais, são credores da civilização ocidental pelo serviço imenso e redobrado que lhe prestaram, a custa de tantas vidas e muito sangue, de tê-la livrado, nas duas guerras mundiais, dos militarismos germânico, japonês, e da barbárie nazista.

Nada do fica dito aqui deve ser considerado como antiamericanismo por princípio. Não se trata de preconceito, mas de conceito. Conceito contra a hegemonia do poder econômico, e, se necessário, militar, a fim de impor sua vontade ao resto do mundo. Conceito contra o desprezo pelo Direito Internacional, exceto quando favorável aos interesses nacionais. O Partido Democrata, hoje na oposição, tampouco esteve imune a esses pecados históricos. Mas a "arrogância do poder", a que aludiu um grande historiador norte-americano, é, hoje, a principal característica da facção imperialista, negocista e militarista do Partido Republicano que se apossou da Presidência da República nos Estados Unidos. E pensar que foi este o partido de Abraham Lincoln, o grande estadista martirizado pela libertação dos escravos e por haver preservado a união nacional... Seus dirigentes se apóiam, agora, na prepotência, na ilegalidade, na violência e na intimidação. O mundo pode atribuir a esses senhores da guerra ter ingressado numa época onde as razões de um estado prevalecem sobre o bem-estar e a segurança de toda a humanidade, quando os valores espirituais – recordados, sem cessar, pelo chefe da Igreja Católica – são ignorados pelos que alegam pretextos morais para encobrir ambições insaciáveis de poder, riqueza e território.

É justo, por outro lado, reconhecer o direito do Estado de Israel de manter sua identidade nacional e presença internacional, ameaçadas por aqueles desejosos de o eliminar; mas não o de fazê-lo à custa de territórios subtraídos de outros países pela força e contra o Direito Internacional, como a Cisjordânia e a faixa de Gaza, da Jordânia, e o Golan, da Síria.

Os governos de Bush e Sharon serão os grandes responsáveis pelo recrudescimento do antiamericanismo e do anti-semitismo que, infelizmente, a guerra contra o Iraque — criminosa e imoral como as de Saddam Hussein contra o Irã e o Coveite — suscitará por toda parte. Guerra que, por si só, explicaria a recusa de americanos e israelenses a aderirem ao Tribunal Penal Internacional, recém-inaugurado na Haia.

Rio, 27 de março de 2003 | — Se ligarmos a televisão em qualquer canal que exiba filmes produzidos nos Estados

Unidos, veremos, provavelmente, cenas violentas (inclusive nos desenhos animados, dirigidos às crianças), ou de julgamentos em tribunais. A violência é tão americana quanto a torta de maçã, dizia o chefe dos Panteras Negras, grupo que pregava a violência racista contra os brancos quando eu servia na Embaixada do Brasil em Washington. E os Estados Unidos, que aplicam, rotineiramente, sanções políticas, econômicas e militares a terceiros países, se recusam, por outro lado, a submeter-se a qualquer jurisdição externa.

Nesse caldo de cultura, se formam os adoradores da força armada que têm a pretensão e a intenção de liderar o mundo. Mas o mundo só poderá unir-se de duas maneiras: ou subjugado pelo poderio bélico de um império, ou sob a égide do direito, acatando as normas jurídicas e as instituições reguladoras das relações internacionais.

Por enquanto, o governo Bush tem conseguido, através da demolição da estrutura multilateral construída após a segunda grande guerra, desmoralizar as Nações Unidas, dividir a União Européia, paralisar a Aliança Atlântica. Assim, sente-se liberado para prosseguir na utilização unilateral da força – método, aliás, que os Estados Unidos sempre praticaram. Não só através de reiteradas invasões em países da América Latina durante setenta anos, entre 1924 e 1994 – intervenções indébitas e ilegais, que atingiram Porto Rico, México, Nicarágua, Panamá, Haiti, Colômbia, Cuba, Honduras, República Dominicana (esta, em 1965, rasgando a Carta da Organização dos Estados Americanos, com vergonhosa cobertura armada do Brasil), Ilhas Virgens, El Salvador, Guatemala, Granada; mas também ao patrocinar golpes de estado contra governos como os de Mohamed Mossadegh, no Irã, e Salvador Allende, no Chile.

A guerra do Vietnã foi um capítulo à parte – sem qualquer apoio na Carta das Nações Unidas ou no Direito Internacional, o massacre sistemático durou anos, deixou milhões de vietnamitas mortos, e danificou, de forma duradoura, o equilíbrio ecológico daquele país, com o uso militar de substâncias químicas (também utilizadas na campanha do Golfo). Quanto às intervenções mais recentes, Granada (1983), Nicarágua (1979-1989), Panamá (1989), Somália (1992), bombardeios da Líbia, do Iraque, do Sudão, ataque ao Afeganistão, são apenas exemplos adicionais da agressividade americana.

A invasão da pequena ilha de Granada, citada pelo conservador Irving Kristol em seu livro *The fettered presidency*, constitui testemunho exemplar da forma como agem os Estados Unidos, quando lhes convém, no âmbito internacional, e se aplica, como uma luva, à atual situação iraquiana: "Basta a um presidente apresentar-se ao povo enrolado na bandeira. O povo americano nunca tinha ouvido falar de Granada. Nem havia motivo para ouvir. A razão que demos para a intervenção militar (...) era falsa, mas a reação do povo dos EUA foi absolutamente, esmagadoramente, favorável. Os americanos não tinham a menor idéia do que estava acontecendo, mas apoiaram o presidente (*Reagan*)."

Agora, chegou a vez deles devastarem o Iraque com uma guerra que o secretário da Defesa Rumsfeld, demonstrando insuspeitada vocação humorística, qualifica de humanitária. O que fazem os americanos é implementar a *Orientação de Política de Defesa 1992-1994*, do Pentágono, elaborada pelo atual secretário adjunto da Defesa e Pelo conselheiro do vice-presidente para Assuntos de Segurança. Esse documento propõe "impedir qualquer potência hostil de dominar regiões cujos recursos lhe permitiriam ascender ao *status* de grande potência"; "desencorajar os países industrializados avançados de qualquer tentativa visando desafiar nossa liderança ou derrubar a ordem política e econômica estabelecida"; e "evitar a emergência futura de qualquer concorrente global".

O apoio explícito com que os Estados Unidos, nas últimas décadas, acolheram a violação sistemática, por Israel, dos direitos políticos e civis do povo palestino, bem como a presença indesejada de forças americanas em território saudita, desembocaram nos atentados em larga escala contra Nova York e Washington. Num passe de mágica, a alça de mira americana desviou-se, então, dos terroristas da Arábia para o Iraque, cuja ligação com aqueles criminosos o governo Bush jamais conseguiu provar. Isso porque os Estados Unidos ambicionam, mas não controlam, o petróleo do Iraque e do Irã (objetivo provável, após o Iraque, da próxima campanha desestabilizadora e ofensiva americana). Sua meta final é dominar aqueles recursos energéticos, ocupar uma posição estratégica no centro do Oriente Médio, reafirmar e reforçar a hegemonia planetária, se necessário através da violação sistemática de normas jurídicas multilaterais, da militarização dos conflitos internacionais, da mobilização permanente e da guerra preventiva como instrumentos privilegiados de política externa.

Na guerra do Golfo, os Estados Unidos sustaram o avanço sobre Bagdá após derrotarem, nos areais do sul, o exército iraquiano, já muito debilitado pelos bombardeios que precederam a invasão. Depois, passaram doze anos a enfraquecer o país com o bloqueio econômico, sem cessar de bombardeá-lo continuamente. Agora, voltam ao ataque, sob o pretexto de neutralizar suas armas de destruição em massa, mas, de fato, movidos pela certeza da inexistência delas, amplamente comprovada pelos inspetores das Nações Unidas.

Desde o julgamento dos criminosos nazistas pelo Tribunal de Nuremberg, ao fim da segunda guerra mundial, ficaram claramente estabelecidas, no Direito Internacional, as condições definidoras dos crimes de guerra: planejamento, preparação e desencadeamento de uma agressão bélica, em violação a tratados internacionais. Ora, o governo americano planejou, preparou e desencadeou a atual guerra de agressão contra o Iraque sem que houvesse alguma provocação daquele país justificando alegações de legítima defesa, ou que o Iraque representasse qualquer ameaça à segurança nacional dos Estados Unidos. Fê-lo, ademais, em violação flagrante do tratado internacional por excelência, que é a Carta das Nações Unidas. Por tudo isso, o presidente Bush pode ser definido, sem sofismas, como criminoso de guerra, com base no Direito Internacional em vigor. Tal qual Saddam, ao invadir o Irã (com apoio americano) e o Kuwait. Ou Milosevic, quando atacou a Croácia e a Bósnia-Herzegovina.

Rio, 3 de abril de 2003 | — Vários têm sido os modos de apreciar a atividade diplomática. Desde os mais negativos — dos quais o melhor exemplo talvez seja aquela definição segundo a qual o diplomata é a pessoa encarregada de mentir em nome do seu país no exterior — até reconhecimentos recentes, como o do papa João Paulo II, ao opor-se à agressão dos Estados Unidos contra o Iraque, afirmando ser a diplomacia um meio digno para a humanidade resolver suas divergências. Meio século de experiência profissional ensinou-me que o diplomata é advogado de partido, de uma causa só — o interesse do seu país. Mas isso não dirime a questão crucial: a de saber se o pleito nacional em pauta se apresenta como ética e moralmente defensável.

O diplomata americano John Brady Kiesling, conselheiro político da Embaixada dos Estados Unidos em Atenas, vem de renunciar ao cargo, por não concordar com o sacrifício que o exercício da profissão lhe estava exigindo em detrimento da própria consciência. Fê-lo em carta dirigida ao secretário de Estado, o general Colin Powell — que, ao contrário do subordinado, defende o ataque para não perder o emprego, embora fossem conhecidos, anteriormente, seus pontos de vista mais moderados e prudentes sobre a guerra (talvez porque, como militar, percebesse, melhor que outros, as conseqüências da carnificina).

Kiesling reconheceu ter sido "inevitável que vinte anos a serviço do Departamento de Estado me tornassem menos ingênuo e mais cético em relação aos motivos estreitos e egoístas que, às vezes, moldaram nossas políticas. (...) Mas, até este governo, foi possível acreditar que, defendendo as políticas do meu presidente, eu estava também defendendo os interesses do povo americano e do mundo. Agora, não acredito mais nisso. As políticas que nos pedem para adotar são incompatíveis, não apenas com os valores americanos, mas também com os interesses americanos. Nossa insistência numa guerra contra o Iraque está-nos levando a malbaratar a legitimidade internacional (...)."

Para ele, "desde a guerra do Vietnã, não víamos tal distorção do serviço de informações, tal manipulação sistemática da opinião pública americana". Afirma que "o governo optou por fazer do terrorismo uma ferramenta política doméstica (...), arbitrariamente ligando ao Iraque problemas de terrorismo com os quais o país não está relacionado. (...) Devíamos perguntar-nos por que não temos conseguido persuadir o mundo de que uma guerra com o Iraque é necessária". Por outro lado, "estamos solapando, além do limite, um sistema internacional que construímos com empenho, uma rede de leis, tratados, organizações e valores compartilhados (...)."

O diplomata demissionário disse estar "renunciando porque tentei conciliar minha consciência com minha capacidade para representar o atual governo dos Estados Unidos, e fracassei". Mas, com sua renúncia, ele preservou a honra da nossa profissão. Seus colegas de todo o mundo ficam a dever-lhe esse nobre exemplo.

Rio, 21 de maio de 2003 | — Hoje, relembrei com saudade, na Academia Brasileira de Letras, a memória de Raimundo Faoro. Estive entre os que mais insistiram e trabalharam pela sua candidatura. Porém, quando eleito, a saúde daquele gigante com pulmões de barro já se deteriorava a olhos vistos, com asma, enfisema e infecção pulmonar a ocasionar-lhe insuficiência respiratória crônica, extremamente penosa. Sua posse foi adiada várias vezes, por razões médicas. Quando pôde efetivar-se, ele compareceu numa cadeira de rodas. Tive o privilégio de apor-lhe o colar acadêmico. Depois, foram meses de internação hospitalar, até que o organismo combalido não resistiu mais.

"Ninguém, entre nós — afirmei —, possuiu mais títulos para ser um grande acadêmico do que Raimundo Faoro. E, infelizmente, mal desfrutamos da sua companhia. Expoente, ele o era, no mais alto nível. Como presidente nacional da Ordem dos Advogados do Brasil, pediu ao general Geisel o fim da tortura. Ao general Figueiredo, a anistia. Recuperou o *habeas corpus*. Então já candidato à Presidência da República, Lula desejava-o como companheiro de chapa em 1989, mas Raimundo declinou. Também se lhe aventaria o nome para ocupar o Ministério da Justiça. Contudo, em sua última entrevista, o eminente brasileiro declarou aspirar apenas a um cargo público — o de embaixador na Haia. Por haver sido este o meu último posto diplomático, fiquei desvanecido pela preferência. Seu prestígio era tal que, recém-eleito, o presidente Lula veio ao Rio especialmente para visitá-lo, e a dois outros companheiros nossos — Evandro Lins e Celso Furtado. Dos três, poucos meses depois, apenas o último continua a honrar-nos com sua presença. Como escritor, no âmbito dos clássicos da história e da sociologia, *Os donos do poder*, obra magna de Raimundo Faoro, deve inscrever-se entre os livros emblemáticos dos intérpretes do Brasil. E quem mais merecedor de um assento acadêmico que o exímio estudioso do nosso nume tutelar, Machado de Assis, no exemplar ensaio *A pirâmide e o trapézio*. Faoro, devido à saúde fragilizada, freqüentou pouco a Academia, mas a quis tanto que, no dia do pleito vitorioso, preocupava-o a hipótese do filho André e eu podermos ser assaltados ou seqüestrados entre sua residência e esta casa, com o conseqüente desaparecimento das cartas por nós trazidas, contendo a unanimidade consagradora dos votos. Quanto ao homem Raimundo Faoro, recordo o amigo hospitaleiro ao receber-me para jantar, já lá vão tantos anos, com Afonso Arinos, Sérgio Buarque de Holanda, Prudente de Morais Neto e Pedro Nava no apartamento acolhedor da rua das Laranjeiras, à luz de um rubro vinho. Pai sempre atento, avô extremoso, três dos seus netos menores são, também, meus queridos sobrinhos-netos. Lembro enfim, enternecido, a esposa dedicada, Maria Pompéia, companheirinha de folguedos da minha primeira infância em Belo Horizonte. Agora, Raimundo voltou a reunir-se a ela. Desta vez, para sempre."

Rio, 5 de julho de 2003 | — Nesta data, há cinqüenta e cinco anos, Georges Bernanos morria no Hospital Americano de Paris. De maneiras distintas, ele e Stefan Zweig — os dois grandes escritores europeus exilados pela guerra — se tornaram próximos de Afonso Arinos no Brasil.

Não guardo qualquer recordação pessoal do austríaco. Sei que ele e Afonso se encontravam em reuniões sociais e literárias, que passou uma manhã em nossa casa do Rio, que Arinos retribuiu a visita à tarde, em Petrópolis, pouco antes do seu suicídio. Afonso lhe emprestara alguns livros sobre Montaigne, devolvidos por Zweig, com os manuscritos que preparava sobre o tema. Na impossibilidade de restituí-los pessoalmente, fê-lo através de missiva sem data, pois Arinos se achava em Barbacena, na granja das Margaridas, do seu irmão Virgílio de Melo Franco. Eis a mensagem, redigida em francês imperfeito, talvez por causa da grande tensão que o invadia: "*Cher Monsieur Mello-Franco, c'est avec grande gratitude que je vous rends les deux Montaignes. J'ai telefoné* (sic) *ici la dernière semaine mais on m'avais* (sic) *dit que vous êtes a* (sic) *la Facenda* (sic), — *donc je n'ai pas pu vous serrer la main. Votre tout devoué* (sic) *Stefan Zweig*". Sob o texto, Afonso anotou com lápis de cor: "carta escrita por Stefan Zweig possivelmente no dia do seu suicídio."

De Bernanos, lembro-me muito bem. Tínhamos o hábito de passar, todos os anos, parte das férias escolares na fazenda de Virgílio, e quando meu pai e o irmão lá se encontravam, Bernanos vinha, da sua fazendola em Cruz das Almas, visitá-los quase diariamente. Chegava montado num belo animal, presente de Osvaldo Aranha. Mas o porte erecto que mantinha ao cavalgar se desfazia quando apeava. Era como um centauro se desintegrando, apoiado em duas bengalas para sustentar a perna aleijada num acidente de motocicleta, a subir, com dificuldade, os poucos degraus da varanda que circundava a casa. Sentava-se, então, e desandava a falar alto, apaixonadamente, como escrevia, os olhos azuis chamejantes, num monólogo poucas vezes interrompido pelos amigos. Eu circulava por ali, mas, menino, não fazia idéia da importância do escritor. Só bem mais tarde veio ele a ser um dos autores que mais me marcaram, através de toda a obra romanesca, e de boa parte dos escritos de combate. O filho Michel, um dia, pôs-me sobre a sela de seu cavalo e o chicoteou, fazendo-o galopar comigo. Este, agitado e alcoólatra, suicidou-se em França, onde, como o irmão Yves, se engajara nas tropas do general de Gaulle.

A ligação entre Bernanos e Arinos foi muito calorosa. Veja-se o tom de duas cartas que os escritor francês mandou ao amigo, das quais transcrevo pequenos trechos. A primeira, escrita em 30 de maio de 1942: "*Cher ami, J'attends avec impatience et confiance la conclusion de votre article, mais je veux vous dire combien j'ai été ému par ce frémissement de curiosité, de compréhension et d'amitié qui donne pour moi tant de prise à vos pages. (...) Merci de tout mon coeur. Bernanos."* A segunda, de 25 de julho de 1943, datada de Cruz das Almas: *"Mon cher ami, Je viens de recevoir et de lire vos pages. J'étais sûr de d'y trouver tout ce que je connais en vous, et que j'aime, mais j'y découvre aussi une chaleur de passion, une espèce de ferveur de l'âme qui m'émeut si fort que je vous ecris à l'instant même, avec un vague sentiment de remords, car si je n'ai jamais douté de votre amour pour mon pays, si j'admire de plus en plus l'extraordinaire familiarité de votre esprit avec toutes les formes et toutes les nuances de notre pensée – qui vous fait réellement l'un des notres-, je me demande si je n'ai pas méconnu parfois une fidélité plus profonde et, comme disait Péguy, plus charnelle qui s'exprime dans votre bouleversant message. (...) Votre vieil ami, Bernanos."*

Em 1988, Oto Lara Resende (a quem eu enviara de Roma, onde era embaixador no Vaticano, alguns artigos lá publicados sobre Georges Bernanos, por ocasião do centésimo aniversário do seu nascimento, e quadragésimo da morte) me escreveu para manifestar indignação com o descaso com que era tratada, no Brasil, a memória do grande escritor francês, que fizera do nosso país sua segunda pátria. "Tomei ciência de como se celebra aí na Itália o centenário do Bernanos. Tenho lido poucas revistas e jornais estrangeiros, mas ainda assim sei que na França, nos Estados Unidos, na Inglaterra, até na Alemanha, o Bernanos é lembrado e lido. Mais lido do que o Gide, o Julien Green, o Valéry – e outros contemporâneos. Aqui no Brasil, é uma vergonha (...). Até agora, nenhuma televisão quis aceitar a sugestão de programar qualquer coisa sobre o nosso gênio. Os jornais, ao que eu saiba, dão no máximo uma resenhazinha sobre o *Sob o sol de Satã*, que foi agora reeditado. O *Journal d'un curé de campagne*, traduzido pelo Edgar da Mata Machado, desse ninguém fala. No cinema, silêncio total, apesar dos prêmios de *Mouchette*, etc. A biografia escrita pelo Jean Loup (*o filho caçula de Bernanos publicara* Georges Bernanos à la merci des passants *em*

1986) a gente nem tem o prazer de ver, quanto mais de ler. A choldra aqui está noutra. (...) Poderia continuar relacionando o que não se tem feito, mas paro aqui. Como o Bernanos foi vendedor de seguros de uma Compagnie Nationale, cheguei a sugerir que o Banco Nacional, isto é, a Nacional de Seguros patrocinasse um evento, uma peça (*Diálogos das carmelitas*). Pensava no seu tio Virgílio, que foi fundador do BN e sustentáculo do Bernanos aqui. Enfim, o Hélio (*Pellegrino*), na última conversa, poucas horas antes de morrer, me falava do Bernanos. Que escritor! – repetia. E me garantia que o Bernanos seria seu padrinho no céu."

Quando ingressei no Itamarati, meu primeiro chefe direto na Secretaria de Estado, Jaime de Barros Gomes, narrou-me episódio ocorrido na época em que servia no Consulado do Brasil em Paris. Ele fora visitar Bernanos, agonizante no hospital americano, em Neuilly. Uma enfermeira informou-o de que o doente já não podia receber visitas. O diplomata se afastava quando ela correu-lhe atrás. Bernanos, sabedor da sua presença, queria vê-lo. O escritor lhe disse, então, que desejara morrer no Brasil. Ao se afastar emocionado, Jaime de Barros voltou-se da porta, para olhar pela última vez o enfermo. Este traçou então sobre ele, com um gesto largo, o sinal da cruz.

Aquela sua última vontade, Bernanos a confidenciara antes, por carta, a uma cunhada de Virgílio: "*Le plus grand, le plus profond, le plus douloureux désir de mon coeur en ce qui me regarde c'est de vour revoir tous, de revoir votre pays, de reposer dans cette terre où j'ai tant souffert et tant espéré pour la France, d'y attendre la résurrection, comme j'y ai attendu la victoire.*"

RIO, 12 DE JANEIRO DE 2004 | – Li, com grande interesse, as *Cartas do pai*, de Alceu Amoroso Lima, destinadas à filha Lia, que se tornara monja beneditina. Primeiro, porque participei, de forma direta ou indireta (através da atuação de Afonso

Arinos), dos embates daqueles anos tempestuosos, que Alceu descreve para Lia, enclausurada em São Paulo.

Então, desde Petrópolis, Alceu me escrevia em abril de 1962, após ler declarações políticas que eu prestara em público: "Muito boa sua entrevista. Trabalhe por esse programa e v. poderá, com um bom grupo do PDC, fazer uma ação profícua no sentido de alargar a área de penetração do partido e contribuir para o combate à onda reacionária que está invadindo a América Latina, sem exceção do nosso Brasil. V. está no bom caminho e é possível que seja eleito (*deputado federal*), inclusive com o meu voto, caso empreenda uma campanha a fundo, pois a terceira posição – em que v. se encontra, e é a boa –, é também a que o público menos compreende, vítima como está sendo, desde a renúncia do Jânio, de um processo de radicalização nos extremos, *extremamente (o grifo é do autor)* perigosa. Mas seu programa está certo e é com ele que você poderá eventualmente, passar à esfera federal nas próximas eleições, como desejo, seguindo o grande exemplo do seu pai e do seu avô!"

A evocação de um país sempre instável, da Igreja Católica, tanto quanto o Brasil, dilacerada entre conservadores e progressistas, fizeram-me reviver situações delicadas, em que as próprias famílias se dividiam. Hoje, felizmente, parece haver mais consciência cívica na sociedade brasileira como um todo, e radicalizações políticas ou sociais tão extremadas mostram-se menos prováveis. O senso de responsabilidade com que o atual governo parece ter assumido o poder entre nós, ao agir sem demagogia e sem retórica vazia, representa, talvez, bom augúrio para um futuro de justiça social, solidariedade e afirmação internacional. Esperemos pelo melhor, embora, escaldados por tantas decepções, sem nos iludirmos.

No Colégio de Sion, a filha de Alceu foi companheira de turma de Beatriz. Diz-me esta que se entendiam até pelo olhar.

Fizeram juntas a primeira comunhão, quando Lia, aos oito anos, decidiu que se tornaria religiosa. Hoje é abadessa de um mosteiro em São Paulo. Nas cartas a ela dirigidas, o pai menciona, com freqüência, Thomas Merton, monge trapista nascido em França, educado na Inglaterra e naturalizado cidadão americano, fecundo escritor místico que li na mocidade (por sugestão de Alceu?), após a perda do nosso filho primogênito, e sobre cujos escritos volto agora a debruçar-me. Alceu chegou a considerá-lo "o Santo Agostinho do século XX". Pois encontro n'*O signo de Jonas* de Merton, entre tantos outros recados oportunos para os espíritos perturbados dos tempos em que vivemos, este, que deixaria feliz mestre Oscar Niemeyer (penso na igrejinha de São Francisco, em Belo Horizonte, e na catedral de Brasília): "Um dos grandes problemas para um arquiteto de nossos dias (*isto foi escrito em 1947*) é que, durante cento e cinqüenta anos, os homens têm construído igrejas pensando que as igrejas não pertencem a nosso tempo. Uma igreja tem de parecer como algo sobrevivente de outra época. Creio que tal concepção traz em si, implícita, uma confissão de ateísmo — como se Deus não pertencesse a todas as épocas, e como se a religião fosse apenas uma formalidade agradável e socialmente necessária, preservada de outras épocas, para dar à nossa sociedade um ar de respeitabilidade."

Por outro lado, já me sinto como San Tiago Dantas no fim da vida, quando dizia a Afonso Arinos que só o absoluto lhe interessava. Mas é a própria primazia do Absoluto que impõe ao crente a exigência indeclinável de inseri-lo no seu quotidiano, e no da sociedade que o cerca. Neste nosso tempo — quando nos defrontamos com a violência desencadeada, a força do crime organizado, o consumo sem controle das drogas alucinógenas, o sexo exacerbado, a perda de sentido do matrimônio e a dissolução das famílias, a prioridade sistemática dada ao ter sobre o ser, o egoísmo brutal, a sede inextinguível de dinheiro e poder, a publicidade desenfreada, ignorando o cidadão para concentrar-se exclusivamente no consumidor, o desafio insolente às normas do Direito Internacional por estados que se autoproclamam padrões de democracia –, apenas o exemplo pessoal, humilde e modesto de predicados morais, como o vivido e demonstrado por Merton (que morreu na Tailândia, eletrocutado por acidente, como meu filho Virgílio), parece sustentar o equilíbrio de um planeta sem rumos éticos.

A virtude teologal de que o mundo mais carece, hoje em dia, deve ser a da esperança. O que me faz voltar a Miguel de Unamuno, cuja crise de angústia existencial, descrita em seus livros *Diário íntimo* e *Do sentimento trágico da vida*, dele me fez tão solidário: "Angustiados por sentir que tudo passa, que nós passamos, que passa o que é nosso, que passa o que nos circunda, a própria angústia nos revela o consolo do que não passa, do eterno, do belo. O amor espera, espera sempre, sem nunca cansar-se de esperar, e o amor a Deus, a nossa fé em Deus, é, antes de tudo, esperança Nele. Porque Deus não morre, e quem espera em Deus viverá para sempre. E a nossa esperança fundamental é o tronco e a raiz de toda outra esperança nossa, a esperança da vida eterna. E se a fé é a substância da esperança, esta é, por sua vez, a forma da fé."

Hoje é dia do aniversário de Beatriz. Fazem quase cinco décadas que estamos juntos. E nela, apesar de todos os grandes traumas e sofrimentos físicos e psíquicos por que tem passado, permanece, intacta, a infância espiritual. Que o seu anjo da guarda (Virgílio) a proteja, e Deus a conserve sempre assim.

RIO, 25 DE JANEIRO DE 2004 | – Foi por acaso, ao tomar conhecimento de sua existência no Arquivo Histórico do Itamarati, que comecei a dedicar-me à recuperação da memória e da obra de Carlos Magalhães de Azeredo, último sobrevivente dentre os fundadores da Academia Brasileira de Letras, que fora muito ligado a meu avô, Afrânio de Melo Franco, com quem serviu na Legação do Brasil em Montevidéu, em fins do século XIX, e depois a meu pai, por ele acolhido, em 1925, na sua Embaixada junto à Santa Sé (que, mais de seis décadas depois, eu viria a ocupar).

Afonso Arinos atribuía-lhe grande influência sobre a formação latina do seu espírito. O velho embaixador e acadêmico, que permaneceu em Roma até à morte em 1963, recebia-nos gentilmente, enquanto trabalhei na Embaixada do Brasil na Itália, meu primeiro posto diplomático. No seu diário, repleto de presenças femininas (Azeredo foi um *homme à femmes* até o fim da vida), Beatriz, minha "gentil senhora", é a última mencionada, por causa de visita natalina que lhe fizemos em 1957 (quando encerrou sua redação). Ele contava, então, 85 anos, e viveria até aos 91.

Fui-lhe apresentando no Rio de Janeiro, durante sua derradeira estada no Brasil, convidado por meu pai para almoçar, em nossa casa, com Otavio Tarqüínio de Sousa e Lúcia Miguel Pereira. Esta, biógrafa de Machado de Assis, estaria certamente interessada em conversar com aquele que fora muito amigo do grande escritor.

Na Itália, acompanhou-me pela primeira vez, à sua residência, Deoclécio Redig de Campos (Azeredo o aproximara de Arinos em 1925, durante a primeira estada deste em Roma). Deoclécio era, então diretor dos Museus Vaticanos, onde, entre tantos outros serviços de importância artística capital, restaurou as estâncias de Rafael, e viria a reconstituir o rosto da Pietà de Miguel Ângelo, desfigurado pela violência de um demente.

Eu mesmo conhecera Deoclécio de Campos em 1951, em viagem proporcionada pela família, que se cotizara a fim de premiar-me pela aprovação no vestibular para o Instituto Rio Branco, o qual, por sua vez, me abriria as portas do Itamarati. Fui visitá-lo no Vaticano, e lembro-me dele trabalhando na mesa do grande escultor Canova, que o precedera na direção dos museus. Deoclécio levantou-se, envergou, misteriosamente, a capa de chuva (era pleno inverno, mas não sairíamos ao ar livre), e percorreu comigo algumas galerias, até adentrarmos, juntos, as capelas Paulina e Sistina, que contêm as obras primas de pintura executadas por Miguel Ângelo em Roma. A primeira só recebe visitantes especialmente recomendados, e a outra não estava aberta ao público naquele horário. Fez-me, então, deitar em um dos bancos que se achavam na Sistina, estendeu-se noutro ao lado, para que pudéssemos observar longa e detalhadamente o teto sem sofrer um torcicolo, e ali, por cerca de uma hora, deu-me aula magistral e inesquecível sobre pintura, teologia e filosofia. Essa bondosa e paciente atenção para comigo, pela qual serei sempre grato à sua memória, representou, de fato, minha iniciação estética, após as lições que recebera de Rodrigo Melo Franco de Andrade em Ouro Preto. Muitos anos depois, já como embaixador junto à Santa Sé, acompanhei-lhe o corpo ao cemitério do Campo Verano.

Em outras ocasiões, nos anos cinqüenta, Gilberto Freire, Murilo Mendes, Carlos Lacerda, além de Afonso Arinos e Negrão de Lima, então chanceler, foram comigo visitar Azeredo. Os dois últimos, compadecidos da penúria em que vivia o velho embaixador aposentado, encontrariam meios e modos de assegurar-lhe, através do Itamarati, uma sobrevivência modesta até o fim da vida.

Não há muito, para matar saudades, eu visitava o Arquivo Histórico do nosso Ministério, no Rio de Janeiro, quando verifiquei que, entre os documentos ali depositados, figuravam os originais das *Memórias* de Magalhães de Azeredo, em parte ainda manuscritas, das quais se tinha notícia na Academia Brasileira de Letras, mas cujo paradeiro era ignorado. As recordações cobriam o primeiro quarto de século da vida do poeta e diplomata, e pude coordenar sua publicação, no ano passado, pela Academia. Em seguida, preparei dois manuscritos, também arquivados no Itamarati, relativos ambos a experiências vividas por Azeredo na Itália, durante as grandes guerras do século findo. O primeiro visava defender o papa Bento XV das acusações de inação política para favorecer os alemães, a ele feitas quando da primeira conflagração. O segundo testemunhou fases dramáticas da vida italiana, e os momentos difíceis passados em Roma pelo embaixador brasileiro aposentado, quando da ocupação da capital italiana pelos nazistas no último conflito mundial. Juntos, comporão interessantes memórias de guerra, que, espero, a Academia possa editar ainda este ano.

No Arquivo Histórico estão, também, os diários de Azeredo. Escritos em pequenos cadernos ou cadernetas, de 1893 a 1957, eles cobrem sessenta e quatro anos dentre os mais tumultuados e violentos na história da humanidade. Mas são minuciosos, intermináveis. Os primeiros, descritivos e opinativos, transmitem impressões atraentes da *dolce vita* de um diplomata culto no fim da *belle époque* européia. Porém, a partir de 1909, transformam-se em agendas sem qualquer atrativo literário (embora não destituídas de interesse sociológico), detalhando horários burocráticos, condições climáticas e freqüência rotineira ao comércio local. Além das referências freqüentes às namoradas, que se revezaram, até o fim da vida do velho galante, disputando suas atenções e preocupações.

Mesmo assim, os diários contêm revelações surpreendentes, como as seguintes, de 1903, relativas ao pontificado de Leão XIII, que não resisto a citar, por recordarem escândalos muito posteriores, ocorridos há poucos anos, envolvendo o arcebispo americano Paul Marcinkus, diretor do Instituto para as Obras de Religião (IOR, o banco vaticano), e que me fortalecem na convicção de que a Igreja Católica deve optar firmemente, como recomendou Jesus, entre Deus e Mamon. Azeredo anota confidências de um amigo, camareiro secreto na Cúria Romana, sobre como se administravam, então, os bens da Santa Sé, divididos "em duas partes inteiramente distintas: uma, que é a menos avultada, está colocada em títulos de renda, e depende regularmente do exame consciencioso de uma comissão de cardeais; a outra, em moedas de ouro e notas de banco, está à disposição do pontífice, que a guarda, à medida que dos fiéis vai recebendo novos donativos, em sobrecartas, em pacotes, nas gavetas da sua mesa de trabalho e de outras arcas do seu gabinete, sem livros de assentamento, sem escrituração alguma. Quando o papa necessita de uma soma qualquer para dá-la a um bispo, a um missionário, a um instituto de beneficência ou educação, tira-a de um dos depósitos, o mais próximo às suas mãos, e entrega-a diretamente, marcando-a, quando disso se lembra, em um caderno do seu uso particular".

A absoluta integridade pessoal do grande Leão XIII, já muito idoso e fragilizado fisicamente na ocasião, nunca foi questionada, mas a situação exposta denota, mesmo referindo-se a fatos ocorridos há mais de um século, irresponsabilidade financeira na máxima instituição espiritual, que deveria pairar acima de qualquer suspeita. "Até hoje no Vaticano – prossegue Azeredo – tem dominado geralmente o sistema do perdão, da indulgência, do silêncio para evitar o escândalo – esse sistema de proteções e absolvições, que através dos séculos demonstrou a incapacidade do clero para arvorar-se em governo político".

João Paulo II fez muito para remediar tais faltas, com o seu admirável pedido de perdão pelos erros passados da Igreja. Galileu Galilei, Giordano Bruno e Antônio José da Silva, o

Judeu, são nomes emblemáticos dentre os milhares de vítimas da "Santa" Inquisição. Depois, apareceriam outros crimes, como as traficâncias financeiras do IOR e as acusações de pedofilia. Quando fui deputado federal, não era de virtuosos a fama da maioria dos sacerdotes meus colegas na Câmara. E o mau padre, menos desculpável ainda que o leigo pecador, é quase um monstro, por trair a obrigação vocacional de dar o bom exemplo, o exemplo da santidade que todo cristão deve buscar: "Sede santos, como meu Pai é santo."

Rio, 21 de agosto de 2004 | — Com a proximidade do cinqüentenário do suicídio de Getúlio Vargas, no dia 24, multiplicam-se lembranças, depoimentos e análises sobre o estadista desaparecido. Ele previu com acerto, na famosa carta-testamento, que deixava a vida para entrar na História. Ainda agora, o atual prefeito do Rio de Janeiro, candidato à reeleição, apresta-se a inaugurar na orla marítima, à cata de votos dos adeptos do culto a Getúlio, uma enorme e horrenda carantonha do ex-ditador-presidente.

Nasci, em novembro de 1930, no dia da promulgação do decreto constituindo o governo provisório, fruto da revolução com que Vargas se instalou no poder. Assim, no seio de uma família onde os assuntos políticos eram prato de cada dia, minha infância e adolescência evoluíram em torno à figura do caudilho.

Os Rodrigues Alves (a avó materna que me criou, filha do presidente, seus irmãos e irmãs) não se esqueciam do cunhado, senador Álvaro de Carvalho, influente político paulista da República velha, um dos "carcomidos" expatriados por Getúlio, que morreu no exílio, após a revolução constitucionalista de São Paulo em 1932.

Afrânio de Melo Franco, meu padrinho de batismo, e seu filho Virgílio, padrinho de crisma, tiveram papel capital nas articulações da revolução de 1930. Possuo o original manuscrito da carta escrita a Vargas por Afrânio, e assinada pelo presidente de Minas Gerais, Antônio Carlos de Andrada, instando Getúlio, então presidente do Rio Grande do Sul, a que desistisse da renúncia a apresentar-se como candidato da Aliança Liberal contra o continuísmo da oligarquia paulista de Washington Luís e Júlio Prestes. Virgílio foi o grande motor da conspiração e da articulação entre mineiros e gaúchos, que desembocou na revolução. Mais tarde seria preterido por Vargas em sua aspiração ao governo de Minas. Então Afrânio, solidário com o filho, afastou-se do Ministério das Relações Exteriores. Ambos romperam definitivamente com Getúlio quando ele deu o golpe de Estado em 1937, tornando-se ditador.

Em 1943, o manifesto *Ao povo mineiro*, ideado por Afonso Arinos, redigido, em boa parte, por Virgílio, e firmado pelos dois, fez com que ambos perdessem os empregos que tinham no governo – Afonso no Banco do Brasil, onde era consultor jurídico, no diário *A Manhã*, através dos artigos escritos como colaborador semanal, e na Rádio Nacional, para a qual produzia crônicas. Virgílio, ex-administrador do antigo Banco Alemão Transatlântico, ainda foi parar na cadeia, embora por pouco tempo.

Lembro-me de minha mãe recomendando-nos que recebêssemos Arinos com vivas ao aposentado, quando ele chegasse em casa, demitido da Consultoria do banco. Afonso me diria, mais tarde, que os atrasados recebidos a título de indenização, por haver sido exonerado ilegalmente, representavam seu único débito para com Getúlio, pois lhe permitiram construir um anexo à nossa casa de Copacabana, a fim de abrigar-lhe a grande biblioteca.

RIO, 22 DE AGOSTO DE 2004 | – A 13 de agosto de 1954, no auge da crise provocada pelo atentado contra Carlos Lacerda cinco dias antes, que custara a vida a um oficial da Aeronáutica, Afonso proferiu um discurso terrível na Câmara, como líder da oposição, apoiando proposta do deputado Aliomar Baleeiro, que pedira a renúncia do presidente Vargas. Tal era a repercussão da oratória parlamentar naquela época — quando o palácio Tiradentes representava, em verdade, uma caixa de ressonância de influência nacional — que, quando Arinos baixava da tribuna, um colega lhe disse: "— Você derrubou o governo." Presente na ocasião, desci das galerias, onde me encontrava, e perguntei-lhe, à saída do plenário, qual o motivo daquela tormenta desencadeada. "— Eu estava pensando no meu irmão", foi a resposta.

Pouco antes, o coronel Adil de Oliveira, comandante do inquérito policial-militar instalado na Aeronáutica para investigar e apurar a morte do major Rubens Vaz, telefonara a Afonso Arinos informando-o sobre indícios que aproximavam os autores da tentativa de assassinar Lacerda do homicídio de Virgílio de Melo Franco em 1948. Ao entrar no seu escritório, encontrei Afonso presa de grande perturbação. Fez, depois, o discurso tempestuoso, do qual possuo gravação, que ele nunca quis escutar. Pois, de fato, não atacara os matadores do major; no fundo, investira contra os supostos assassinos de Virgílio. Saberia mais tarde, por um contra-parente, que os mesmos indícios ou outros constavam de depoimento prestado por Gregório Fortunato, chefe da guarda pessoal de Getúlio Vargas, na base aérea do Galeão. Hesitante a princípio, muito abalado, acabou por recusar-se a deles tomar conhecimento.

A propósito, o embaixador gaúcho Lafayette de Carvalho e Silva, que fora meu diretor no Instituto Rio Branco, contou-me ser hábito dos promotores de tocaia, no Rio Grande do Sul, encarregarem o homicida contratado de aproximar-se da vítima e se postarem lateralmente para liquidar, depois, o executante do crime, apagando, assim, sua autoria intelectual.

Dois dos cúmplices do atentado contra Carlos Lacerda se haviam colocado exatamente nessa posição, mas não chegaram a executar o pistoleiro.

Teria ocorrido o mesmo com Virgílio? O ataque contra meu tio não fora, apenas, um gesto isolado, produto do ressentimento de antigo empregado, despedido por haver tentado abusar de uma criada. Outro homem estava dentro da residência (conforme carta, que possuo, de um vizinho de Virgílio a Arinos, contando ter acorrido à janela ao ouvir os tiros, e avistado um vulto a fugir da casa). Uma bala a mais foi encontrada nas paredes, além das contidas no revólver de Virgílio. O criminoso disparou com a espingarda de caça da vítima, a partir da qual os grãos de chumbo se espalharam em leque. Não estou certo de onde vieram os tiros com que foi morto o matador de Virgílio, que reagira atirando contra ele, mas às cegas, no lusco-fusco da madrugada, já ferido de morte. Sei, porém, que o "perito" designado pelo inquérito policial para investigar o crime era um antigo membro da guarda pessoal de Getúlio.

O fato da morte de Virgílio ter ocorrido no terceiro aniversário da deposição do ditador coincidiu com indagação feita por um jornalista a Getúlio Vargas, que se encontrava em sua fazenda no sul, perguntando-lhe como transcorrera a data. O caudilho retrucou ter sido um dos dias mais felizes da sua vida. Afonso Arinos, ao saber disso, pediu explicações, através de um amigo comum. Getúlio contestou que, ao fazer tal declaração, ignorava o sucedido com aquele que tanto o sustentara na revolução de 1930. E Afonso aceitou a resposta, replicando que sempre tivera Vargas na conta de um cavalheiro.

A 24 de agosto, Getúlio se mataria. Antes, concordara em licenciar-se, pelo prazo de duração das investigações. Arinos, na qualidade de líder da oposição na Câmara, foi à casa do vice-presidente Café Filho, que se aprestava a assumir a presidência. Houve comemorações pela queda do presidente, das quais declinei participar. Sentia-me, no fundo, pouco à vontade com aquelas soluções extraconstitucionais, e penalizado pelo destino do velho político, acuado por uma matilha desaçaimada, desejosa de derrubá-lo a qualquer preço, inclusive o da legalidade constitucional. Mas, por outro lado, reconhecia que quem aceitara se ver cercado pela "luzida corporação de bandidos" à qual Afonso aludira em seu discurso, tinha, até certo ponto, abdicado da autoridade moral inerente ao mais alto cargo da República, e a reivindicação da renúncia não era insustentável.

Passei a noite em claro, ouvindo as radiotransmissões que descreviam o desenrolar dos acontecimentos. Já era madrugada quando Arinos chegou da casa de Café, e foi dormir. Eu fiquei acordado, ao pé do rádio. Lembro-me de ouvir Lacerda a dizer que Getúlio retornaria a São Borja para "curtir a sua podridão", e pedir a troca do nome da avenida Getúlio Vargas pelo de Rubens Florentino Vaz (o oficial assassinado). Afonso, abordado por um radialista, afastara o microfone com a mão, recusando-se a dar declarações.

De manhã, veio a notícia da morte de Vargas. Fui buscar um copo com água, duas cápsulas de calmante, e só então despertei meu pai, tocando-o no ombro. Nada lhe disse antes de entregar os comprimidos, que tomou sem nada indagar, nem hesitar. Só então o informei do suicídio e da carta-testamento, cuja transmissão radiofônica se repetia sem cessar.

Houve telefonemas ameaçadores para nossa casa. O general comandante da zona militar mandou dois soldados para protegê-la. Arinos, constrangido, pediria, pouco depois, sua retirada.

Acompanhei-o pelo resto do dia. Fomos ao Ministério da Aeronáutica, onde o brigadeiro Eduardo Gomes nos recebeu de pé, já alertado sobre as manifestações populares que se previam. Disse-nos que as conteria, acrescentando: "— Mas não sei a que preço."

Dali, seguimos para a Câmara. Afonso Arinos, como líder da minoria, devia manifestar-se. Lembro-me de Magalhães Pinto tentando dissuadi-lo de discursar, temeroso das prováveis reações. Mas Afonso obtemperou que, se antes falara o tempo todo, não poderia calar agora: "— Só se vocês me depuserem da liderança."

O líder da maioria, Gustavo Capanema, orou como Marco Antônio ao lado do corpo exangue de César. Repetia o que lhe dissera Vargas no último encontro: "— Eu não saio daqui sem honra, Capanema."

Quando Arinos assomou à tribuna (eu estava dentro do plenário, postado ao pé dela, e portando uma arma, para o que desse e viesse), antes de iniciar seu pronunciamento, o velho revolucionário João Cabanas, deputado pelo Partido Trabalhista, tomou do microfone de apartes e tentou tumultuar: "— Apesar do respeito que nos merece a pessoa do deputado Afonso Arinos..." Então, o presidente da Câmara, Nereu Ramos, acionou a campainha mais forte e a manteve apertada, atroando o plenário. Não se ouvia mais nada, até que Cabanas, coxeando, ergueu-se e abandonou o recinto, acompanhado pela bancada governista. Afonso pôde concluir a curta alocução, lida, ao contrário dos seus hábitos de orador facundo e fecundo, para não deixar-se levar pelas emoções do momento.

Trinta anos depois, ele anotaria em suas memórias: "Hoje, com a serenidade trazida pelo tempo, fortaleço-me na hipótese de que meu irmão foi morto por uma trama política. Não atribuo nenhuma responsabilidade direta a Getúlio, mas os indícios foram-se acumulando. Parece certo que eram dois assaltantes, duas armas usadas por eles. Fatos conhecidos, ocorridos há muito com parentes de Getúlio; o atentado que vitimou o major Vaz; outras razões que não preciso lembrar, me convencem da responsabilidade do submundo getulista no assassínio do meu irmão. Ele morreu como um bravo e eu, mais tarde, pude completar sua obra."

O aprendiz de feiticeiro João Goulart tentaria retomar, anos depois, aquele projeto de poder pessoal, mas, desprovido das qualidades políticas do mentor, fracassou. Derrotado, porém, o caudilhismo civil, adentraríamos, por vinte e um anos, o túnel do autoritarismo castrense.

RIO, 23 DE AGOSTO DE 2004 | — Só estive com Getúlio Vargas uma vez, no dia da minha posse como diplomata, em outubro de 1952, no Itamarati. A escolha do ilustre Raul Fernandes como paraninfo, feita pela nossa turma, já tinha conotação oposicionista, pois eram notórias as divergências do antigo chanceler com o presidente. Fui o único dentre os jovens cônsules (era esse o nosso título ao ingressar na carreira, naquela época) recém-formados quem o presidente da República dirigiu a palavra ao entregar o diploma. Disse-me, sorrindo contraído, quase tímido: "— Tens um grande nome a zelar nesta casa. Muitas felicidades." Aludia, decerto, a meu avô Afrânio, seu ministro das Relações Exteriores após a revolução de 1930, e lembrava-se, talvez, do tio Caio, que apreciava, por ele nomeado embaixador em Paris, onde veio a falecer.

Durante o almoço consecutivo à cerimônia, Raul Fernandes sentou-se à direita de Vargas, e Afonso à direita de Raul. Vargas contornava o antigo ministro e se dirigia diretamente a Arinos, líder da oposição ao seu governo na Câmara: "— Não sabia que tinha um filho diplomata." "— Pois, quando ele nasceu, Vossa Excelência já era presidente", provocou Afonso. A resposta de Getúlio foi uma gargalhada.

Tempos depois, ao chegar Arinos de viagem à Europa, um emissário do seu amigo Osvaldo Aranha, então ministro da

Fazenda de Vargas, foi buscá-lo ainda no navio, pedindo-lhe que o procurasse com urgência. Osvaldo era portador de um convite de Getúlio para que Afonso assumisse o Ministério das Relações Exteriores. Mas Arinos ponderou-lhe ser impossível a aceitação, fora de um acordo político que envolvesse a oposição em geral, e o seu partido em particular.

Pessoalmente, simpatizei com Vargas. Seu projeto de afirmação nacional com soberania externa, desenvolvimento econômico e justiça social era o meu, e o seria sempre. Não acredito na globalização cultural, que empobreceria toda a humanidade. Como cristão, sei que todos somos irmãos, filhos do mesmo Pai, e temos o dever da união, mas sem unidade.

Seria, contudo, injusto apreciar um estadista enaltecendo-lhe as qualidades e silenciando seus defeitos, ou vice-versa. Não me conformava com a indiferença total, e mesmo aversão, demonstradas por Vargas no tocante às liberdades democráticas, que denunciara publicamente em discurso proferido a bordo do encouraçado Minas Gerais, quando o fascismo internacional ameaçava dominar o mundo, impulsionado pela Alemanha de Hitler e pela Itália de Mussolini. Repugnava-me sua ambição indormida de domínio pessoal. Getúlio não sabia conviver de igual para igual com os demais. Deposto em 1945, enterrou-se vivo na estância gaúcha, embora eleito para o Congresso por vários estados. Já ameaçara suicidar-se em 1932, caso, vitoriosa, a revolução paulista o derrubasse, como ele derrubara o presidente Washington Luís. E preferiu morrer a separar-se de novo do poder, em 1954. Puro homem de Estado, não tinha outros interesses fora da atividade pública, demonstrando acreditar até o fim no personagem histórico que encarnava, a ponto de dar a vida para sustentá-lo.

Foi através da União Democrática Nacional que se aglutinou, em 1945, a resistência contra a ditadura parafascista do

Estado Novo. Este mérito não tiram dela os que então se acomodaram com o autoritarismo de Vargas. Mas, já em 1950, a nova candidatura, requentada, do brigadeiro Eduardo Gomes contra a volta avassaladora de Getúlio não despertaria o mesmo entusiasmo. Na ocasião, cheguei a manifestar a Afonso Arinos meu incômodo com o apoio dos integralistas de Plínio Salgado à candidatura da UDN, e a vontade que sentia de votar no nosso velho amigo Cristiano Machado, candidato do Partido Social Democrático, traído, afinal, pelos próprios correligionários. Atitude que não cheguei a concretizar, mas à qual que Afonso não objetara. Em 1955, foi a vez do general Juarez Távora buscar dissociar-se da UDN (que seguia em sua vocação de vivandeira dos quartéis), na ilusão de poder contar com votos trabalhistas. Em 1960, chegaria a hora do farsante Jânio Quadros.

A tese esdrúxula de que Getúlio Vargas, já vitorioso em 1950, poderia ter a eleição contestada por não haver obtido os votos da maioria absoluta do eleitorado, o que a Constituição não pressupunha, e a tentativa antidemocrática de impedir a posse de Juscelino Kubitschek em 1955, solaparam a autoridade jurídica e moral dos partidários da UDN, antigos pregadores da democracia. Estes, sob a influência de Carlos Lacerda, passaram a só aceitar como legítimos os pleitos de que saíssem vencedores.

Em 1960, candidatei-me a deputado à Assembléia Constituinte do recém-criado Estado da Guanabara, pela UDN. As relações familiares, pessoais e políticas não me permitiam alternativa viável. Mas durou pouco minha capacidade de suportar o farisaísmo daquele partido. Entre o golpismo de Lacerda e o radicalismo demagógico de Brizola, optei pelo Partido Democrata Cristão, sentindo-me — como ainda me sinto — solidário com a doutrina social da Igreja. A qual, se plenamente aplicada, levaria os nossos bem pensantes, que julgam poder servir simultaneamente a Deus e ao dinheiro, a acoimar de subversivos seus adeptos e executores.

Deputado federal pelo PDC após a insurreição militar vitoriosa de 1964, não foi sem constrangimento (porque contrário ao de Afonso Arinos, senador pela UDN) que dei o meu primeiro voto público, no recinto da Câmara, opondo-me à intervenção militar em Goiás, em gesto aplaudido pelo plenário. Antes mesmo do golpe de Estado, entretanto, Afonso já expusera no *Jornal do Brasil* restrições ao seu partido, "a UDN, que eu quase não mais reconheço, tão diferente se acha dos tempos em que ajudei a sua fundação. (...) Ela está dividida entre os que querem pôr o legalismo a serviço da reação e os que desejam colocá-lo a serviço do progresso. Ao tempo das suas maiores batalhas, que foi também da sua glória, o partido estava unido, porque tinha o ideal comum de restaurar e defender as instituições democráticas. Então, apesar do tom depreciativo que os adversários davam ao epíteto, era a UDN, realmente, o partido dos bacharéis. O legalismo era, então, um fim em si mesmo. Desde que, porém, o estado de direito deixou de ser um fim para tornar-se um meio, ou um instrumento, a UDN entrou em visível divisão. A legalidade democrática só tem sentido histórico quando é instrumento de conquista de progresso e bem-estar para o maior número. Este bem-estar do maior número não pode ser conquistado, entretanto, sem certa dose de restrições e sacrifícios para o menor número, que é o de privilegiados da sociedade."

Nas memórias, em julho de 1963, ele acentua as críticas: "Daí o anacronismo evolutivo da UDN. Daí as tendas do seu acampamento e as flâmulas das suas hostes terem passado a se alçar, cada vez mais, no terreno do conservadorismo, quando não da reação. Daí o meu afastamento progressivo do partido que ajudei a fundar, que liderei durante anos, e de cujas batalhas mais fragorosas pude participar, em posições de risco e destaque."

Tais reservas se precisariam, ainda mais, no tocante ao seu desempenho como ministro das Relações Exteriores do governo Jânio Quadros: "O ponto nevrálgico desta ação era a política externa, e o encarregado deste setor era um udenista. Este udenista foi o primeiro a sentir a divisão do legalismo udenista, entre os que queriam a lei como força de mudança e os que a desejavam como escudo do imobilismo e da reação. A política externa foi atirada, subitamente, como palco de batalha, muito mais importante do que a interna, porque nela é que a mudança democrática está começando a se processar. Cedo percebi que a unidade partidária, em torno a mim, era puramente ilusória, formal (...)."

Sua inconformidade com as conseqüências da sedição militar, que apoiara de início, tornou-se clara quase dois anos depois de desencadeada, ao cogitar, em discurso no Senado, "que muitos dentre nós, que aderimos à revolução de 1964 no empenho de enfrentar a desordem, a radicalização ideológica e a corrupção, estamos servindo de caudatários a algo que não aceitamos, ou seja, a participar da transformação dos instrumentos da ordem em barreira contra o progresso social e econômico, exigido pelo bem comum e conducente ao estabelecimento de um governo democrático no país. Em uma palavra, não pertenço ao grupo que, antes, defendia a integridade da lei para evitar reformas ditatoriais, mas que hoje apela para a ditadura com o objetivo de evitar transformações necessárias, ainda que legais. A responsabilidade, embora modesta, do meu passado de idéias e de ação exige de mim a repulsa clara a esta posição inaceitável."

Mais dois anos, e a denúncia dos antigos companheiros pela traição aos ideais de outrora tornou-se implacável em suas memórias, ao assinalar que, "salvo raras exceções, entre as quais tenho o direito de me incluir, esta geração, levada pelo medo irracional da subversão social, enrolou a bandeira da liberdade e veio, agachada, depositá-la aos pés do Moloc da reação disfarçado em ordem. É espantoso como juristas e militares brasileiros da minha geração terminam as suas carreiras e as suas vidas defendendo, por oposição ao progresso social, todas as medidas políticas que combateram na mocidade. A história será implacável no julgamento de seus nomes."

Em 1974, o *Jornal do Brasil* ainda publicaria depoimento oral ditado por Afonso Arinos para assinalar as duas décadas decorridas desde o suicídio de Getúlio Vargas: "Durante os quase vinte anos que passei lutando contra Getúlio, minha luta era no sentido da institucionalização da vida pública brasileira, que eu considerava subvertida pelas suas ambições de poder. Mais tarde, eu sofri, porém, uma forte decepção: é que a minha gente, o meu partido, os meus companheiros, aceitavam as teses de institucionalização da vida pública enquanto esta institucionalização servia para refrear os impulsos do progresso social. Isto quer dizer que, na medida em que a instituição é um freio ao progresso social, defendamos a legalidade! – porque a legalidade é contensiva do progresso e da expansão dos interesses populares. Vargas, não levado por convicções talvez de esquerda, mas pelo desejo de poder, encontrou a oportunidade de manter-se no poder fazendo a demagogia populista. Justificava a hostilidade às instituições com o argumento de que opunham empecilhos à realização dos seus objetivos de bem-estar popular. O que aconteceu, então, mais tarde? Aconteceu o seguinte: todo o meu grupo, aquele de que fiz parte, com o qual lutei e me bati, a partir de 1964 conformou-se com a supressão das instituições políticas e jurídicas, desde que essa supressão passou a ser uma componente para impedir o progresso social. É aí que está a minha resistência, o meu isolamento, a minha solidão. Fiquei só. De todo o mundo, de todo o partido, fui o único que começou a reclamar contra esse estado de coisas. Nós fomos contra a ditadura enquanto ela representava uma forma de contenção do progresso social. Daí vem a minha revisão da posição de Vargas. Continuo a condená-lo pelo seu amor ao poder pessoal e pela falta de escrúpulos no tocante ao respeito à organização jurídica do Estado. Começo, contudo, a condenar também os que o condenaram junto comigo, porque percebo que eles aceitam a ditadura desde que ela seja feita para impedir o progresso social."

Na síntese histórica d'*A Câmara dos Deputados*, escrita em 1976, Afonso voltou a denunciar "as ilusões dos undenistas, demasiado presos a um legalismo formal e contrários a uma renovação econômica e social. Este foi, sempre, o drama do grande partido liberal, pois seu liberalismo não era o do século XX."

Cinco anos mais tarde, todavia, Arinos, numa entrevista, reavaliou positivamente, em suas origens e fundamentos éticos, o partido a que dedicara duas décadas de ação política incessante, entre 1945 e 1965: "Nunca voltei atrás em minhas posições, nunca menosprezei o movimento udenista, porque isso seria trair, não apenas os meus companheiros, muitos deles já mortos, como a mim mesmo. Eu me empenhei naquilo com muita lealdade. O que é preciso que se recorde aos que atacam a UDN, o seu bacharelismo, o seu irrealismo, o seu moralismo, é que a situação do mundo na época em que ela se formou era completamente diferente de hoje. Os valores da legalidade jurídica, (...) da moralidade administrativa, eram tão atuais naquela época como são hoje os valores da distribuição dos benefícios econômicos, do Estado progressista que levanta o nível de vida das massas. Somos criticados por não estarmos pensando, em 1945, como eles estão pensando em 1981. Mas nós, que sobrevivemos da UDN de 1945, estamos hoje pensando como eles."

Um ano depois do golpe de 1964, o general Castelo Branco extinguiu a União Democrática Nacional e os demais partidos políticos, através de mais um ato arbitrário da ditadura militar, que ela adulava na mais despudorada traição à sua origem histórica, nascida, que fora, para coordenar a luta contra a ditadura civil de Getúlio Vargas. Não deplorei a ausência daquela UDN, ao mesmo tempo golpista e cabisbaixa, submissa ao poder econômico e militar. A minha UDN, a UDN libertária, corajosa e lutadora, a cujos quadros juvenis eu me havia integrado quando criada para combater o Estado Novo, começara a morrer muito antes, com Virgílio Alvim de Melo Franco.

RIO, 11 DE OUTUBRO DE 2004 | —Hoje, Fernando Sabino nos deixou. E, com ele, desaparece o último dentre os da geração precedente que me foram muito próximos (Odilo, João, Oto, Castelo, Vinícius...). Mais, inclusive, que os da minha geração. Atropelam-me lembranças vivas e simultâneas de quase seis décadas de amizade, de encontros aquém e além-mar.

Fernando, conheci-o quando, aos dezessete anos (eu tinha dez), apareceu em nossa casa de Copacabana para levar ao crítico literário Afonso Arinos sua primeira coletânea de contos, *Os grilos não cantam mais*. Ainda assinado por Fernando Tavares Sabino, antes que Mário de Andrade lhe advertisse serem três nomes demasiados para um escritor desejoso de projeção. Li então o livro, apesar da minha pouca idade, e recordo-me de que gostei. Contudo, a lembrança mais forte que me ficou do autor foram as botinas de sertanejo que calçava. Décadas mais tarde, ele me confessou tê-las usado a fim de impressionar o crítico mineiro, adotando um jeito de seu conterrâneo do interior.

A Afonso, Fernando viria a dedicar documentário para a série de "Filmes sobre grandes escritores brasileiros", por ele dirigida. Apresentou-o como "AFONSO ARINOS DE MELO FRANCO — Uma linhagem intelectual que remonta às mais legítimas tradições da inteligência brasileira. Sua presença, como escritor e intelectual, nos mais dramáticos momentos de nossa política e de nossa vida pública. Seus hábitos familiares, suas idéias e o sentido de sua obra."

A amizade estreita que me ligava a Oto Lara Resende aproximou-me ainda mais de Fernando Sabino, seu companheiro inseparável desde a mocidade. Oto e eu, casados havia pouco, éramos praticamente vizinhos na mesma rua da Gávea, e Fernando aparecia sempre, de mãos dadas com um novo amor (Anne Beatrice, a inglesinha do posto seis, minha companheira de adolescência, futura estrela do belo filme *Rio quarenta graus*, musicado pelo amigo Zé Kéti, e produzido por Nelson Pereira dos Santos, de que eu seria colega na Universidade de Brasília, em cujo Departamento de Jornalismo lecionávamos ambos, sob os auspícios do nosso querido diretor, e mais tarde senador, Pompeu de Sousa). Devorei, então, o seu *Encontro marcado*, um dos melhores romances brasileiros do século vinte, autobiográfico, no qual Oto, Hélio Pellegrino, e o próprio Fernando, naturalmente, eram presenças centrais. Episódios, situações e personagens nele descritos mostravam-se familiares à minha mineiridade. Lembro-me de haver perguntado a Fernando se não receava ter jogado toda sua vida numa obra só. E assunto para as restantes, onde estaria? Oto, em conversa comigo, havia comparado o livro a "um vômito depois da festa".

Mas assunto não faltou, nas dezenas de livros escritos por Fernando Sabino. Gostei muito das histórias de *Cidade vazia*, que retratam período passado em Nova York. Como Paulo Mendes Campos, outro amigo seu da vida inteira, ele foi cronista exímio, produzindo textos sempre alegres e bem humorados. Mas, se Fernando houvesse permanecido apenas como o autor de *Encontro marcado*, seu perfil de escritor e romancista de primeira classe já estaria traçado.

Em 1956, Adolfo Bloch reservara para os companheiros da *Manchete* uma grande mesa no baile de carnaval do Hotel Glória, que terminou altas horas da madrugada. Eu era um deles, convidado que fora por Oto, editor da revista, para colaborar na seção internacional. Finda a festa, Fernando levou-me, com Ivo Pitanguy, para tomarmos o café da manhã em seu apartamento. Beatriz, grávida, ficara em casa, e o horário de minha chegada valeu-me repreensão contra a qual pouco adiantou a razoável justificativa de que nos encontrávamos sob a proteção inocente do bom Fernando.

Este participou ativamente da campanha eleitoral de Juarez Távora à Presidência da República em 1955, a escrever discursos e acompanhá-lo nos comícios. Às vezes, puxava aba do paletó do candidato nos palanques, alertando-o para alguma inconveniência oratória. Mas, quase sempre, tarde demais. Como em Araxá, após lembrar ao íntegro general que, naquela cidade, onde o cassino fora causa de grande prosperidade, convinha não bater na tecla desfavorável ao jogo, um dos temas constantes da campanha de Juarez. Este começou sem aludir ao assunto, mas não resistiu. E, ao longo da arenga, lá veio a catilinária contra a jogatina, apesar dos avisos desesperados e inúteis do fiel colaborador. Finda a campanha, Fernando me declarou, convicto, ter sido aquela a última vez na qual havia votado em candidatura conservadora.

O ensejo já se prestara a episódio divertido entre nós. Um dia, em sua casa, encetamos discussão acerba. Eu criticava asperamente Juarez, que, com uma seqüência de renúncias e reconsiderações, desgastara a própria candidatura dentro da União Democrática Nacional, e irritara muitas suscetibilidades de amigos e correligionários, inclusive o presidente Café Filho, de quem eu era oficial do Gabinete Civil, e o general fora chefe do Gabinete Militar.

A reação de Fernando, igualmente viva, esquentava o debate. De repente, caí em mim, dei-me conta da inanidade daquela disputa inútil, e, dirigindo-me a sua filha Eliana, que a tudo assistia, perguntei-lhe o que achava do palavrório desgastante. E a menina (de uns nove ou dez anos) respondeu: "— Acho que nem você nem papai entendem de política, pois do vovô, que entende, a gente nem escuta a voz." O avô era o astuto, longevo e legendário político mineiro Benedito Valadares.

Anos depois, San Tiago Dantas me contaria ter presenciado uma reunião de Juarez Távora com João Goulart, dirigente do Partido Trabalhista Brasileiro. O general alegava o próprio passado nacionalista quando ministro da Agricultura de Getúlio Vargas, ao incorporar as riquezas do subsolo e as fontes de energia hidráulica ao patrimônio da União, através dos códigos de Minas e de Águas, como atributos que lhe permitiriam ser o candidato dos trabalhistas. Mas Goulart, sem negar tais credenciais, opunha-lhes o papel central que Juarez tivera na deposição e no suicídio de Getúlio Vargas como elementos inibitórios do apoio do eleitorado getulista. Em suma, Juarez, ingenuamente, negaceava sua candidatura pela UDN porque esperava vê-la encampada pelo PTB.

Em seguida, o Itamarati removeu-me para a Itália, onde Fernando e Anne Beatrice nos visitaram. A 6 junho de 1959, ele escrevia a Oto: "Cheguei aqui e Afonsinho Arinos estava-nos esperando. Em vez de nos levar para o hotel pelo caminho mais curto, nos conduziu pela via Appia, e de saída deitamos e rolamos em Roma antiga, isso aqui é assim assim, Suetônio já fazia menção daquilo ali — e tome ruína! Um barato! A companhia de Afonsinho aqui em Roma certamente será das mais agradáveis. (...) Afonsinho nos ofereceu hoje um jantar daqueles, se for assim começa bem. Foi uma conversinha daquelas nossas de atravessar a noite." E nove dias depois: "Por falar nisso, o Afonsinho me contou a história do velho gagá meio esmolambado pelas ruas do Rio chamado Bruxelas, é outra história de matar de rir (*ver entrada de 1 de maio de 2002*). Ontem fomos ao lugar chamado Spoleto ver um *ballet* americano que redundou numa droga de espetáculo, mas o passeio valeu, estava bom. Estivemos também em Ostia. (...) Afonsinho e Bia simpáticos como sempre, gente boa! andam meio tensos, não um com outro, mas com a vida italiana em geral. (...) Ontem tive uma conversinha miúda com Bia sobre você. Depois que trocamos as nossas mais elogiosas impressões, saí arrumando umas idéias, na linha do que conversamos aí, que te agradaria muito saber." Além do convívio afetuoso, Fernando me induziu a comprar uma máquina de escrever suíça que duraria quatro décadas (*ver entrada de 24 de dezembro de 1998*).

Oto nos visitara no ano anterior. Chegamos a alugar, juntos, casa de vilegiatura em Fregene, balneário próximo a Roma. Ele era, na época, adido cultural na Bélgica, que fomos conhecer ao nos hospedarmos por alguns dias em sua residência de Bruxelas. Durante essa estada, um entupimento nasal que eu trouxera de Paris e se agravara com abuso de inalantes ocasionou cômica trapalhada com uma gentil vizinha, médica pediatra (cujo marido zeloso desconfiava de Oto, para ele uma *espèce d'indien*). A doutora, consultada pelo telefone, julgava estar tratando de uma criança. A confusão chegou a merecer crônica de Fernando Sabino, "Um nariz em Bruxelas", no seu livro *A companheira de viagem*.

Quando me candidatei à Academia, deixei no apartamento de Fernando uma carta dizendo que meu candidato era ele, e minha candidatura, provisória, seria retirada tão logo soubesse da sua intenção de apresentar a própria. Mas esta hipótese, infelizmente, nunca se concretizou.

Ultimamente, andava arredio, vencido, aos poucos, pela moléstia fatal. Mas, enquanto pôde caminhar, encerrava o passeio orando na paróquia mais próxima à sua casa. Na derradeira visita que lhe fiz, reconhecemo-nos, respectivamente, preocupação religiosa crescente e constante. Há uns cinco meses, telegrafou-me a mensagem final, ocasionada por matéria que eu escrevera a propósito do companheiro comum: "QUEIRA RECEBER COMOVIDOS PARABÉNS MAGNÍFICO ARTIGO JB SÔBRE NOSSO QUERIDO SAUDOSO OTO. MELHOR ABRAÇO SEU AMIGO DE SEMPRE FERNANDO SABINO".

Agora, Fernando partiu. Nasceu homem e morreu menino, como desejou constasse no seu epitáfio. Ele viera ao mundo a 12 de outubro, o Dia da Criança. Foi uma criança grande, muito auto-referente, sempre irrequieto, agitado e alegre, antes da reclusão dos últimos anos, acentuada pela enfermidade que o levou. Outra árvore tombada nessa clareira cada vez maior que se abre entre os meus velhos amigos, e na literatura nacional.

Rio, 23 de outubro de 2004 | — A dez dias da eleição presidencial americana, nunca, como desta feita, o mundo esperou, com tanta inquietação, pelo resultado do pleito, tomando posição, por maioria esmagadora, contra o atual primeiro mandatário, que busca renovar seu mandato. Mas não é a comunidade internacional quem escolherá o homem com maior poder de influenciá-la, para o bem ou para o mal. E o povo daquele país, em média, se parece muito mais com o presidente Bush do que com o senador Kerry. Este, para ser popular, se mostra demasiado culto, articulado, com postura reservada e aristocrática. E é católico. Um candidato com tais características não ganha, nos Estados Unidos, desde John Kennedy, que venceu Richard Nixon, por vantagem escassa, em 1960.

O primeiro e o segundo conflitos mundiais apresentaram-se, perante o Direito Internacional, na condição de guerras justas, ambas travadas para repelir o militarismo alemão, e a segunda contra a barbárie de regimes facinorosos, como o fascismo e o nazismo. Veio, depois, a chamada guerra fria para a contenção do totalitarismo comunista, combate que cedo degenerou na intolerância do macartismo. A ameaça comunista era real, como real se apresenta o perigo terrorista. Porém o radicalismo inescrupuloso do senador McCarthy, em sua busca imoral do poder político nos anos cinqüenta, se repete, hoje, na campanha desenfreada do presidente Bush para reeleger-se, mantendo, em estado de alerta constante contra terroristas imaginários lobrigados em cada esquina, um país hipnotizado pelos atentados contra as torres gêmeas de Nova York e o Pentágono. Amedronta o povo para vender promessas de segurança. Como naquela época, as liberdades civis são cerceadas, os direitos humanos desrespeitados, a censura virtual ameaça televisões, jornais e rádios que ousem divergir do patriotismo de antolhos. Ademais, reduz-se a taxação dos mais ricos, para assegurar sua contribuição ao financiamento bilionário das eleições.

Prosseguem os reinados republicanos das inverdades. Após as do escândalo Watergate, graças às quais o presidente Nixon acabou enxotado da Casa Branca, vieram o financiamento ilegal dos contra-revolucionários da Nicarágua, que o presidente Reagan sempre fingiu desconhecer, a eleição fraudada de Bush em 2000, a alegação falsa da existência de armas de destruição em massa no Iraque, a fim de justificar a invasão e ocupação daquele país sem a anuência das Nações Unidas. E, com a marginalização da ONU, os Estados Unidos neutralizam a organização internacional cuja finalidade é opor-se ao acirramento das tensões e promover a paz no mundo.

Vemos agora, como nunca em sua história, a divisão da superpotência, onde os WASP (*white anglo-saxon protestants*) armam barricadas físicas e mentais contra muçulmanos e latinos, como já haviam procedido, anteriormente, contra índios e negros. E se repete a política do "destino manifesto" de redimir o mundo, concretizada, outrora, na prática do *big stick* do primeiro Roosevelt a cair sobre o lombo da América Central e das Caraíbas. Hoje, tal disposição se alastra pelo Oriente Médio, sob o pretexto de promover, ali, o estabelecimento do regime democrático, mas, de fato, a fim de ocuparem aquele centro estratégico, político e — por causa das imensas jazidas petrolíferas — econômico, atacando o Afeganistão e o Iraque — onde os americanos demonstram total incompreensão das realidades locais —, e ameaçando o Irã.

A hipocrisia é o alicerce da ação internacional dos Estados Unidos, que bloqueiam o comunismo cubano mas negociam com o chinês; atacam o autoritarismo iraniano mas respeitam o russo, o egípcio e o da Arábia, de cujo petróleo se servem; desconfiam do enriquecimento, para fins pacíficos, do urânio brasileiro, mas aceitam, sem pestanejar, as armas nucleares israelenses, e não reduzem as suas, contrariamente aos compromissos assumidos no Tratado de Não-Proliferação Nuclear; recusam-se a negociar com o islamita Arafat, acusando-o de terrorista, mas apóiam o genocida israelita Sharon, de olho nos votos, no dinheiro e na mídia dos judeus americanos, fingindo desconhecer que não haverá paz no mundo sem um acordo entre israelenses e palestinos.

Israel paralisa a política externa dos Estados Unidos, à qual a Grã-Bretanha, de outra parte, se alinha com docilidade, insuscetível de apresentar idéias próprias ou ações independentes. Os países encerrados na cortina de ferro, da qual falava Churchill, não eram mais submissos ao *diktat* russo do que aos americanos obedecem os britânicos. Estes, agora, estão proibidos legalmente de matar raposas, seu esporte tradicional, mas não de trucidar iraquianos, se Bush assim o ordenar. Cava-se um fosso sem precedentes entre os aliados anglo-americanos e o núcleo franco-alemão-espanhol da Europa ocidental, enquanto o povo italiano se opõe ao apoio que o governo do corruptor Berlusconi presta ao intervencionismo militar dos Estados Unidos.

A nova Lei de Segurança Nacional simboliza, graficamente, a concretização do império americano, ultrapassando o Direito Internacional ao autoinvestir-se da autoridade de atacar pessoas ou países no exterior. Ignora, ao mesmo tempo, a rede de compromissos multilaterais que se foi tecendo desde a segunda guerra mundial. As doutrinas de contenção e de dissuasão do comunismo, base da política externa dos Estados Unidos desde o grande conflito armado, foram, assim, repudiadas formalmente, pela afirmação da predominância militar. A América se dispõe a atuar de forma preventiva e unilateral contra qualquer ameaça externa, real ou potencial. Então, ou o Conselho de Segurança das Nações Unidas convalida as decisões prévias tomadas pelo poder hegemônico, ou o seu atual governo republicano viola a Carta da ONU, e passa, simplesmente, a ignorá-lo, agindo no sentido de assegurar, sem contrastes, o que considera ser do seu interesse nacional. O qual, no caso, alega o combate ao terrorismo, mas é constituído, de fato, pela intenção de dominar estrategicamente o coração do Oriente Médio (Iraque), com vistas a confrontar o vizinho Irã e procurar assegurar-se da utilização das imensas reservas petrolíferas existentes nos dois países.

Logo após os atentados de setembro de 2001, Bush expediu uma ordem presidencial secreta, criando grupos de comandos clandestinos para capturar, interrogar e matar supostos terroristas em todo o mundo. Tais grupos foram por ele expressamente autorizados a atuar fora da lei. Mais tarde, o presidente deu outra instrução, segundo a qual os membros da Al Qaeda ou do Taliban não seriam considerados prisioneiros de guerra, o que os retiraria da proteção das Convenções de Genebra. Por outro lado, como comandante-chefe das forças armadas de um país que se empenha em guerra declarada contra o terror, ele se atribuía o direito de suspender a vigência daquelas convenções quando quisesse. Esse desrespeito ostensivo do governo americano pela ordem jurídica internacional teve por conseqüência lógica os maus tratos infligidos por seus soldados aos prisioneiros no cárcere de Abu Ghraib, no Iraque, que investigações da imprensa trouxeram a público, bem como as torturas praticadas no campo de concentração americano da base naval de Guantanamo, em Cuba, onde centenas de homens aprisionados no Afeganistão se encontram, há anos, sem julgamento ou acesso a representação legal. Um dia, os detalhes desses abusos contra os direitos humanos também virão a público.

O unilateralismo de Bush, o desprezo pelas organizações multilaterais e pelo Direito Internacional, não podem favorecer o Brasil, um país forte na paz mas fraco para a guerra, cujos interesses dependem do respeito à ordem jurídica. Sua conseqüência é o clima de agressões externas, atentados, terrorismo de Estado, genocídios e desastres ecológicos em que vivemos. Esta a plataforma para a reeleição de George Bush, e os americanos, representados por um Colégio Eleitoral que frustrou a vontade majoritária nas últimas eleições, ameaçam a humanidade com a sua possível vitória.

RIO, 4 DE NOVEMBRO DE 2004 | — Desta vez, o presidente Bush obteve mandato legítimo para governar os Estados Unidos — e, até certo ponto, o mundo — pelos próximos quatro anos. Foi reeleito pelo Colégio Eleitoral em pleito que, ao contrário do anterior, o voto popular confirmou. Isto apesar do dirigente do órgão apurador das eleições em Ohio, estado decisivo nesta eleição, como o foi a Flórida na anterior, ter sido, simultaneamente, o coordenador local da campanha do candidato republicano. O que revela a precariedade do sistema eleitoral americano.

Bush, durante toda a disputa, bateu com força na tecla de ser o único candidato capaz de defender a segurança dos Estados Unidos, e garantir a prevalência dos seus valores morais. Prega o conservadorismo econômico e social, a guerra preventiva, a predominância dos interesses nacionais sobre o respeito a compromissos multilaterais externos assumidos, o "destino manifesto" de estender a democracia ao resto do mundo, a necessidade de vender, sem entraves, seus produtos aos demais países.

Já a segurança nacional, após os atentados catastróficos do 11 de setembro de 2001 em Nova York e Washington, não tem sido ameaçada, apesar dos alertas amarelo, laranja e vermelho que lhe amedrontaram sistematicamente a população, com claros objetivos eleitorais. E essa tática de intimidação funcionou.

Comprometida pelos americanos está a segurança dos cidadãos iraquianos, através dos bombardeios incessantes, mesmo depois de declarado o fim da guerra, e da prática de assassinatos seletivos. Nestes, muito mais abundantes que as vítimas são as chamadas perdas colaterais, com a morte de mulheres, crianças e civis inocentes em geral. A isto se pode definir, sem retórica, como terrorismo de Estado. E a declaração do presidente reeleito, de que as forças americanas estão no Iraque porque foram convidadas, é de um cinismo sem jaça.

Para o Brasil, Bush não parece constituir perigo maior. Henry Kissinger, outro cínico exemplar, disse, certa vez, que seu país de adoção deveria tratar com *benign neglect* aqueles que não lhe ameaçassem a esfera de influência. Este é, felizmente, o nosso caso. A diplomacia brasileira está, hoje, madura, com rumo certo, bases sólidas e claras. Nos Estados Unidos, os republicanos não se mostram mais nem menos protecionistas que os democratas. Defendem seus interesses, como devemos proteger os nossos. E sem permitir que eles tentem influenciar ideologicamente nossa política externa.

Bush explorou bem as questões, suscitadas na campanha eleitoral, que representavam um imperativo ético para os cristãos, como a oposição ao aborto. Por outro lado, se manifesta firmemente a favor da pena de morte. Tanto que, tendo o poder de comutar sentenças à pena máxima, permitiu a execução de centenas de condenados à morte, quando era governador do Texas. Defende a intangibilidade de vidas futuras, mas favorece a eliminação das atuais.

Enquanto isso, o candidato democrata não conseguia, em momento algum, exibir orientação firme. Cheio de nuances e reservas, era e não era contra a guerra no Iraque, era e não era contra o aborto, era e não era contra o casamento entre homossexuais. Custa crer que os estrategistas da sua candidatura houvessem imaginado que a maioria dos eleitores americanos favorecesse abortos, ou uniões do mesmo sexo. Católicos que costumavam votar nos democratas compartilham, agora, a oposição ao aborto dos protestantes conservadores, em geral eleitores republicanos.

De toda forma, não havia dúvida sobre qual o lado mais liberal no espectro político americano, nem as minorias radicais pró-aborto e favoráveis ao casamento entre homossexuais dispunham de alternativa eleitoral aos democratas. Assim, a campanha destes últimos foi conduzida com rara incompetência, ao passo que os republicanos demonstraram, sempre, alto grau de profissionalismo e eficácia, ainda que à custa de golpes baixos e processos de intenção. E o percentual dos eleitores religiosos, sejam eles protestantes, católicos ou judeus, não só aumenta nos Estados Unidos como parece, hoje, tender claramente para o Partido Republicano.

Por outro lado, Bush impede, agora, a pesquisa e utilização de células-tronco a fim de reverter moléstias até então incuráveis, ou, mesmo, salvar existências em perigo. E esta sua postura não goza de popularidade na opinião pública. Afinal, a partir de quando pode a vida humana ser considerada, pelos cristãos, sede de alma imortal? Desde a fecundação do óvulo, decerto, há vida em curso. Existem, porém, nos inumeráveis embriões já fertilizados, congelados e armazenados, legiões de espíritos prontos a desabrochar no paraíso das almas inocentes, caso não se desenvolvam como seres humanos? Em todo caso, terapias alternativas indicam outros caminhos, eticamente incontestáveis, ao utilizar, nas pesquisas, células-tronco adultas, obtidas a partir de fetos abortados espontaneamente, de sangue do cordão umbilical, ou de tecido retirado dos próprios pacientes, como o da medula. Mas as células-tronco embrionárias encerrariam possibilidades de curas específicas, insuscetíveis de serem fornecidas pelas adultas.

Um cardeal brasileiro confidenciou-me, certa vez, angústia com a evolução imprevisível e aterradora da genética, se confrontada à teologia. Neste caso, como no da descoberta da fissão do átomo, que gerou a bomba atômica, não haverá retorno nas pesquisas e nas novas descobertas, na evolução constante da ciência e da técnica, assim como não se conseguiu promover o desarmamento nuclear, nem cessar a produção de armas cada vez mais sofisticadas e mortíferas. Já obtivemos a geração artificial de animais. Chegará a vez da reprodução humana. O homem, que comeu o fruto proibido da árvore do conhecimento do bem e do mal, procura esclarecer os segredos mais recônditos da formação da matéria e do código da vida, na busca incessante de desvendar e controlar o mistério da criação, emulando a Divindade. É a confirmação mais clara, a demonstração mais concreta, da presença do pecado original.

Noutra ocasião, ao conversar com um religioso em Roma, percebi, pela sua reação impaciente, quanto o incomodava o tema que lhe propusera. E não me referia a embriões, mas a casos de anencefalia, por ele definidos, então, como espíritos acorrentados, que se libertariam com a morte.

Quando presidia a Pontifícia Academia de Ciências, meu tio Carlos Chagas recordou que aquela entidade fora convocada, durante o pontificado de Paulo VI, a fim de pronunciar-se sobre a ocorrência, ou não, do fim da vida, se declarada a morte cerebral. E a Academia teria concluído que tal decisão cabia à alçada científica, não à teológica. Em caso afirmativo, poder-se-ia suspender a oxigenação artificial dos pulmões, que permite a continuidade da pulsação cardíaca, apesar de não mais existir atividade do cérebro. Ou se autorizaria manter a respiração virtual, com a finalidade de extrair do corpo, inerte para sempre, tecidos necessários a transplantes, destinados a salvar outras vidas.

Por outro lado, caso o término das funções do cérebro for razão suficiente para definir a morte, o que dizer de um feto que, ainda no útero materno, se descobre ser anencefálico, sem desenvolvimento cerebral? É lógico considerar morto um ser humano cujo cérebro parou definitivamente de funcionar, embora exista atividade cardíaca, e, por outro lado, insistir em levar avante a vida impossível de um descerebrado, até o nascimento seguido de morte inevitável, e praticamente imediata? No primeiro caso, o funcionamento cerebral cessou, porém o coração ainda pulsa. O segundo alude a um organismo desprovido de cérebro, mas onde persistem os batimentos cardíacos.

Cumpre, porém, reconhecer que a eliminação de seres humanos inviáveis seria o primeiro elo de uma corrente que já teve por conseqüência a eugenia homicida do Estado nazista. Essa questão está hoje, no Brasil, entregue ao Supremo Tribunal Federal, onde, por um lado, se defende a legitimidade do aborto de fetos anencefálicos, enquanto os opositores consideram sua legalização como a de uma eutanásia pré-natal.

Nossa Constituição só permite aborto em casos de estupro ou de ameaça à vida da mãe. A primeira hipótese não justifica, a meu ver, que uma vida inocente seja sacrificada pela culpa do estuprador. A questão ética incontornável se coloca na outra. Então, penso na parturiente, no futuro pai e marido atual, sendo obrigados a optar entre a possível sobrevivência do feto e a morte provável da mulher adulta, esposa, e mãe, talvez, de outros filhos.

Quanto à oposição aos casamentos entre homossexuais, o presidente-candidato voltou a identificar corretamente as intenções do eleitorado. Não se trata, aqui, de problemas patrimoniais, relativos a herança ou propriedade. Mas ninguém poderá demonstrar, sem contradição em termos, que uma relação contra a natureza é natural, passível, portanto, de ser institucionalizada.

Em 1986, quando regressei a Roma em missão diplomática, dessa vez como embaixador no Vaticano, o prefeito (presidente) da Congregação da Doutrina da Fé, cardeal Joseph Ratzinger, em carta de orientação dirigida aos bispos, instruía-os no sentido de que, "embora a inclinação particular do homossexual não seja pecado, é mais ou menos uma forte tendência direcionada a um mal moral intrínseco, e, portanto, a inclinação deve ser vista como uma desordem objetiva." Seis anos depois, entretanto, o novo *Catecismo da Igreja Católica* seria mais compreensivo, ao afirmar que "um número não negligenciável de homens e mulheres apresenta tendências homossexuais inatas. Não são eles que escolhem sua condição homossexual (...)." Assim, "devem ser acolhidos com respeito, compaixão e delicadeza. Evitar-se-á para com eles todo sinal de discriminação injusta. Estas pessoas são chamadas a realizar a vontade de Deus na sua vida, e, se forem cristãs, a unir ao sacrifício da cruz do Senhor as dificuldades que podem encontrar por causa da sua condição."

Mas o respeito que lhes é devido, como a todo ser humano, não implica em legitimar uma desordem psíquica. Hoje, porém, torna-se difícil afirmar o óbvio, lembrar que o rei está nu. A simples menção ao conceito de pecado tornou-se inconveniente, politicamente incorreta. A orientação (ou desorientação) sexual pode escapar à escolha dos indivíduos; não, todavia, as atitudes concretas dela decorrentes. Em suma, há uma diferença e uma distância capitais, essenciais, entre a tendência e a prática homossexual. Essa opção envolve princípios religiosos. Jesus garantiu-nos que não seríamos tentados acima das nossas próprias forças. A prática do homossexualismo por um crente será sempre pecaminosa, como o será, para o crente heterossexual, a de um ato natural exercido à margem dos princípios que se impôs, como qualquer relação sexual praticada fora do casamento. O reconhecimento da presença social do erro não implica em solidariedade moral. Nem a recusa de aceitar-lhe a normalidade pode ser acoimada de fundamentalismo cristão.

Para os católicos, o matrimônio é um sacramento. Quem o recebeu dentro de sua fé e da sua Igreja, sabe que o fez por toda a vida. A legislação civil não o absolverá moralmente, se quiser rejeitá-lo e contrair outro. Mas, no tocante ao divórcio, será razoável tentar impor legalmente um sacramento a quem não compartilha da mesma crença? Em agosto de 1978, o padre Fernando Bastos de Ávila faria a anotação, publicada, mais tarde, no livro *A alma de um padre — Testemunho de uma vida*: "Por mais que examine o assunto, não consigo provar-me que o direito natural exija a indissolubilidade do matrimônio, ou seja, que essa indissolubilidade do matrimônio seja exigência do direito natural. Tudo que se pode deduzir do direito natural é a estabilidade do matrimônio. (...) Infelizmente, estamos longe desse entendimento que estável é algo assumido para permanecer, sem, entretanto, bloquear a solução de casos nos quais a permanência torna impossível a realização dos fins mesmos do matrimônio, transformado numa situação de ódio infecundo."

Será, ademais, correto impedir que as pessoas exteriorizem sua fé, como se faz hoje na França, ao negar-se às alunas muçulmanas o direito de envolverem a cabeça com xales nas escolas, aos judeus cobrirem-se com quipás, ou aos cristãos portarem a cruz? Proíba-se a utilização, não individual, mas oficial, de símbolos religiosos, como crucifixos nas paredes de escolas públicas, onde os alunos praticam crenças variadas, ou são ateus. Não se torne obrigatório o ensino de religiões em instituições leigas, reservando-o às confessionais. Nem parece legítimo invocar a divindade em documentos como constituições políticas, tão humanas, e, por isso mesmo, tão falíveis e provisórias. Deixe-se a César a sua parte. Porém respeite-se o foro íntimo de cada crente.

De outra forma, a cultura do ocidente exibirá sua face não só laica, mas arrogante e belicosa ao ignorar ou violar deliberadamente os tratados internacionais, portadora de um pretenso universalismo, cujo nome verdadeiro é imperialismo, que pretende impor, pela força, ao resto do mundo. Assim, ao desrespeitar o sagrado que defendem as meninas islamitas e os meninos israelitas, revela a decadência espiritual da pretensa e pretensiosa civilização ocidental cristã, assim autodenominada, mas de fato, no seu conjunto, agnóstica, materialista, hedonista, consumista, separada da metade mais pobre desta triste humanidade, na qual nos dividimos, injustamente, entre exploradores e explorados.

Não obstante, a influência do espírito religioso na vida pública dos Estados Unidos demonstrou plena vitalidade neste último pleito. Kerry é católico, Bush protestante. A grande maioria dos evangélicos e judeus votou no presidente reeleito, as igrejas cristãs emprestaram-lhe sua infra-estrutura para levar os eleitores às urnas, teólogos de direita o abasteceram de idéias. Apesar da guerra injusta e cruenta contra o Iraque, que os americanos estão arrasando a pretexto de libertá-lo (como fizeram com o Vietnã), dos interesses das grandes corporações, promovidos à custa de pressões políticas e intervenções militares, o templo passou à frente do *shopping center* e do quartel, graças aos valores morais invocados pelos republicanos para ganhar a eleição.

RIO, 24 DE NOVEMBRO DE 2004 | — No princípio da tarde do último sábado, a esposa de Celso Furtado telefonou-me, chocada e desamparada, para anunciar sua morte súbita, e pedir que fossem acionados os setores competentes da Academia, encarregados de tomar as providências logísticas necessárias, sempre dolorosas e particularmente complicadas nos fins de semana, quando nada funciona a contento.

Na antevéspera, ainda estivéramos juntos na sessão acadêmica, onde ele chegou a intervir, com a lucidez habitual, sugerindo que, na programação do Ano França-Brasil, em 2005, não nos dedicássemos apenas à presença francesa em nossa cultura, mas também à influência do Brasil sobre a deles. E aí veio a baila o livro *O índio brasileiro e a revolução francesa*, de Afonso Arinos de Melo Franco, que está sendo traduzido em Paris, sob os auspícios da Academia.

Eu lhe havia ofertado, pouco antes, o último exemplar que possuía da primeira edição do *Desenvolvimento da civilização material no Brasil*, de Afonso. E Celso comentava comigo o quanto pudera encontrar de original e inesperado, como economista, em trabalho sobre assuntos econômicos de um historiador não especializado em economia.

Uma semana antes, participei de jantar restrito em sua homenagem, quando nos sentamos numa mesa pequenina, e ele discorria longamente, a meu pedido, sobre sua participação, na segunda guerra mundial, como tenente da Força Expedicionária Brasileira na Itália, aventura inspiradora do único livro de contos que escreveu.

Não o conhecera pessoalmente antes de ser eleito acadêmico, embora sempre o admirasse à distância. Mas ocupávamos lugares próximos no recinto das sessões, e, nestes cinco anos de convívio afável e constante, passei a dedicar-lhe profundo respeito e afeição crescente, pelo espírito público invariável, demonstrado nas poucas e discretas intervenções, pela modéstia do sábio, pela absoluta integridade moral e intelectual, pela coragem e galhardia com que enfrentava a invalidez física progressiva.

Durante a reunião de hoje na Academia, falei em sua memória: "O grande, o excepcional brasileiro que perdemos dizia de si mesmo não se considerar homem de letras, mas de pensamento, como que escusando-se por pertencer a esta casa de ficcionistas e poetas. Dentre os quais seu primeiro presidente avulta qual modelo jamais ultrapassado. Contudo, a casa de Machado de Assis nunca foi só de Machado de Assis. Em palavras proferidas na sessão inaugural, Joaquim Nabuco, secretário-geral perpétuo, já enunciava o propósito de nela abrigar expoentes da vida nacional, além daqueles puramente literários. Os nomes paradigmáticos desta Academia simbolizam, desde a fundação, valores essenciais com que confrontaram problemas básicos da nacionalidade, nas diversas épocas de sua história. Assim, o próprio Nabuco, apóstolo dos cativos, fez-se acusador implacável da escravidão, que enodoava a bandeira do Brasil independente. O problema era a liberdade. Assim, Rui Barbosa empregou sua operosidade prodigiosa na luta sem tréguas para firmar o país sobre bases institucionais mais sólidas. O problema era o direito. Assim, Rio Branco se empenhou em delimitar e fixar as fronteiras fluidas legadas pela imensa expansão geográfica que nossos maiores promoveram. O problema era o território. Foram estadistas de estatura internacional, naquela fase tão difícil da transição entre o Império e a República. E eram todos acadêmicos. Mas o mundo mudou. Como Machado, Nabuco, Rui e Rio Branco tinham iluminado os caminhos literários, políticos, jurídicos e diplomáticos do Brasil, que lutava para emergir no concerto das nações, as questões sociais, econômicas e culturais preponderantes no século vinte suscitaram Celso Furtado. O problema era a justiça. Ele recordou-nos que a reflexão sobre a cultura humana deve ser o ponto de partida para se debaterem as opções de desenvolvimento. E que, entre estas, o homem ocupa o centro, não apenas uma parcela do cálculo global. Nenhum intelectual brasileiro exerceu tanta influência quanto Celso Furtado, aqui e no exterior. Suas idéias se tornaram iniciativas concretas. À fé sem as obras, tão freqüente em nossa religiosidade vazia, ele sobrepôs obras inspiradas e construídas pela fecundidade da fé nos seus irmãos marginalizados. Podendo trilhar a ampla via da facilidade, adentrou, por toda a vida, a porta estreita da opção preferencial pelos pobres. Pelos países atrasados, pelos homens sofridos, pelas regiões castigadas. Esta será, sempre, a casa de Machado de Assis. A casa de Joaquim Nabuco, de Rio Branco, de Rui Barbosa. E a casa de Celso Furtado. Que foi decerto, enquanto cá esteve, o maior de todos nós."

RIO, 29 DE NOVEMBRO DE 2004 | — Neste último fim de semana, concluí a leitura do livro de Alberto Dines, *Morte no paraíso — A tragédia de Stefan Zweig*. Passei-o em Petrópolis, onde Zweig vivia, morreu e está sepultado. Dines conversara sobre a obra projetada com Afonso Arinos, que tinha convivido com o biografado, e o interlocutor objetou quanto ao título, argumentando não haver morte no paraíso. Por coincidência, sábado, 27, era dia do aniversário de Arinos, e domingo, 28, o de Zweig.

O escritor austríaco aproximou-se da minha família durante suas três estadas no Brasil. Em 1936, o diplomata Jaime Chermont, casado com Zaíde, a santa irmã de Afonso, fora posto à disposição de Stefan Zweig para acompanhá-lo enquanto aqui esteve. Caio, irmão primogênito de Arinos, também diplomata, ajudou na obtenção do visto de permanência para o exilado. O próprio Afonso Arinos, embora avesso às reuniões lítero-sociais, que o entediavam profundamente, e às quais Zweig era arrastado, encontrou-o em diversas ocasiões.

Afinal, o interesse mútuo por Montaigne os aproximou bastante. Na manhã passada por Zweig em sua residência de Copacabana, Afonso lhe emprestou livros que possuía sobre o grande criador dos *Ensaios*. Um destes era da autoria de outro eminente exilado judeu, o professor Fortunat Strowski, abalizado especialista em Montaigne, de quem me lembro freqüentando nossa casa, com sua barba hirsuta. Uma tarde, Arinos retribuiu a visita, procurando Stefan Zweig na moradia que este alugara em Petrópolis. Encontrou-o triste e deprimido. "— *Ich habe meine schwartze Leber* (Tenho meu fígado negro)", confessou-lhe Zweig.

No dia em que se matou, Stefan Zweig escreveu a Afonso Arinos uma curta mensagem de despedida, restituindo os volumes emprestados, e deixando-lhe quinze folhas avulsas, escritas a mão, com anotações para o livro que pretendia escrever sobre Montaigne. Estas, doei-as à Academia Brasileira, atendendo a vontade que Afonso manifestara nas memórias. Antes, forneci a Dines cópia do manuscrito, por ele mencionado em seu importante trabalho.

Creio que a degringolada psicológica do grande deprimido começou quando a esposa, no sul da França, o flagrou agarrado à secretária, precipitando o divórcio. Aquela tinha nível intelectual análogo ao seu; favorecia a criação, em torno, de ambiente artístico propício ao desenvolvimento da criatividade fecunda de Stefan. Após a separação, e mesmo à distância, foi sua conselheira indispensável e confidente mais próxima até o fim. A outra, em verdade, pouco passou de secretária, embora totalmente dedicada e apaixonada, a ponto de morrer com ele e por ele. Se a primeira o estivesse acompanhando na solidão de Petrópolis, decerto não o seguiria no desenlace, nem o permitiria.

Não se podem prever as conseqüências de uma depressão profunda. Ainda mais quando somadas à situação objetiva do judeu errante, acuado pela perseguição implacável que os alemães, ainda vitoriosos na Europa, moviam aos seus correligionários. Zweig vivia apavorado. Mas ele se matou, em fevereiro de 1942, já convencido da inevitabilidade da queda final de Hitler. Em dezembro do ano anterior, o Japão atacara os Estados Unidos. E a entrada da maior potência industrial do mundo no conflito o desequilibrou, tal como ocorrera na primeira guerra mundial. Assim, se a conjuntura internacional já indicava, embora em prazo ainda incerto, o esmagamento da nêmesis nazista, ao escritor, saudável e forte aos sessenta anos, e em situação financeira confortável, cumpria apenas ter paciência para esperar. Três anos depois, a Alemanha estaria de rastros.

Psicose maníaco-depressiva, diagnosticou um psiquiatra renomado, logo após a morte de Stefan Zweig. Afinal, quando o suicídio constitui opção lúcida ou decisão doentia? Atitude de coragem insensata ou covardia desatinada? Ainda assim, se o gesto fatal não suscita solidariedade, merece todo o respeito. E suas motivações assumem grandeza inequívoca.

Por outro lado, parece monstruoso um pacto de morte feito em tais condições. O precedente entre Jacques Maritain, de formação protestante, e a judia Raïssa, planejado durante o noivado, e felizmente abortado quando ambos se converteram ao catolicismo, ocorrera entre um casal do mesmo estofo cultural. Já no tocante a Stefan Zweig, seria natural imaginar que a influência de um homem célebre, um autor famoso, com enorme ascendência intelectual sobre a pobre companheira submissa, a tenha conduzido à decisão final. Tratar-se-ia, então, de homicídio doloso e premeditado, por indução. Mas tampouco se deve afastar a hipótese de que ela não quisesse continuar a viver sem o companheiro. Abundam exemplos desta situação, inclusive na minha família. Como o de Dulce, que não pôde suportar a ausência de Virgílio, e se matou. E o de Anah, que ao recusar-se a prosseguir medicando o coração após a perda de Afonso, sobreviveu ao marido por seis semanas apenas. Morrer de amor, a mais bela de todas as mortes.

Rio, 1 de janeiro de 2005 | – Se eu chegar até o fim deste ano, nele terei celebrado três jubileus.

Primeiro, a 15 de agosto, o das nossas bodas de ouro. Percebo, nitidamente, o que este meio século significou de trabalhos, esforços e sacrifícios para Beatriz. Sempre às voltas com problemas de saúde física e nervosa, sobrecarregada, por vezes sem ajuda, com o provimento das tarefas domésticas e a criação dos seis filhos, gerados sem descanso (além de duas gravidezes não levadas a bom termo), tendo feito dezessete mudanças ao longo das minhas andanças diplomáticas e políticas, o desgaste a que chegou era previsível, talvez inevitável. E, não obstante, segue providenciando, ordenando, organizando, como a fada protetora do cônjuge e de dezesseis descendentes (um dos quais transformado em anjo da guarda dos que ficaram). Que Deus lhe restitua a saúde comprometida, a proteja sempre, e a conserve, para Si e para nós.

A 11 de novembro, decorrerá o meu terceiro jubileu. Neste já longo itinerário, que destino dei a tantas graças recebidas do Senhor? Temo não haver sido mais que um servo inútil.

Enfim, a 27 do mesmo mês, será comemorado o centenário de Afonso Arinos de Melo Franco, cujas celebrações foram iniciadas em dezembro último, com a inauguração no Senado Federal, por iniciativa de José Sarney, seu presidente, do busto do senador Afonso Arinos. Mas a este não se poderia, em sã consciência, indagar o que fizera dos seus talentos. A personalidade poliédrica do escritor, do pensador, do político, do congressista, do professor, do jurista, do orador, do estadista, do legislador, do ensaísta, do crítico, do biógrafo, do historiador, do jornalista, do dramaturgo, do poeta, escapa a qualquer reducionismo.

Além dos livros que publiquei para recuperar-lhe a ação e o pensamento, ademais de trabalhos avulsos, está prevista para este ano – após seleção, transcrição e revisão, feitas por mim, de escritos seus inéditos em livros – a publicação, pela Academia Brasileira de Letras (mediante sugestão de Ledo Ivo, que também propôs a concessão de um Prêmio Afonso Arinos), de volume sob o título *O espírito e a ação*, por ele dado a um dos artigos.

E ainda penso em montar uma coletânea de textos em torno do seu último trabalho histórico – que deixou manuscrito e inacabado, limitando-se ao primeiro capítulo –, o qual pretendia denominar *Rosa de ouro*. Sua vontade, manifestada no capítulo finalizado, e, afinal, o único, era a de elaborar um ensaio de síntese social em torno da explosão intelectual – urbanística, arquitetônica, artística, literária, política – com que a descoberta e a exploração do ouro fizera de Minas Gerais, no século XVIII, o centro cultural do império português. Este tema foi objeto dos cuidados constantes de Afonso por toda a sua vida literária. Escrevera muito sobre ele, inclusive um drama em versos – *Dirceu e Marília* –, extensas introdução e notas para as *Cartas chilenas*, atribuindo-lhes a autoria a Tomás Antônio Gonzaga, tese para o Instituto Histórico e Geográfico Brasileiro sobre as idéias da Inconfidência Mineira, substanciosa palestra para um curso de bandeirologia em São Paulo, aulas e conferências nas universidades de Montevidéu e La Plata, capítulos e prefácios de livros. Em suma, a *Rosa de ouro*, na essência da intenção do autor, já fora escrita. Faltava recolher suas pétalas douradas, que ele espalhou, da mocidade à velhice, sempre pensando na terra natal.

Sinto que poderia, ou deveria, biografá-lo, entrosando aquelas facetas tão diversas e profundas em um todo harmônico. Joaquim Nabuco e ele mesmo assim procederam, erigindo a seus pais verdadeiros monumentos em papel, como *Um estadista do Império* e *Um estadista da República – Afrânio de Melo Franco e seu tempo*. Mas a personalidade de Afonso era mais extensa, mais variada e complexa que a de Afrânio. E valerá a pena fazê-lo, quando cinco tomos de Arinos – *A alma do tempo*, *A escalada*, *Planalto* (este intitulado por mim), *Alto-mar maralto* e *Diário de bolso*, que breve deverão ser reeditados em um só volume – compõem memórias dentre as mais ricas já publicadas por um escritor e homem público brasileiro?

R<small>IO</small>, 3 <small>DE JANEIRO DE</small> 2005 | – A tragédia pavorosa que fechou o ano tão violento de 2004, ao desencadear maremoto arrasador das costas do oceano Índico, outorga-me o triste e duvidoso privilégio da contemporaneidade com o conflito armado mais mortífero da história – a segunda guerra mundial –, o genocídio em massa dos israelitas europeus, nela cometido pelos nazistas, e a catástrofe natural mais extensa de que se tem conhecimento – esta última devastação asiática.

É difícil falar de Deus em tais horas. Nas palavras do poeta cantador, "se é para desfazer, por que fez?". Melhor lembrar

Jó, respondendo aos que tencionavam explicar-lhe o sentido da dor: "Vós não sois senão charlatães e médicos de mentiras. Se ao menos vos calásseis, as pessoas tomar-vos-iam por sábios." Jesus, porém, já afirmava não serem as pessoas vitimadas pela queda da torre de Siloé mais culpadas e merecedoras de castigo que as poupadas pelo acidente. Vemos, como sempre, milhões de homens, mulheres e crianças pobres e vulneráveis sendo atingidos pela catástrofe, porém tampouco foram preservados milhares de turistas abastados, que ali buscavam paraísos naturais, subitamente transformados em infernos. A tragédia foi igualitária.

O marquês de Pombal, por ocasião do grande terremoto de Lisboa, deu a resposta possível à pergunta do atarantado rei dom José quanto ao que fazer: enterrar os mortos e cuidar dos vivos. Desastres como o de agora não só relembram nossa incontornável mortalidade, como mostram a fragilidade essencial dos que ainda permanecemos, temporariamente, sobre a crosta terrestre. Recordam-nos que viver é muito perigoso, como dizia o personagem de Guimarães Rosa.

A conseqüência positiva do ocorrido é a de se reavivarem as reservas de generosidade e dedicação latentes em todo o mundo, mas adormecidas pelas necessidades, compromissos e atrativos do contingente e do transitório. Em tais horas, torna-se claro que a competição, pregada pela teologia do mercado, não pode nem deve prevalecer sobre a solidariedade. E esta supera, inclusive, hostilidades étnicas e religiosas difíceis de conciliar, como demonstra a cooperação de separatistas cingaleses e indonésios com o poder central dos dois países.

Vi certa vez, na ante-sala de um consultório, um rapaz nas condições mais tristes de anormalidade neurológica. O médico disse-me que a mesma angústia por mim sentida o levara a pedir a um monge, seu amigo, justificação teológica para tamanha desgraça. O religioso lembrou-lhe, então, as demonstrações de amor e afeto, dedicação e bondade, exigidas por tal situação. Atitudes que eu mesmo presenciara, no caso, por parte da avó do paciente, que o acompanhava.

Nessas circunstâncias, florescem os bons samaritanos. E nem sempre humanos. Quando ondas do maremoto invadiram o vilarejo do Ceilão, uma pobre mãe só pôde carregar dois filhos pequeninos, tendo que abandonar o maiorzinho à própria sorte. Este já se afogava dentro de casa, mas o cão da família o puxou para fora, enfrentou a correnteza, e conseguiu conduzi-lo a uma área elevada. E elefantes salvaram vidas na Indonésia, ao correrem espontaneamente para a colina mais próxima, com turistas sobre o dorso.

RIO, 30 DE JANEIRO DE 2005 | — Devorei, de um só impulso, a nova edição das *Lições de abismo*, presente do meu amigo Luís Paulo Horta — jornalista que ilumina os poucos espaços deixados livres, em nossa mídia, pelo consumismo, o sexo e a violência. Com isso, preenchi lacuna cultural de mais de meio século, ocasionada pelo desconhecimento daquele livro de Gustavo Corção. Livro eclético, indefinível, estranho, meio romance, meio confissão. A obra tocou-me, embora, pela própria atração que o tema da morte sempre exerceu sobre mim, eu esperasse — e mesmo desejasse — algo mais dilacerante, na linha de Unamuno, talvez.

Acredito não haver lido antes *Lições de abismo* pela mesma razão por que deixara de acompanhar seu autor na imprensa, depois dele, ao comentar o regime homicida do general Pinochet no Chile, concluir um artigo com vivas àquele país. Os temperamentos radicais soem oscilar de um extremo ao outro. Antigo comunista, Corção assumiria, até o fim da vida, um reacionarismo inamoldável. Lembro-me de Afonso Arinos a considerá-lo, sem maldade, "um Savonarola."

O cronista combativo não era chegado a meu pai. Assim, por falta de oportunidade, só estive com ele uma vez, mas tornara-me amigo de seu filho Rogério, quando servimos juntos, ao findar dos anos cinqüenta, na Embaixada em Viena. O diplomata Rogério Corção foi um dos homens de personalidade mais atraente e agradável que encontrei, com inteligência intuitiva, penetrante, algo anárquica. Carlos Lacerda, que detestava o poeta, conversando comigo em Viena, definiu Rogério como um "Vinicius com senso moral".

No dia em que nos conhecemos, tive de ausentar-me, e deixei um recado manuscrito sobre sua mesa na chancelaria. Ao regressar, a leitura feita por Rogério daquele bilhete motivou análise grafológica, escrita por ele, com impressões reveladoras e verídicas a meu respeito, que nunca me haviam ocorrido. O mesmo se repetiria, tempos depois, quando comentou certos aspectos da minha aparência física.

Rogério tomava iniciativas hilariantes no trabalho, como no dia em que, para protestar contra a baixa temperatura da chancelaria, durante o glacial inverno austríaco, sentou-se à sua mesa abrigado por um sobretudo, *cache-col*, chapéu e luvas, para absoluta indignação do embaixador Raul Bopp, cuja avareza no abastecimento do carvão o secretário responsabilizava pelo frio reinante.

De Viena, regressei ao Rio, a fim de candidatar-me a uma cadeira na Assembléia Constituinte do novo Estado da Guanabara em 1960, e fui eleito. Como deputado estadual, eu seria compelido a defender a política externa posta em prática por Afonso Arinos e San Tiago Dantas à frente do Itamarati. Tal postura, hoje corriqueira, mas então escandalosa para os bem pensantes, conferia prioridade aos interesses brasileiros sobre as alianças automáticas, a subserviência, a vassalagem, o temor reverencial e a polarização ideológica vigentes na época. Era mal vista por aqueles que, para Afonso, tinham "alma de escravo", ou defendiam vantagens pessoais. E foi atacada, com a violência habitual, por Lacerda, então governador do Estado.

A Arquidiocese do Rio de Janeiro, de perfil muito conservador, participou ativamente das discussões que polarizavam a opinião pública. O cardeal-arcebispo Jaime de Barros Câmara fora muito bondoso conosco, quando, em 1958, se encontrava em Roma, convocado para o conclave que se reuniu após a morte de Pio XII. Desejoso de prestar assistência espiritual a Beatriz – ameaçada de morte, com uma trompa rompida por gravidez extra-uterina acarretando-lhe forte hemorragia interna, princípio de peritonite e ameaçando-a com septicemia –, mas impedido de fazê-lo pessoalmente, devido à sua clausura no conclave, designara um padre amigo para lhe ministrar a extrema unção. Já em 1962, o mesmo cardeal Câmara autorizou a exclusão do meu nome dentre os candidatos à deputação federal recomendados pela Liga Eleitoral Católica, por causa da defesa, por mim feita, da nossa diplomacia independente.

A contraposição entre ordem e progresso definia as polêmicas religiosas e políticas. Representantes das duas correntes envolviam-se em disputas acirradas. Os ânimos exaltavam-se, eram freqüentes debates doutrinários e disputas teológicas.

Por aquela época conturbada, Gustavo Corção publicara um artigo em que atribuía a Afonso Arinos expressões usadas por mim em discurso na Assembléia, censurando-o por elas. Acossado por críticas de toda ordem, em período tão tumultuado da política brasileira, eu também passava por fase de belicosidade pouco habitual, e reagi com telegrama violento, vagamente ameaçador. A mensagem, originalmente, chegava a ser cruel, mas o bondoso amigo Carlos Castelo Branco, a quem a mostrei antes de expedi-la, aparou-lhe a aresta mais contundente. No artigo seguinte, Corção se escusou do lapso cometido, mas não devia ter-se esquecido da minha agressividade.

Só na década seguinte eu iria reencontrar Rogério, brevemente, no Rio. Este soubera, não sei como, que me achava em casa de meus pais, então ausentes, e telefonou-me a altas horas da noite. Apareceu desleixado, com uma capa de chuva encardida. Podia ter bebido. Enquanto o reconduzi ao apartamento onde morava, em edifício de má aparência, pediu-me que parasse num botequim, para tomar o último trago. Tínhamos conversado até de madrugada, e preocupou-me seu estado psíquico, que se agravara ao servir em nossa missão diplomática em Saigon, durante a guerra do Vietnã. Rogério caminhava sem cessar, de um lado para o outro, na vasta biblioteca de Afonso Arinos. Às vezes fazia observações cortantes, com a lucidez antiga, para, logo em seguida, dizer coisas sem nexo.

Ele me relatara, desde Viena, dificuldades de relacionamento com seu pai, a quem senti-me no dever de alertar quanto ao estado psicológico do filho. O que também não me parecia fácil, pois fora dura a nossa única troca precedente de mensagens. Agora, porém, um velho amigo havia-me procurado em situação delicada. Talvez uma recomposição familiar pudesse ajudá-lo. Fiz, assim, das tripas coração, e fui visitar Corção, que me recebeu com bondade. Situou-me no escritório de forma a que, enquanto palestrávamos, me pudesse observar com seus olhos já quase sem luz (chegara a explicar que Deus, na sua misericórdia, lhe poupava, assim, a visão das tolices dos homens). Não concordamos sobre Rogério, mas a conversa foi muito simpática. Seu rosto iluminou-se, por duas vezes, num sorriso: ao indagar-lhe quem era a moça bonita cujo retrato colocara entre os livros (tratava-se de Bernadette Soubirous, a santa de

Lourdes), e quando perguntei pelo neto que Rogério lhe havia dado ("— Ah! É o zero e o infinito...").

Despedimo-nos cordialmente, e saí. Pensando no fundamentalismo ideológico do meu interlocutor (em carta a Afonso Arinos, Corção dissera bem saber "que a autoridade enlaçada com o poder político facilmente se adultera, mas nem assim perde sua divina procedência"), contraposto à posição de Alceu na época, lembrei-me de que "a casa do Pai tem muitas moradas".

Rio, 28 de fevereiro de 2005 | — Foi em estado de felicidade que cheguei ao fim d'*A alma de um padre — Testemunho de uma vida,* livro com o qual nos brindou, há pouco, o caro jesuíta Fernando Bastos de Ávila. Escrito sem sombra de retórica, de uma candura cristalina, este volume transparente é uma lição e um exemplo do que pode ser a vida quando, abstraída de si mesma, se dedica, por inteiro, a Deus e ao próximo.

Que formação dura, penosa, sacrificada, humilde, a exigida pela Companhia de Jesus! O padre Ávila sempre se mostrou um trabalhador gigantesco, e ainda nos proporciona, semanalmente, o privilégio do seu convívio nas sessões da Academia Brasileira de Letras, bem como, às vezes, no Instituto Histórico e Geográfico Brasileiro. Perde-se a conta dos ensaios e estudos que redigiu, dos livros (inclusive duas pequenas enciclopédias) publicados, das aulas e palestras proferidas, das instituições por ele fundadas, das entidades com as quais colaborou.

Afonso Arinos lhe dedicava a maior estima, nele depositando grande confiança. Convidou-o, primeiro, para exercer a vice-presidência da Comissão de Estudos Constitucionais, que presidia, convocada por Tancredo Neves com vistas à preparação de um anteprojeto para a futura Constituição; e, depois, a compor, como suplente, sua chapa de candidato a senador em 1986, na eleição para a Assembléia Nacional Constituinte.

O padre Ávila aceitou a primeira incumbência, e declinou a outra.

No tocante a esta segunda campanha, em que o Estado do Rio de Janeiro conduziu Afonso Arinos ao Senado (na primeira, ele fora eleito pelo Distrito Federal, quando a cidade do Rio ainda era a capital da República), permito-me um pequeno parêntese. Eu me encontrava em Roma, como embaixador no Vaticano, quando soube das sondagens efetuadas em prol da candidatura paterna. E achei que quem lutara politicamente a vida inteira, poderia ser poupado de novos embates e desgastes parlamentares, na sua idade já avançada. Vim da Itália, vi que Anah compartilhava minhas preocupações, mas fui surpreendido por uma reunião na biblioteca de Afonso, coordenada por Hélio Jaguaribe, com a presença do acadêmico Evaristo de Morais Filho e de outros amigos. Arinos acabou por anuir, mas com reservas que praticamente excluíam a participação pessoal do candidato na empreitada. Aceitava que lhe utilizassem o nome – o do maior constitucionalista vivo do Brasil. Mas, às vésperas de completar 81 anos (ele foi o constituinte mais idoso), não participaria de comícios ou passeatas, nem compareceria a estúdios de televisão. Se quisessem gravar programas eleitorais ou entrevistá-lo, poderiam fazê-lo em sua residência. Assim, antes que tentasse dissuadi-lo, fui aclamado pelos presentes como coordenador da campanha. E Afonso Arinos elegeu-se com mais de um milhão de votos, praticamente sem sair de casa.

Voltemos, porém, ao padre Ávila. Em 1988, tornei a vir ao Brasil da Itália, onde tivera a alegria de receber sua visita, por causa de meus pais, que cumpriam bodas de diamante. Não houve, porém, qualquer cerimônia externa naquela ocasião. Eles se limitaram a comemorar os sessenta anos de matrimônio com uma simples bênção dada em casa, pelo amigo sacerdote, na presença dos dois filhos e das noras. Afonso e Anah estavam sérios, graves, mas serenos. Quem se debulhava em lágrimas era o bom jesuíta.

O amor à vida e ao mundo, aos pequeninos sobretudo, às flores, emana de cada página desse livro tocante do padre Ávila. Ele recorda São Francisco de Assis moribundo a confortar o desolado frei Leão: "Enquanto houver no mundo uma estrela, uma criança e uma flor, não haverá motivo de temor. Deus não nos abandonou." E há trechos de poesia pura: "Ainda ouço os sons de uma remota festinha junina, onde talvez um amor esteja nascendo furtivamente. No alto do céu vejo um balãozinho perdido na noite. Eu sou com ele: uma chama interior me fez subir. Hoje me sinto surpreendido pela noite e pelo frio externo. Diviso, embaixo, as rasteiras casas, pequeninas, mas onde pode caber um amor. Me sinto solitário na noite, levado pelo vento, pela luz escassa que não ilumina os passos de ninguém. E minha chama interior vai-se extinguindo até se apagar, e eu de leve pousarei no chão, ou, quem sabe, no grande mar amigo."

O autor tem coragem bastante para comentar assim o versículo da Primeira Epístola de São João, segundo a qual *qui non diligit, manet in morte*": "Veio-me a indagação: por que São João usa o verbo *diligere* e não o verbo *amare*? Não sou exegeta, mas o coração me leva a entender o versículo de São João em um sentido com o qual talvez não concordem os hermeneutas profissionais. *Diligere* conota a idéia de acolher algo ou de escolher alguém entre muitos (...). Acho, assim, que *diligere* exprime um amor que se liga totalmente a *um* ser entre muitos, e se liga totalmente, inclusive carnalmente. Por isso, quem *non diligit* permanece na morte, não comunica a vida. Nesse sentido, o celibato é mortal."

A forma como ele inicia e termina este belo livro nos consola, reconhecendo que os sacerdotes estão longe de passar ao largo das angústias que afligem o comum dos mortais: "Sinto que cheguei ao ocaso da vida. Os anos comparados a horas permitem pressentir que devem faltar poucas para a noite chegar. Haverá depois uma aurora? É a suprema indagação sobre o destino definitivo. (...) Tenho a absoluta certeza de que *o supremo desafio da fé é a esperança*. É um grande desafio aceitar com absoluta certeza verdades sumamente improváveis; refiro-me à absoluta impossibilidade de demonstrá-las. (...) A questão essencial é a coragem de aceitar serenamente a chegada da morte, que apagará para mim esse maravilhoso cenário, coragem garantida pela absoluta certeza da esperança baseada unicamente na fé! O grande pavor é a idéia da morte como um salto no nada absoluto; é a idéia de que eu não serei mais, enquanto este corpo, que viu tantas belezas, apodrece no fundo de um jazigo. Sei que é cada vez menor o prazo que me separa da morte. É assim cada vez mais premente a indagação primordial: e depois? É a noite ou a aurora?"

O padre Ávila assegura que "a resposta da esperança iluminada pela fé é a absoluta certeza de que meu destino definitivo não será a noite infinita da morte, mas a plenitude instantânea da aurora luminosa da vida, porque Deus, que é a plenitude da vida, fez o homem 'à sua imagem e semelhança'."

RIO, 1 DE MARÇO DE 2005 | — O agravamento acelerado da saúde do papa, que os fiéis de todo o mundo acompanham com preocupação crescente, traz-me à lembrança a longa convivência que dele me aproximou de 1986 a 1990, período em que fui chefe de missão junto à Santa Sé.

Eu representava, até então, nosso país na Venezuela, mas a intenção ser embaixador no Vaticano vinha de longa data, conforme narrei em *Primo Canto*, ao descrever minha audiência de despedida, em 1959, com o papa João XXIII, cuja eleição presenciara da praça de São Pedro: "Disse-lhe da nossa partida iminente, após haver servido junto ao Quirinal, mas que desejaria regressar a Roma, dessa vez para a Embaixada na Santa Sé. E ele retrucou: 'Você tem bom senso em querer voltar a Roma. Mas, quando o fizer, não me encontrará mais.' Pressentimento da moléstia que o levaria quatro anos depois? A segunda parte da sua profecia, infelizmente, cumpriu-se logo. Deus o atenda na primeira."

Roma fora, desde sempre, o sonho da minha carreira. Em 1956, eu havia regressado ao palácio Itamarati do palácio do Catete, onde fora oficial de gabinete dos presidentes Café Filho e Carlos Luz, depostos por dois golpes militares. Casado havia um ano apenas, já pai de um filho e com minha mulher esperando outro, chegara a hora de ir para o exterior, e fui pedir posto ao chanceler Macedo Soares, velho amigo da minha família. Seu chefe de Gabinete e sobrinho, o ministro José Augusto, que eu conhecia desde a mocidade, foi magnânimo ao extremo com o jovem colega em aparente desgraça política. Eu brincava com ele, dizendo-lhe que, como Napoleão após Waterloo, vinha sentar-me à lareira dos vencedores, e aguardar seu veredicto. "— Você quer Paris ou Roma?", indagou, generoso. "— Paris", respondi sem pensar. Mas, enquanto descia os degraus de mármore do palácio, pensei melhor e voltei atrás, na escadaria e na opção: "— Prefiro Roma."

Cinco anos antes, havia conhecido a cidade agora escolhida, a convite da generosa tia Maria do Carmo Nabuco, e ficara deslumbrado. Quando passamos a residir na Itália, então, o fervor estético foi total. Durante três anos, nos fins de semana e feriados, percorremos todos os museus, palácios, igrejas e ruínas que nos eram acessíveis, em Roma e no resto do país maravilhoso. Até que sérias crises consecutivas na saúde de Beatriz, que a deixaram traumatizada pela desídia e incompetência dos seus médicos, levaram-me, com tristeza, a solicitar transferência para novo posto.

Assim, a lua-de-mel com a cidade encantada já ocorrera. Três décadas mais tarde, quando o presidente Sarney mandou oferecer-me o Vaticano, era chegada a hora do amor maduro por Roma como berço da Igreja Católica, e, com Atenas, da civilização ocidental.

A sede da Embaixada do Brasil junto à Santa Sé se localiza no segundo andar – o andar nobre – do palácio Caetani. Este, construído em 1564 por Alessandro Mattei, pertence à fundação que guarda o nome da velha família papal, já extinta, e vive do aluguel de seus andares. Conheci ainda, e visitei, em sua residência na cobertura (onde, no século XVIII, um observatório astronômico chegara a ser instalado), Hubert Howard, simpático velhinho inglês, viúvo de Leila, a última princesa Caetani. Esta família Caetani, ou Gaetani, descendia dos duques de Gaeta, e forneceu à Igreja, além do papa Gelásio II, o pontífice Bonifácio VIII, organizador do primeiro grande jubileu a fim de promover a Cidade Eterna como meta para peregrinações de toda a cristandade, e foi um dos chefes da Igreja Católica mais controversos, que Dante colocou no inferno da *Divina Comédia*.

O palácio está situado na via delle Botteghe Oscure, localizada no *rione* Sant'Angelo, contíguo ao palácio Mattei. Encontra-se numa pequena praça, por detrás deste último, a pequena fonte das Tartarugas, de Giacomo Della Porta, para mim a mais encantadora da cidade. Ao lado, a estreita via Caetani, onde os terroristas das Brigadas Vermelhas haviam deixado em 1978, sob o grande quarto de dormir da Embaixada (antiga galeria afrescada), o corpo morto de Aldo Moro, o estadista democrata-cristão que assassinaram. Na esquina próxima, eu percorria as ruínas romanas da praça Argentina. E ia à missa ali perto, no Gesù, igreja-mãe da Companhia de Jesus, em que se podem visitar os aposentos anexos, onde viveu Santo Inácio de Loyola. O palácio Caetani deve ter servido como refúgio temporário para Caravaggio, meu predileto dentre os pintores italianos da época, e nele morou Francisco Solano Lopez, quando o pai, então ditador do Paraguai, o mandou passar uns tempos em Roma, tentando, em vão, civilizá-lo. Um dia, o embaixador paraguaio chegou a sugerir-me a colocação, em nossa Embaixada, de uma placa rememorando essa residência temporária do inimigo do Brasil. Ponderei ao diplomata inábil não poder atendê-lo, por ser o prédio propriedade da Fundação Caetani.

Bem menor que o palácio Pamphilj, onde se abriga nossa missão junto ao governo italiano (construído pelo papa Inocêncio X no século XVII, ocupa metade de um dos lados da extensa praça Navona; nele trabalhei quando no primeiro posto da minha carreira, nos anos cinqüenta), o palácio Caetani o supera em beleza e qualidade estética do interior. A fachada é austera, os pátios se ornam com uma fonte e fragmentos antigos. As soberbas salas de recepção do andar nobre estão completas e intactas em suas dimensões, na esplêndida decoração e no mobiliário original, adornadas e iluminadas por grandes lustres de Murano. Li, certa vez, entrevista do príncipe Ruspoli qualificando a residência como "a mais bela do mundo."

A galeria de entrada é calçada com mosaicos originários da vila do imperador Adriano, em Tivoli, e exibe réplicas romanas de cabeças gregas do século IV A.C. No salão de jantar, em *tromp'oeil*, admiravelmente decorado com pinturas de Antonio Cavallucci (que ainda trabalhou em outras salas do palácio), vêem-se grotescos do século XVIII, e paisagens a têmpera por artistas europeus não-italianos. O vasto salão de recepções, com armas dos Mattei entalhadas no teto, exibe *putti* do flamengo Paul Bril, de Antuérpia, e afrescos dos maneiristas Taddeo e Federico Zuccari. Estes últimos também ornaram o teto da grande sala revestida de quatro enormes, maravilhosas tapeçarias de Bruxelas, obra de outro artista flamengo, Martin de Vos, representando os feitos de Alexandre o Grande; o salão conserva, no centro, magnífica mesa florentina de castanho, embutida com pedras coloridas e madrepérola, e, ao lado, busto marmóreo de Onorato Caetani, grande de Espanha. O salão Luís XVI tem paredes com seda bordada do século XVIII, e outras pinturas, ainda da autoria de Taddeo Zuccari, que também rememoram cenas das conquistas militares de Alexandre. A capela foi pintada pelo florentino Pomarancio. O imenso quarto de dormir, antiga galeria, com grande afresco no teto, bem como os demais aposentos de recepção do andar nobre, são igualmente decorados por artistas famosos da Renascença. Restauramos com simplicidade o terraço interno, e o embaixador americano, meu amigo, o qualificou, ao conhecê-lo, de "cantinho do paraíso".

Quatro dias após nossa chegada, fomos ver um filme de Federico Fellini, contando a história de um casal que, trinta anos antes, cantara e dançara nos cabarés romanos, a imitar Fred Astaire e Ginger Rogers. Agora, envelhecidos e cansados, tentavam o mesmo desempenho na televisão. A comparação era inevitável: "– Bia, você não está vendo que essa é a história do nosso regresso a Roma?"

A entrega das credenciais foi memorável. Não se pode descrever a grandiosidade e a beleza das galerias e dos salões afrescados, de suntuosidade marmórea e adamascada, que atravessei entre guardas suíços em uniformes multicores saudando-me com suas alabardas, até chegar à biblioteca onde João Paulo II me esperava. Tomei a iniciativa de dirigir-me a ele em francês – língua tradicional com que ainda se expressa a diplomacia vaticana –, a fim de evitar-lhe o esforço de, por amabilidade, tentar a conversa em português. O pontífice situou-se a um canto da sua vasta mesa de trabalho, o embaixador foi convidado a sentar-se no outro verso do mesmo ângulo, e a conversa – que durou trinta e cinco minutos, olhos nos olhos, sem testemunhas — tinha a postura própria de uma confissão.

Em resposta ao que eu lhe enviara, Sua Santidade entregou-me, em mãos, extenso pronunciamento de cinco páginas, firmado de próprio punho, do qual recolho, aqui, alguns trechos, a começar pela esperança, que ele manifestou quanto ao Brasil, "de que este país-continente saberá equacionar os seus problemas, para desempenhar bem o papel de primeiro plano que lhe toca, no concerto dos povos, neste momento histórico. Esta esperança é acompanhada pela confiança de que a Igreja que está no Brasil — com a missão de servir o homem na sua integridade, como em toda a parte — vai continuar a ajudar o homem brasileiro a harmonizar e cultivar o que o faz verdadeiramente homem; a contribuir para a resposta aos não poucos nem pequenos desafios que nesta linha se apresentam, tendo em conta a crescente tomada de consciência, hoje preconizada, de que o estabelecimento de uma ordem baseada na justiça e na paz se impõe claramente, como imperativo moral, a todos os povos e a todos os regimes, acima das ideologias e dos sistemas." Em resposta à minha mensagem, referiu-se "a iniciativas prementes e de vastíssimo alcance que se impõem ao seu país, que neste momento, como sucede um pouco por toda a parte, se ressente de mutações profundas e rápidas: redistribuição, mediante adequadas reformas, de bens e 'riquezas que a Providência abundantemente destinou' ao Brasil; revisão de normas para a participação na vida coletiva; empenho em conseguir maior serenidade creditícia para o Estado de direito." A realização de tais desígnios, destinados a "gerir o bem comum dos brasileiros", propunha "como meta a vitória, em plano espiritual, da abolição das condições de vida inumanas e a justa participação de todos nos bens ao dispor." Salientou o desejo de "se criarem condições para atuação das aludidas tarefas, de grande urgência e vastas repercussões; trata-se da promoção do homem e do seu desenvolvimento, da ajuda inadiável a regiões e a setores menos favorecidos, da luta contra flagelos de vária ordem, não esquecendo os de ordem social, que hoje grassam por toda a parte, sob as formas de violência, da droga, da miséria explorada, do desemprego, da desagregação familiar, etc." Manifestou a confiança de que "a Igreja no Brasil vai prosseguir a fomentar nos corações (...) abertura salutar aos verdadeiros valores universais: amor sem fronteiras, liberdade esclarecida, solidariedade fraterna, paz como bem supremo na peregrinação terrena do homem, justiça social. É necessário ter sempre bem presente que o homem não vive só do pão material para o corpo. Tem outro tipo de fome, aspirações profundas, ligadas aos seus direitos fundamentais que, quando menosprezados ou conculcados, fazem vacilar as bases da paz."

Findo o encontro, e tiradas as fotografias de praxe, seus assessores fizeram entrar meus acompanhantes. Ao ver cinco mulheres lhe adentrarem seguidamente o gabinete – minha esposa, minha filha, duas primas que se hospedavam conosco, e uma secretária da Embaixada, às quais os outros diplomatas tinham dado precedência –, o Santo Padre voltou-se para mim, surpreso: "– Quem são todas essas senhoras?" Jubiloso, fui imprudente ao brincar: "– É o feminismo no Vaticano, Santidade." Ele não gostou, e respondeu, com voz severa: "– Não há feminismo no Vaticano." Aqui me penitencio pela irreverência.

RIO, 4 DE MARÇO DE 2005 | – Como chefe da nossa missão diplomática, eu era, fora do meio eclesiástico, quem controlava as chaves do acesso de brasileiros ao papa. E são raros – aliás, compreensivelmente, em um país de grande maioria católica – os representantes dos nossos poderes públicos federais, estaduais ou municipais em visita a Roma (sem mencionar a multidão dos fiéis privados) que não aspirem a um encontro, particular se possível, com o pontífice. Felizmente, o Vaticano possui uma rígida lista protocolar, estipulando a que tipo de audiência cada nível de autoridade tem direito, desde a individual até à audiência geral (onde um lugar na primeira fila é muito disputado), passando pelos encontros restritos a grupos. O futuro presidente Lula, quando lá esteve, evitou, na sua qualidade de dirigente oposicionista, procurar a repartição do nosso governo encarregada de obter a audiência especial, que eu me aprestava a pedir para ele, preferindo recorrer a uma central sindical italiana, e teve de contentar-se com a primeira fila, em pé, na audiência ao ar livre da praça de São Pedro.

Ainda assim, acompanhei muitos políticos proeminentes a tais encontros, embora sempre declinando o convite amável, que alguns me faziam, para assistir à entrevista, pois julgava terem eles direito a uma conversa a sós, sem testemunhas, com o pontífice. Dentre todos, apenas um saiu com os olhos úmidos: o metodista Leonel Brizola.

Ao preparar sua visita oficial à Itália, o presidente José Sarney pediu-me que obtivesse autorização para assistir à missa privada que o papa reza, todos os dias, às 7 horas da manhã, na sua pequena capela particular. É que eu levara, anteriormente, sua filha Roseana, acompanhada de poucos amigos, a uma dessas missas, onde já encontramos João Paulo II prostrado diante do altar, fundido na oração. Passava a mão no rosto, sacudia a cabeça. Dialogava, visivelmente, com o Transcendente. Foi preciso um ajudante tocá-lo de leve para que ele, como voltando a si, iniciasse a celebração. Mas a presença do presidente da República no Vaticano implicaria, necessariamente, em cerimônias protocolares, impraticáveis naquela hora. Pois o pontífice retardou o horário da missa, a fim de que o mandatário brasileiro pudesse comparecer. Transferiu-a para local mais amplo, acessível à numerosa comitiva presidencial. E oficiou-a em português, perante um Sarney muito emocionado.

O futuro presidente Collor foi recebido duas vezes pelo papa. Na primeira, em companhia da esposa, ainda era governador de Alagoas, e participou de um dos pequenos grupos encontrados por Sua Santidade nas salas que atravessa ao sair do grande salão da audiência geral. Aí, o Santo Padre se detém, troca algumas frases, e é fotografado com os visitantes.

Na segunda oportunidade, porém, Fernando Collor já trazia grande vantagem nas pesquisas pré-eleitorais, que o apontavam como provável vencedor do pleito presidencial. Obteve, então, audiência particular com João Paulo II. Porém, dada sua relevância como futuro dirigente da maior nação católica do mundo, o Vaticano já teria sido informado, talvez pela Nunciatura no Brasil, de que ele, divorciado, se casara, pela segunda vez, na Igreja Católica Brasileira, seita cismática fundada pelo bispo de Maura. E tive o penoso dever de transmitir-lhe a decisão da Secretaria de Estado de que se entreteria a sós com o papa, sem a companhia da mulher. Os muitos jornalistas brasileiros presentes em Roma perceberam, obviamente, a situação. Então, Collor distribuiu-lhes a foto tirada na primeira audiência, como se fosse da segunda.

Outra situação delicada, porém de caráter totalmente diverso, ocorreu quando convidei ao mesmo tempo, para um banquete na Embaixada, os nossos seis cardeais que participavam de uma visita da cúpula da Conferência Nacional dos Bispos do Brasil ao Santo Padre. Após o jantar, um deles, muito delicadamente, tentou insinuar-me que eu cometera pequeno equívoco protocolar. Não quis contestá-lo, mas mudei de assunto, ao perceber que Sua Eminência desejava fosse aplicado, na Embaixada do Brasil — cuja extraterritorialidade, garantida pelo Direito Internacional, implica na vigência, ali, do cerimonial da

República –, o protocolo do Vaticano, pelo qual lhe caberia, na mesa, lugar mais proeminente.

Essas recepções, sobretudo quando noturnas, se revestem, por tradição, de grande solenidade. É costume que os cardeais ingressem na residência de quem os hospeda, freqüentemente iluminada à luz de tochas ou velas, entre duas luminárias acesas. À mesa, deve haver pelo menos um garçom para cada cardeal, a fim de que os príncipes da Igreja sejam todos servidos ao mesmo tempo. Tais hábitos, aliás, caem gradualmente em desuso, com a maior simplicidade vigente desde o *aggiornamento* (atualização) promovido por João XXIII com o Concílio Vaticano II.

Ao servir em Roma pela primeira vez, nos anos cinqüenta, ainda vi um príncipe Colonna e outro Orsini montando guarda atrás do trono papal (mas logo o segundo trocou o honroso privilégio hereditário pelas graças mais tangíveis de uma beldade do cinema americano). O pontífice chegava conduzido na sede gestatória, e ladeado pela guarda nobre em trajes de gala. O papa era, então, abanado por dois serviçais vestidos a caráter, que sacudiam enormes leques com plumas de avestruz.

Na Santa Sé, a face divina da Igreja resplandecia – não me refiro às pompas, ao fausto, nem às riquezas –, mas o lado humano das vaidades e rivalidades clericais tampouco se ocultava. Sacerdote meu amigo e compatriota afirmou, certa vez, a um dos cardeais brasileiros, na minha presença, que guardara a fé apesar dos longos anos passados em Roma. O purpurado fez ouvidos moucos à observação inquietante. Um prelado, não italiano, que mais tarde eu reencontraria, em outro posto, como núncio apostólico, disse-me abertamente antipatizar com um dos meus interlocutores habituais na Secretaria de Estado. "– Por que?", indaguei. "– *Troppo furbo*" (demasiado astucioso).

Um dia, fui informado, por fonte da Cúria, de que dom Lucas Moreira Neves seria designado arcebispo de Salvador. Isto dele faria, decerto, no consistório seguinte, cardeal primaz do Brasil, por ser a sede episcopal da Bahia a mais antiga do país. Tive conhecimento da nomeação antes do interessado, que era, então, secretário da Congregação dos Bispos, e levei o fato ao conhecimento do Itamarati em mensagem secreta exclusiva, apenas acessível ao ministro de Estado e ao secretário-geral. Assim, grande foi minha surpresa ao ver a notícia, no dia seguinte, estampada na primeira página do *Jornal do Brasil*.

Soube, mais tarde, que, na mesma data, o ministro Abreu Sodré, conversando numa recepção em Brasília, em grupo do qual participava um representante daquele diário, ao ver surgir o núncio apostólico, dom Carlo Furno, com ele se congratulara pela designação de um novo cardeal brasileiro. O diplomata da Santa Sé, confuso, só pôde dizer-se menos informado sobre o assunto que o nosso chanceler.

Pedi, então, ao correspondente do jornal em Roma, meu velho amigo Araújo Neto, que me entrevistasse, a fim de isentar-me, por escrito, da origem daquela indiscrição canhestra. Afinal, se não o ministro das Relações Exteriores, pelo menos o embaixador do Brasil no Vaticano deveria saber que só se fazem cardeais em consistórios.

RIO, 5 DE MARÇO DE 2005 — Nada disso ultrapassa, entretanto, o terreno da frivolidade, se comparado à sensação que me trouxe o posto. Na Santa Sé, senti, um pouco, o que experimentara nas Nações Unidas. Ali batia o coração moral do mundo, como na ONU se localiza o centro do debate político.

No entanto, a insensibilidade tradicional da diplomacia dos Estados Unidos quanto ao significado e à importância da sede da Igreja Católica fazia-me lembrar a indagação desdenhosa de Stalin a Roosevelt e Churchill, em Ialta, ao ser-lhe alvitrada a possibilidade da participação de Pio XII nas negociações que puseram fim à segunda guerra mundial: "– Quantas divisões tem o papa?"

Por muito tempo, a maioria protestante dos congressistas americanos negou dotações orçamentárias para que se abrisse e mantivesse uma embaixada do seu país junto à Santa Sé. Afinal, o presidente Reagan conseguiu enviar para lá um magnata do petróleo. Mas o milionário, travestido de chefe de missão, foi afastado do posto ao tentar fazer negócios com a Líbia, país que não mantinha relações diplomáticas com os Estados Unidos.

Quando cheguei a Roma, a mediação do Vaticano na questão de limites no canal de Beagle entre a Argentina e o Chile acabara de evitar um conflito armado entre aquelas nações; a Igreja Católica buscava, em Honduras e El Salvador, colocar-se como anteparo contra a guerra civil nos dois países, à custa de mártires como monsenhor Oscar Romero, salvadorenho; nas Filipinas, estivera à frente do movimento popular que deu por terra com o ditador Marcos; e, na Polônia, a central sindical católica Solidariedade, sob a influência do papa polonês, abrira a primeira brecha na comporta pela qual acabaria por esvair-se o império russo.

E eu lá me encontrava quando da visita do primeiro secretário do Partido Comunista soviético ao soberano pontífice da Igreja Católica – Gorbachev e Woytila, os dois eslavos cuja ação conjunta, embora desarticulada e, no tocante ao primeiro, não proposital, demoliu o muro de Berlim e desfez a União Soviética. Gorbachev, muito tenso, percorria os corredores do Vaticano com os punhos cerrados, até encontrar-se com um João Paulo II sereno e descontraído.

O papa polonês, vigoroso patriota, nunca se conformaria com a opressão russa do seu país. Ele é conservador no sentido de deter um legado espiritual, que tem o dever de preservar e transmitir. Contudo, as encíclicas *Laborem exercens*, *Sollicitudo rei socialis* e *Centesimus annus* (a primeira e a última celebrando a nona e a décima década da *Rerum novarum*, de Leão XIII) patenteiam sua preocupação intensa com a justiça social, sempre reiterada nos pronunciamentos constantes contra a competição implacável, o materialismo brutal e o consumismo insaciável. "— Não passem da escravidão do regime comunista à do consumo, que é uma outra forma de materialismo!", bradou.

Nem me esquece, a propósito, a indignação contra o Santo Padre, manifestada, em conversa comigo, pelo embaixador do Canadá (que já dirigira uma agência de segurança no seu país), quando João Paulo II, na encíclica *Sollicitudo rei socialis*, qualificou certas formas de capitalismo como "estruturas de pecado" (expressão já utilizada, em 1968, pela Segunda Conferência Geral do Episcopado Latino-Americano (CELAM) em Medellín, na Colômbia). E, antes mesmo daquela encíclica, que a reitera, a "opção preferencial pelos pobres", preconizada pela Terceira Conferência Geral do CELAM, efetuada em Puebla, no México, em 1979, seria ratificada, em 1986, pela instrução *Libertatis conscientia*, da Congregação para a Doutrina da Fé, presidida pelo cardeal Ratzinger.

Rio, 7 de março de 2005 | — Dos cardeais atuantes na Cúria, aquele por quem eu sentia maior afinidade, e que mais admirava e estimava, era o francês Roger Etchegaray, então presidente da Comissão Justiça e Paz e do Cor Unum. Homem de grande cultura, inclusive literária (falou-me, com admiração, de Bernanos e Unamuno — basco como ele —, também santos de devoção da minha capela livresca), de extraordinária afabilidade e virtude irradiante, foi a Etchegaray, e não a algum membro da diplomacia vaticana, que João Paulo II confiou as missões internacionais mais delicadas, como aquelas que o levaram, como seu representante pessoal, a Cuba e à China. A Cuba, se seguiria a visita do próprio papa. Quando me fui despedir do cardeal, ele convidou-me: "— Faço isso muito raramente: vamos rezar juntos o Pai Nosso? Mas não sei dizê-lo em português." Como eu tampouco estava certo de saber pronunciá-lo todo em francês, oramos em latim.

Dentre os outros purpurados, afeição especial me aproximava do cardeal Bernardin Gantin, do Benin, então prefeito (presidente) da Congregação dos Bispos. Disse-me ele sentir grande amor pelo Brasil, e pela Bahia em particular: "— Embaixador, quando lá cheguei, senti-me na minha terra, com o sol forte, as praias, os coqueiros. E, ao caminhar pela cidade, quem encontrei, sentada numa esquina? A minha mãe, embaixador!" Vira uma preta velha vendendo acarajés.

Já o bondoso cardeal Agnelo Rossi, que presidia a Administração do Patrimônio da Sé Apostólica (cujas finanças mostravam-se bem menos folgadas do que em geral se imagina), confidenciou-me certo arrependimento por haver, quando arcebispo de São Paulo, apoiado, com maior ênfase do que desejaria ter feito, a revolução militar de 1964. Era o decano do Colégio dos Cardeais, não por antiguidade, porém eleito, o que constituía uma honra, não só pessoal, mas para o Brasil. Isso lhe acarretara, todavia, um ônus, de que se queixou comigo: o privilégio implicaria na obrigação de ficar junto ao papa até o fim da vida, que ele desejava encerrar na sua Helvécia querida, próxima a Campinas. João Paulo II compreendeu a aspiração humilde, e dispensou-o da função.

Ao desembarcar em Roma, fui recebido, no aeroporto, por monsenhor Giovanni Battista Rè, hoje cardeal e prefeito da poderosa Congregação dos Bispos, por cujas mãos passam todas as nomeações episcopais feitas no mundo. Naquele trabalhador incansável, eu julgava, já então, discernir aspirações mais elevadas. Como as que lobrigara num purpurado brasileiro, quando, ao comentar-lhe certos traços fisionômicos, ressaltados pelas vistosas vestes rubras, provoquei: "— Sabe Vossa Eminência que cardeal me está recordando?" E ele, incontido, num ímpeto ingênuo, os olhos a brilhar: "— Pacelli!" (o futuro Pio XII).

Por todo o tempo em que servi junto à Santa Sé, o cardeal secretário de Estado foi o experiente, exímio diplomata Agostino Casaroli. Mas, com este, as ocasiões de diálogo não eram freqüentes. Pois ao secretário de Estado, ao contrário do que habitualmente se imagina, não cabe o papel de ministro do Exterior, porém o de primeiro ministro do Vaticano, monarquia eletiva onde o papa é rei. As gestões rotineiras do corpo diplomático se faziam através do substituto da Secretaria de Estado, ou com o secretário do Conselho para os Assuntos Públicos da Igreja. No meu tempo, tais cargos foram preenchidos pelos monsenhores, hoje cardeais, Martinez Somalo, espanhol, ora *camerlengo* (camareiro) da Igreja Católica, e os italianos Achille Silvestrini e Angelo Sodano — este, o atual secretário de Estado. Um deles me disse, certa vez, que assuntos habituais poderiam tratar-se com o outro, mas que o procurasse quando o problema fosse de maior importância.

A forma como os embaixadores eram recebidos pelo substituto da Secretaria assemelhava-se a um confissionário: não se marcava audiência, mas entrava-se na fila, isto é, numa sala, onde um assistente amável nos acolhia, e os primeiros a aparecer entrevistavam-se com o substituto na ordem de chegada. Nunca estive ali sem encontrar, aguardando audiência ou de saída, o chefe da missão cubana.

Outro prelado com quem mantive relações cordiais e amistosas foi monsenhor Stanislaw Dziwisz, que acompanhava o cardeal Woytila desde Cracóvia, e era, decerto, a pessoa mais próxima do pontífice — praticamente, o filho que João Paulo II não teve. Caso ele abrigue esta intenção, e a cumpra, o depoimento que deixar será, decerto, a fonte mais importante, essencial mesmo, para a biografia do papa Woytila e a história do seu pontificado.

No ano em que cheguei ao Vaticano, disputava-se uma copa do mundo de futebol, e, conhecendo os pendores esportistas do Santo Padre, indaguei um dia ao seu assessor imediato como o papa procedia quando jogava o seu país. Respondeu-me monsenhor Dziwisz que João Paulo não ficava parado defronte à televisão, mas esta permanecia acesa no estúdio, enquanto ele atendia às suas obrigações apostólicas. E por lá passava às vezes, a perguntar como ia a Polônia.

Agora, com a forte ascendência da Opus Dei na Secretaria de Estado e na Secretaria de Imprensa, monsenhor Stanislaw representa a mais independente e arejada das janelas do grande papa enfermo abertas sobre o mundo, como opção e reação ao cerco que a Cúria Romana procura, sempre, exercer sobre o pontífice.

As condições precárias da saúde do Santo Padre tornam inevitáveis especulações sobre sua sucessão. Enquanto por lá estive, o italiano mais cotado era um ilustre letrado jesuíta, o cardeal Carlo Maria Martini, arcebispo de Milão, sucedido mais tarde, naquela arquidiocese, por razões de saúde.

João Paulo II, mais que qualquer dos seus predecessores, exercitou intenso ardor apostólico e missionário buscando estender e alargar a cristandade, com viagens incessantes por todos os continentes, emissão de documentos magisteriais de grande firmeza, importância doutrinária e social, milhares de discursos e homilias proferidos, cinco livros escritos durante o pontificado, manifestações constantes sobre problemas éticos, morais e políticos. Sempre manifestou oposição inalterável à guerra e defesa intransigente da vida, além da grande quantidade de canonizações e beatificações, elevando aos altares de todo o mundo modelos exemplares de santidade para serem venerados e imitados.

A Santa Igreja Católica Apostólica Romana ficou menos romana sob o pontífice reinante. E acho cedo para que o próximo volte a ser italiano. O último de outra nacionalidade a exercer um curto pontificado fora o holandês Adriano VI, no século XVI. O papa polonês, ao fazer cardeais de todos os continentes, já diversificou bastante as nacionalidades dos membros do Colégio Cardinalício. A opção por mais um papa "estrangeiro" (a Cúria Romana respeita muito o atual, mas prefere os originários da Itália, embora o conservadorismo doutrinário de João Paulo II agrade à burocracia vaticana) demonstraria, cabalmente, que a última eleição não constituiu uma exceção para confirmar a regra do monopólio de um país; nem a escolha do chefe da Igreja Católica, nestes tempos conturbados vividos pela humanidade, pode restringir-se a opções dentro de uma só nação, como sucedeu por quatro séculos e meio ininterruptos, mas deve abranger toda a Igreja.

RIO, 2 DE ABRIL DE 2005 | – "Irmãos e irmãs: hoje, às 21 horas e 37 minutos (*horário de Roma*), nosso Santo Padre João Paulo voltou à casa do Pai". Assim o substituto da Secretaria de Estado acaba de anunciar às dezenas de milhares de fiéis aglomerados na praça de São Pedro, e, através da televisão, a todo o mundo, o fim de um dos pontificados mais extraordinários, importantes e fecundos da história da Igreja Católica em todos os tempos.

Neste período, durante quatro anos, tive a honra de representar o Brasil junto à Santa Sé, conversando a sós com o papa, por mais de meia hora, quando da entrega das minhas credenciais e durante a audiência de despedida. Trocávamos, ainda, breves palavras, cada vez que recebia o corpo diplomático, bem como nas audiências especiais concedidas às numerosas altas autoridades brasileiras que o visitaram, acompanhadas por mim.

Assisti a dezenas de capelas papais por ele celebradas. A mais bela de todas era a da vigília da Páscoa, começada com a basílica de São Pedro praticamente às escuras, os presentes portando uma pequena vela acesa, e as luzes acendiam-se à medida que se aproximava a hora da Ressurreição, até tornarem resplandecentes os mármores coloridos, enquanto o espaço se enchia da música triunfal do coro vaticano. Algumas vezes, recebi a comunhão de suas mãos.

Os ensinamentos do pontífice, bem como a ação firme de defensor incansável da verdade cristã, da justiça social, da paz e da vida, me tocaram tão fundo que pude dizer-lhe, quando da nossa entrevista de despedida: "— Vossa Santidade cumpriu comigo o mandato que Pedro recebeu de Jesus: confirmou-me na fé." O Santo Padre se manifestou na ocasião, conversando comigo, apreensivo com o rumo tomado pela Igreja na Holanda, posto onde eu iria servir, ao dizer-me ser aquela, então, a comunidade católica nacional que maiores preocupações lhe causava.

Dessa audiência, possuo uma imagem extraordinária de João Paulo II e Beatriz, onde ela, com a espontaneidade habitual, aborda, indicador em riste, o papa sorridente, que parece responder com o polegar. Tempos depois, Rubens Ricúpero, hóspede da nossa residência na Holanda, ao ver o retrato, sentenciou: "— Tenho uma legenda para esta foto: Bia ensinando o Pai Nosso ao vigário."

Agora, ele partiu. Mais que escritos e falas, ficarão a bela presença, vigorosa quando saudável, e o sacrifício físico e psicológico do homem praticamente inválido no ocaso da vida, na *via crucis* dos passos trôpegos até não poder mais dá-los, nas mensagens balbuciadas enquanto conseguiu proferi-las, na entrega de si mesmo até o fim, na virtude estóica, obstinada, heróica mesmo, de cumprir a missão recebida; no exemplo de uma velhice enferma, exposta, até o extremo declínio físico, ao *voyeurismo* das câmeras de televisão, para que os espectadores melhor compreendessem o mistério de sofrimento da Cruz.

Graças aos dons excepcionais de comunicação, inerentes ao grande ator que foi Woytila a vida inteira, à personalidade carismática extraordinária, ao poderoso impulso do evangelizador, à forte presença política, ao homem de oração fervorosa, seu exemplo deixou muito elevada a barra dos obstáculos para qualquer sucessor desejoso de emular-lhe as qualidades. É compreensível que poucos pontificados hajam sido tão influenciados pela política quanto o deste polonês, que testemunhou o esmagamento de sua pátria pela barbárie nazista e pelo totalitarismo comunista. O que, por outro lado, lhe conferiu autoridade indiscutível para defender, com intransigência, os direitos do homem e a dignidade da vida humana, da concepção à morte. E para assumir iniciativas inéditas de abertura ecumênica e de autocrítica, como o primeiro papa na história da Igreja a visitar uma sinagoga, a entrar em uma mesquita, a pedir perdão pelas faltas históricas cometidas pelos cristãos.

A transparência dos sentimentos, as demonstrações de alegria e — menos freqüentes, porém reais — de cólera sagrada, conferiram caráter particularmente humano a este papado. Mas cada pontífice tem-se diferenciado, de forma notável, dos seus antecessores. Para ficarmos entre os reinantes no século XX, de Leão XIII a João Paulo II, passando pelo santo Pio X (presenciei, nos anos cinqüenta, o regresso a Roma dos seus restos mortais, provenientes de Veneza, onde fora cardeal patriarca, para serem sepultados sob um altar vizinho ao batistério, onde batizamos nosso filho Cesário, na basílica de São Pedro), por Bento XV, Pio XI, Pio XII, pelo beato João XXIII (os dois últimos também inumados na nave da basílica, sob altos-relevos que os retratam), por Paulo VI e João Paulo I, nenhum se assemelhou ao predecessor, quer física ou psicologicamente, quer na ação pastoral.

Ao morrer o hierático Pio XII, o papa da segunda guerra mundial, sua figura era como que a encarnação do pontificado.

Sucedeu-o um ancião simples e simpático, baixo e cheio de corpo, exalando grande bondade, que eu, da praça de São Pedro, vi assomar ao balcão da basílica, após a fumaça branca emanada da chaminé da capela Sistina deixar em ansiosa expectativa a multidão ali presente. Esperava-se do cardeal Roncalli (também patriarca de Veneza, como o cardeal Sarto, depois Pio X – este já é santo, e o primeiro, beato), então eleito, com sua idade avançada e o jeito simples de avô de toda a gente, um pontificado de transição, enquanto não fosse sucedido por outra figura carismática como a do predecessor. João XXIII, contudo, transformou a face do catolicismo, ao convocar o Concílio.

Quando do seu falecimento, Murilo Mendes me escreveu de Roma, em junho de 1963: "Temos vivido dias intensíssimos, desde os últimos tempos de papa Giovanni, a apoteose que coroou sua vida, o conclave, e a eleição de Paulo VI. Creio que papa Giovanni foi o homem mais amado deste século. Eu senti a morte dele como a de uma pessoa proximíssima da minha família. Era mesmo o pastor, o pai espiritual."

No entanto, a atualização da Igreja, que sua grande assembléia ecumênica propunha e aguardava, através de uma colegialidade mais ampla, de maior participação dos sínodos e conferências episcopais no estudo e solução dos problemas que a desafiam por todo o mundo, foi sustada, em parte, pela autoridade centralizadora da Cúria Romana. Isso restringiu a intenção das comunidades católicas regionais de vivenciarem o cristianismo a partir das próprias culturas e necessidades, embora sem transigir com princípios evangélicos. O princípio da subsidiaridade, defendido pela doutrina social católica como norma para regular as relações da comunidade política com a sociedade civil, deveria, também, aplicar-se à própria Igreja.

Cumpre, ademais, recordar que temas delicados e polêmicos como, por exemplo, o celibato dos sacerdotes, a contracepção, o papel das mulheres no corpo eclesial, não são objeto de definições dogmáticas, porém de medidas disciplinares. E, por conseguinte, suscetíveis de análise, de debate, talvez de novas interpretações.

Agora, com o desaparecimento de João Paulo II, podemos sentir a ausência de um grande papa, mas sem perder a esperança no futuro. Porvir incerto e difícil, com a progressão geométrica da ciência a explorar a gênese, a origem e os limites da vida humana, a composição da matéria, a extensão deste universo infindável, em uma de cujas pequeninas parcelas o Filho do Homem se dignou pousar.

RIO, 29 DE ABRIL DE 2005 | — Antes do início do Conclave, no último dia 18, os cardeais votantes já se haviam reunido, por nove vezes, em congregações diárias. Como, decerto, não o fizeram com o intuito de extasiar-se ante as belezas de Roma, esses encontros, multilaterais e bilaterais, lhes teriam dado tempo suficiente para melhor se conhecerem, e o estabelecimento de parâmetros indicativos dos próximos rumos da Igreja, bem como do tipo de homem mais adequado para implementá-los. Tais condições não poderiam, logicamente, divergir da orientação herdada do pontífice recém-falecido, visto que, excetuados dois eleitores (um dos quais viria a ser o escolhido), todos os demais foram elevados ao Colégio Cardinalício por João Paulo II.

O Conclave pode comparar-se a uma cordilheira de atributos morais e intelectuais. Mas, nessa cadeia de virtudes, sabedoria e experiência, dois cumes se destacavam nitidamente: o italiano Martini e o alemão Ratzinger. O primeiro, eminente e erudito ex-arcebispo de Milão, padece do mal de Parkinson, o mesmo que afligia João Paulo II. Ora, se foi inevitável o término de um pontificado com o seu titular acometido de tal patologia, não seria compreensível que outro papa já o iniciasse limitado pelas restrições por ela impostas à sua capacidade de ação. Portanto, restava Ratzinger, o maior teólogo do Colégio Cardinalício. Que, pelo fato de ser o decano dentre os cardeais, teve três oportunidades seguidas, antes do Conclave, de expor seu pensamento sobre os grandes problemas da fé católica no mundo de hoje. E aproveitou-as plenamente, na Sexta Feira da Paixão, quando substituiu o papa enfermo na *via crucis* em torno ao Coliseu, referindo-se, de forma surpreendente, à sujeira, à auto-suficiência e à arrogância que via dentro da Igreja; durante o funeral de João Paulo II; e, sobretudo, na missa de invocação ao Espírito Santo, *Pro eligendo Romano Pontifici*, que precede a abertura do Conclave.

Ratzinger não deixou qualquer dúvida sobre as próprias opiniões. Nesta, o cardeal alemão rememorou "quantos ventos de doutrina conhecemos nestes últimos decênios, quantas correntes ideológicas, quantas modas de pensamento (...): do marxismo ao liberalismo, até à libertinagem, ao coletivismo radical; do ateísmo a um vago misticismo religioso; do agnosticismo ao sincretismo, e por aí adiante. Cada dia, surgem novas seitas, e realiza-se quanto diz São Paulo acerca do engano dos homens, da astúcia que tende a levar ao erro. Ter uma fé clara, segundo o Credo da Igreja, muitas vezes é classificado como fundamentalismo. Enquanto o relativismo, isto é, deixar-se levar, 'aqui e além, por qualquer vento de doutrina', aparece como a única atitude à altura dos tempos hodiernos. Vai-se constituindo uma ditadura do relativismo que nada reconhece como definitivo, e que deixa como última medida apenas o próprio eu e as suas vontades."

Quem quis votar nele, o fez com pleno conhecimento de causa.

Contudo, tanto no que toca a Bento XVI como no ocorrido com João Paulo II, não se deve confundir o teólogo intransigente com um conservador social. Em artigo recém-escrito sobre seu último livro, *Valores num tempo de sublevação*, o ainda cardeal Ratzinger lembrou que "o socialismo seguiu dois caminhos diferentes — o democrático e o totalitário. O socialismo democrático tornou-se saudável contrapeso ao radicalismo de certas posturas liberais (...) Enriqueceu-as e corrigiu-as. (...) De vários modos, o socialismo democrático ficou e permanece próximo aos ensinamentos sociais católicos. Contribuiu substancialmente, em todo caso, para a educação da consciência social."

Deve ter havido concessões e consenso prévio durante as congregações preliminares, dada a rapidez da eleição, obtida no quarto escrutínio. E o pontífice recém-eleito, cuja cabeça branca apareceu pela primeira vez, em 19 de abril, no balcão nobre da basílica de São Pedro, já se distinguia nitidamente, no sorriso feliz, suave e acolhedor, na fisionomia paterna, nos braços abertos para a acolhida fraternal, da impressão de severidade geralmente atribuída ao cardeal Ratzinger. Joseph se tornava Bento. Apesar de que, embora firme nas idéias e rígido na doutrina, o cardeal sempre se apresentou com grande modéstia e simplicidade pessoais. No Vaticano, encontrei um Ratzinger humilde, quase doce. Sem qualquer artifício, mas imperturbável. Aparentava ser homem de grande espiritualidade, com visada penetrante por detrás das olheiras profundas. Durante o tempo em que ali representei o Brasil, quando ele já dirigia a Congregação para a Doutrina da Fé, sede do poder doutrinário da Igreja Católica, era conspícua sua ausência nas brilhantes reuniões sociais que adornam a vida mundana das missões diplomáticas acreditadas junto à Santa Sé — eventos freqüentados por não poucos dentre os seus pares.

Por outro lado, a visão do papa abarca horizonte mais extenso que a de um cardeal. No caso em pauta, poderíamos exemplificar com a hipótese de um chefe de polícia que houvesse sido elevado, por méritos próprios, à presidência da República. Antes, seu dever era o de reprimir, de segregar. Depois, o de reunir, agregar. Ou com a do revisor de uma editora, encarregado de corrigir os erros alheios, que, de repente, se põe a escrever um romance. Na primeira hipótese, lhe cumpria cortar; na segunda, criar.

Eleito aos 78 anos – vinte a mais do que a idade de João Paulo II quando assumiu o múnus de "servo dos servos de Deus" –, Bento XVI, alarmado com a descristianização da Europa, parece iniciar seu pontificado com uma postura mais eurocêntrica que a do predecessor. A começar pelo nome, adotado em memória de Bento XV, que tentou mediar a paz na primeira grande guerra, condenado-a como uma "carnificina inútil". Ademais, São Bento foi proclamado padroeiro da Europa pela Igreja. E, como se não bastasse, a data natalícia de Joseph Ratzinger, 16 de abril, está dedicada, no calendário católico, a outro Bento, o santo mendigo francês Benoît Labre.

A intenção, que o novo papa já manifestou, de dialogar com ortodoxos, protestantes, judeus e muçulmanos, é, ainda, iniciativa compreensível e louvável num pontífice germânico, quando seus compatriotas cristãos se separam, em partes equivalentes, entre católicos e luteranos. Será possível, com o papa alemão, enfrentar a questão da Reforma – criada por outro alemão, Lutero, em resposta à corrupção reinante entre chefes da Igreja, prelados e presbíteros na Cúria romana –, que dividiu a Europa em dois, o norte protestante e o sul católico?

Bento XVI quer que "busquemos a vontade de Deus, ainda que ela não corresponda aos nossos simples projetos humanos. Devemos alcançar a plena unidade da Igreja, e a reconciliação entre os cristãos, mesmo à custa de submeter nossa vontade própria à vontade do Senhor." Assim, não será difícil o diálogo ecumênico, mesmo conduzido por um antigo prefeito da Congregação para a Doutrina da Fé.

Sob o ponto de vista doutrinário, o entendimento com os ortodoxos pode ser mais fácil, apesar dos preconceitos que, receoso da expansão do catolicismo de rito oriental em terras eslavas, o patriarca de Moscou nutre contra o papa.

E, sem qualquer insinuação a um eventual complexo de culpa nacional, hipótese injusta para com Ratzinger — filho de um oficial de polícia, e, forçado pelas circunstâncias, membro da Juventude Hitlerista por um lado, mas, pelo outro, desertor das forças armadas nazistas nos últimos estertores do conflito, condição que o sujeitaria à pena de morte, caso descoberta —, ele não ignora que vinte e sete milhões de russos e seis milhões de hebreus foram trucidados pelos alemães durante a segunda guerra mundial. Tampouco se deve desconhecer a influência do Islã na Alemanha, devida à vultosa imigração turca.

Cumpre, porém, não esquecer a vocação da marcha do cristianismo para leste. Nem foi o acaso (qualificado por Péguy como a Providência dos imbecis) que levou Jesus a nascer na confluência do ocidente com o oriente, entre as culturas médio-oriental, européia, asiática e africana. Pois, até hoje, a humanidade cristã respira com um pulmão apenas, o ocidental. Só aí, há toda uma civilização a conquistar.

markgraph

Rua Aguiar Moreira, 386 - Bonsucesso
Tel.: (21) 3868-5802   Fax: (21) 2270-9656
e-mail: markgraph@domain.com.br
Rio de Janeiro - RJ